Machado de Assis, o escritor que nos lê

FUNDAÇÃO EDITORA DA UNESP

Presidente do Conselho Curador
Mário Sérgio Vasconcelos

Diretor-Presidente
Jézio Hernani Bomfim Gutierre

Superintendente Administrativo e Financeiro
William de Souza Agostinho

Conselho Editorial Acadêmico
Carlos Magno Castelo Branco Fortaleza
Henrique Nunes de Oliveira
Jean Marcel Carvalho França
João Francisco Galera Monico
João Luís Cardoso Tápias Ceccantini
José Leonardo do Nascimento
Lourenço Chacon Jurado Filho
Paula da Cruz Landim
Rogério Rosenfeld
Rosa Maria Feiteiro Cavalari

Editores-Assistentes
Anderson Nobara
Leandro Rodrigues

Hélio de Seixas Guimarães

Machado de Assis, o escritor que nos lê

As figuras machadianas através da crítica e das polêmicas

© 2017 Editora Unesp

Direitos de publicação reservados à:

Fundação Editora da Unesp (FEU)
Praça da Sé, 108
01001-900 – São Paulo – SP
Tel.: (0xx11) 3242-7171
Fax: (0xx11) 3242-7172
www.editoraunesp.com.br
www.livrariaunesp.com.br
feu@editora.unesp.br

CIP-Brasil. Catalogação na publicação
Sindicato Nacional dos Editores de Livros, RJ

G978m

    Guimarães, Hélio de Seixas
      Machado de Assis, o escritor que nos lê / Hélio de Seixas Guimarães. – 1.ed. – São Paulo: Editora Unesp, 2017.

    ISBN 978-85-393-0649-7

    1. Literatura brasileira – História e crítica. I. Título.

16-36594	CDD: 869.909
	CDU: 821.134.3(81) (091)

Esta publicação contou com apoio da Fundação de Amparo à Pesquisa do Estado de São Paulo (FAPESP), processo 2015/18079-8.

As opiniões, hipóteses e conclusões expressas neste material são de responsabilidade do autor e não necessariamente refletem a visão da FAPESP.

Editora afiliada:

Para o Félix

SUMÁRIO

9   Nota inicial
11   Introdução

21   1 – O escritor de exceção
21   Quebra da rotina
28   Desafio à crítica
31   O anacrônico
38   O excêntrico
44   O humorista
54   Um efeito duradouro

73   2 – O mito nacional
73   A estátua de bronze
82   Uma década de silêncio
95   O homem, o autor e a obra
114   O "patrimônio de arte"
118   O "fascinante inoculador de venenos sutis"
139   Um apólogo cinematográfico
152   Na cadência do samba

159   3 – O Shakespeare brasileiro
166   *The Brazilian Othello* lá e cá
196   Uma carreira internacional
203   Um lugar no mundo

213   4 – Em torno do autor realista
218   Variações do realismo
244   O "paradigma do pé atrás"
252   Realismo em movimento
269   Nacional, internacional, universal, cosmopolita

275   Considerações finais

281   Referências bibliográficas
281   Obras do autor
282   Obras de Joaquim Maria Machado de Assis
283   Obras gerais
300   Arquivos e *sites* consultados

301   Índice onomástico

NOTA INICIAL

Este livro tem como base minha tese de livre-docência apresentada ao Departamento de Letras Clássicas e Vernáculas da Faculdade de Filosofia, Letras e Ciências Humanas da Universidade de São Paulo em 2013.

Escrito ao longo de vários anos, deve muito à interlocução com colegas, alunos e amigos que contribuíram para que escritos dispersos, alguns deles produzidos no formato de artigos, pudessem ser repensados, refundidos e reescritos até ganhar a forma atual.

No percurso, o texto contou com as leituras de Andrea Daher, Berta Waldman, Ieda Lebensztayn, João Roberto Faria, John Gledson, José Miguel Wisnik, Lúcia Granja, Luiz Costa Lima, Marisa Lajolo e Marta de Senna, a quem agradeço pelas sugestões e contribuições.

O financiamento do CNPq, por meio de Bolsa Produtividade, foi imprescindível para a realização da pesquisa, e o auxílio-publicação da Fapesp viabilizou a publicação em livro.

INTRODUÇÃO

Não há quem tenha ocupado por mais tempo e de maneira praticamente ininterrupta o centro da vida cultural brasileira. Nenhum outro artista, escritor ou personalidade pública mobilizou tanto e por tanto tempo a inteligência no Brasil. Desde que José Rufino Rodrigues Vasconcelos, em 24 de setembro de 1857, emitiu seu parecer sobre a *Ópera das janelas*, peça cômica imitada do francês por um rapaz de 18 anos chamado Joaquim Maria Machado de Assis, rios de tinta começaram a correr.[1] Com menos de 30 anos, ele já era escritor respeitado, a ponto de chamar a atenção e inspirar a confiança de José de Alencar, naquela altura o grande patriarca da literatura brasileira. Alencar incumbiu-o publicamente de avaliar a obra de um jovem poeta desconhecido, Castro Alves, pedindo que Machado fosse "o Virgílio do jovem Dante".[2]

---

1 Segundo Galante de Sousa, o parecer de José Rufino é o marco zero da recepção de Machado de Assis. Cf. Sousa, *Fontes para o estudo de Machado de Assis*.

2 Alencar, Um poeta [Carta ao Ilmo. Sr. Dr. Machado de Assis, Tijuca, 18 de fevereiro de 1868]. In: Faria (Org.), *Machado de Assis: do teatro. Textos críticos e escritos diversos*.

A partir daí, de maneira ao mesmo tempo discreta e ostensiva, passou a ocupar o centro da cena literária. Da década de 1870 até hoje, foram raras as pessoas de destaque na intelectualidade que não se pronunciaram sobre ele e sua obra, que desde meados do século XX começou a ganhar certa projeção internacional.

Mais de 3.200 itens – entre livros, capítulos de livros, artigos, resenhas, reportagens, notas – produzidos sobre o escritor entre 1857 e 2003 foram catalogados por José Galante de Sousa,[3] Jean--Michel Massa[4] e Ubiratan Machado.[5] Ao longo do século XX, alguns estudos procuraram organizar esse conjunto numeroso e diversificado que compõe a fortuna crítica mais extensa, longeva, variada e complexa da literatura brasileira.

Já em 1939, no contexto do centenário de nascimento do escritor, Modesto de Abreu publicou *Biógrafos e críticos de Machado de Assis*. O volume dá conta dos principais estudos realizados até aquele momento, agrupados em capítulos que delineavam algumas vertentes críticas, bem como os temas recorrentes nos escritos sobre o autor. "Acusação e defesa", "Síntese biobibliográfica", "Subsídios biográficos", "Caracteres psicopatológicos", "*Humour*", "Aspecto filosófico e religioso" são títulos que indicam os assuntos preferenciais e a temperatura das discussões, àquela altura bastante dominadas pelo biografismo e fortemente marcadas pela psicopatologia.

No final da década de 1970, Murray Graeme MacNicoll defendeu a tese de doutorado *The Brazilian critics of Machado de Assis* na Universidade de Wisconsin-Madison. O trabalho consiste em resenhas dos principais estudos sobre Machado de Assis publicados entre 1857 e 1970. Na impossibilidade de tratar de todos os críticos que escreveram sobre Machado, já àquela altura numerosos, MacNicoll concentra-se nos que publicaram pelo menos um

---

3 Cf. Sousa, op. cit.

4 Massa, *Bibliographie descriptive, analytique et critique de Machado de Assis: 1957-1958*.

5 Machado, *Bibliografia machadiana 1959-2003*.

MACHADO DE ASSIS, O ESCRITOR QUE NOS LÊ

livro ou monografia a respeito do autor e sua obra, o que resulta em cinco capítulos nos quais são referidos mais de 140 críticos.[6] Wilson Chagas também empreendeu o estudo *A fortuna crítica de Machado de Assis*, no qual o conjunto dos capítulos contempla uma variedade de tópicos que ora se referem a determinada obra crítica ou biográfica, ora a um crítico em particular, ora a um tema recorrente na obra, ora ao modo como um mesmo conceito foi tratado, ao longo do tempo, a propósito dos escritos de Machado de Assis.

"A fortuna de Machado", breve artigo de Otto Maria Carpeaux, publicado em 1954, toma como referência um estudo sobre as fases da história da interpretação das grandes figuras das letras italianas, para verificar, por analogia com o caso italiano, que as leituras de Machado haviam percorrido uma fase classicista, uma fase determinista, entre positivista e romântica, e não tinham atingido até então a fase idealista que, segundo Carpeaux, daria conta do problema da forma na obra machadiana.[7]

"Esquema de Machado de Assis", de Antonio Candido, escrito no final da década de 1960 para ser apresentado em uma universidade norte-americana, oferece um panorama dos principais críticos e dos modos de leitura da obra, conjugando a visão de sobrevoo ao olhar agudo e certeiro sobre os momentos fundamentais da recepção da obra machadiana.[8]

O ensaio de Roberto Schwarz, "Duas notas sobre Machado de Assis", de 1979, apresenta as correntes centrais da crítica, divididas em três: a que enfatiza o escritor local, a que saúda o seu universalismo e a que o vê "sob o signo da dialética do local e do universal".[9] Mais recentemente, Schwarz retomou o assunto no artigo "Leituras em competição", no qual constata o interesse

---

6 MacNicoll, *The Brazilian critics of Machado de Assis: 1857-1970*.
7 Carpeaux, A fortuna de Machado, *O Jornal*, 31 out. 1954.
8 Candido, Esquema de Machado de Assis. In: *Vários escritos*, p.13-32.
9 Schwarz, Duas notas sobre Machado de Assis. In: *Que horas são? – Ensaios*, p.168.

crescente por Machado de Assis no exterior, especialmente nos círculos universitários norte-americanos, e reflete sobre as perdas e os ganhos da internacionalização de Machado e de uma eventual transformação do escritor em clássico universal.[10]

Com isso, o terreno da fortuna crítica está bem mapeado e estudado, de modo que qualquer interessado em obter referências e conhecimento fundamental sobre a extensa e variada recepção crítica machadiana dispõe de fontes seguras às quais recorrer.

Este trabalho beneficiou-se muito desses estudos, e aqui a proposta é tratar da recepção machadiana por um viés específico. Em vez de uma abordagem sequencial e exaustiva dos principais críticos e vertentes, em grande parte já realizada, destacam-se aqui momentos de inflexão na percepção e no entendimento da construção de quatro figuras do autor, em que os estudos críticos são agentes e sintomas de transformações que muitas vezes extrapolam o âmbito literário.

A identificação dessas figuras machadianas foi feita a partir da leitura da fortuna crítica de Machado de Assis e também do vasto material composto por artigos e resenhas publicados sobre o escritor e sua obra em periódicos. Para o acesso a esse material disperso ao longo do tempo e em periódicos de várias partes do país e também do exterior, foi fundamental a consulta à coleção de cadernos de recortes sobre Machado de Assis, reunida por Plínio Doyle e hoje pertencente ao Arquivo Museu de Literatura Brasileira da Fundação Casa de Rui Barbosa.

Ao folhear os milhares de páginas da coleção, organizada em cadernos e pastas nos quais os artigos estão dispostos em ordem mais ou menos cronológica, pode-se ter uma compreensão quase visual da enorme repetição e da recorrência de temas e questões associados a Machado ao longo de mais de um século. A monotonia do conjunto é quebrada pelo aparecimento de questões inusitadas, algumas curiosas ou bizarras, tais como "Machado de Assis e a marinha" ou "Machado de Assis e a maconha", mas

---

10 Schwarz, Leituras em competição, *Novos Estudos Cebrap*, n.75, 2006, p.61-79.

principalmente pelos momentos em que surge alguma novidade com força crítica ou polêmica, que provoca turbulências e reações inflamadas da comunidade de estudiosos e interessados na obra do escritor, por vezes alterando de modo significativo a percepção que até então se tinha sobre ele e sua obra.

O foco, portanto, está dirigido para o trabalho de construção coletiva das figuras machadianas, o que Roger Chartier chamou de função-autor, definida como "resultado de operações específicas e complexas que referem a unidade e a coerência de uma obra, ou de uma série de obras, à identidade de um sujeito construído".[11] Nessas operações, concorrem críticos e biógrafos, mas também instituições públicas e privadas, além de leitores não especializados que ao longo do tempo enfatizam traços do escritor e aspectos de sua obra para fins que muitas vezes extrapolam o âmbito literário.

O nome Machado de Assis de fato tornou-se problema crítico, cultural, social e político, na medida em que sobre ele se projetam discussões, disputas e polêmicas que têm tanto a dizer sobre a obra quanto sobre o papel da literatura e do escritor no processo cultural brasileiro, além do lugar do Brasil no palco mundial, com usos os mais variados. No âmbito da crítica literária, os textos machadianos foram e têm sido objeto de estudo das mais diversas vertentes e servido à aplicação das mais diversas teorias e modas críticas que chegaram ao país, desde a célebre revoada das novas ideias científicas do final da década de 1860, início da de 1870, mencionada por Sílvio Romero, até as teorias pós-modernas do final do século XX e início do XXI, passando pelo biografismo, pela psicopatologia, pelo New Criticism, pela estilística, pelo estruturalismo, pelo marxismo e, mais recentemente, pelos estudos pós-coloniais e pelas questões de raça e gênero.

Embora procure explicitar os pressupostos teóricos e especificar os ganhos de algumas leituras críticas, consideradas chaves para a recepção de Machado de Assis, interessa compreender os

---

11 Cf. Chartier, Trabajar con Foucault. Esbozo de una genealogía de la "función-autor", *Versión*, n.11, 2001, p.115-34.

projetos críticos individuais *em relação uns aos outros*, em movimento e conflito, para identificar de que maneira participam, junto com vários outros agentes, na construção das diversas figuras do escritor. Objetiva-se, portanto, captar dinâmicas produzidas pelas divergências, dissensões, polêmicas, concordâncias e mesmo unanimidades suscitadas pelo escritor e pela leitura de sua obra em diferentes momentos, buscando compreender as relações entre as discussões críticas entabuladas em momentos históricos específicos e questões culturais, sociais e políticas, e o papel disso na construção das figuras do escritor.

Para dar um exemplo: o grande número de estudos críticos e biográficos produzidos no final da década de 1930 será mais bem compreendido tendo em vista a voga internacional do biografismo e dos estudos psicológicos e psicopatológicos. Entretanto, fatores extraliterários e alheios a discussões doutrinárias e de método precisam ser levados em conta para melhor compreender as leituras desse período, tais como as comemorações do centenário de nascimento do escritor, encampadas pelo Estado brasileiro, e o papel dessas comemorações no contexto das políticas culturais do Estado Novo, incluindo o esforço varguista de construção de novos mitos nacionais, entre os quais Machado terá primazia e destaque.

Se esse fator não é determinante para o teor da produção crítica, no sentido de se supor a existência de uma relação de causa e efeito entre uma coisa e outra, há trânsitos mais ou menos sutis entre os estudos realizados naquele período e a cristalização de uma imagem oficial do escritor (homem do povo, mulato, funcionário público exemplar que ascendeu ao topo dos meios culturais e sociais do seu tempo), bem como na percepção do que seriam os temas fundamentais de sua obra (todos girando em torno do problema da ambição, do antagonismo entre a hierarquia social e os direitos do indivíduo), associados a questões que se aprofundavam e ganhavam visibilidade pública na década de 1930 com o estabelecimento de algo como uma ordem burguesa no Brasil.

Consideramos, neste livro, que a variedade e a complexidade das reações críticas à obra respondem não só a fatores externos, mas à variedade e à complexidade da fatura dessa mesma obra, que não só permite como suscita e acolhe reações diversas e às vezes díspares.

É a partir desse duplo aspecto que foi privilegiada neste livro uma base teórica, segundo as proposições de Hans Robert Jauss e Wolfgang Iser. É na postulação da existência de uma dialética de efeito e recepção, do diálogo entre obras produzidas ao longo do tempo, numa espécie de mediação diacrônica, que foi encontrada a fundamentação em que são mobilizados vários momentos e sentidos da recepção literária. Isso significa postular a existência de conexões entre o momento da produção literária de Machado de Assis – impressionante leitor de uma diversidade enorme de matrizes e tradições literárias que foram fundamentais para a confecção do seu texto – e a história da sua recepção, composta por uma série de leitores que, ao reagirem ao texto machadiano, dialogam entre si tanto sincrônica como diacronicamente, estabelecendo ligações entre suas práticas interpretativas, as questões de cada um dos seus tempos e questões inscritas na própria obra.

Assim, postula-se aqui a existência de continuidades entre os modos de construção da obra literária – na qual a recepção é implícita ou explicitamente problematizada no caso de Machado, quase a cada passo – e os problemas de recepção apresentados ao longo do tempo, pensando-se, com Iser, que os efeitos estão em alguma medida programados no texto.[12] Isso não quer dizer, obviamente, que o escritor tivesse intenção consciente ou controle total sobre os modos como sua obra seria lida, nem na sua contemporaneidade, nem na posteridade, mas sim que foi capaz de produzir estruturas textuais que dão margem a e são capazes de abrigar uma gama enorme de leituras e interpretações – e também de desleituras e superinterpretações, práticas, aliás, que fazem parte da sua obra, povoada de leituras e leitores equívocos ou até mesmo de maus intérpretes – que têm se sucedido no tempo.

---

12 Iser, *O ato da leitura*, v.1.

O impulso que move este trabalho é fundamentalmente histórico, ainda que não se pretenda fazer aqui uma história da recepção da obra de Machado de Assis, o que outros trabalhos já se propuseram realizar. A historicidade se reflete na própria organização da matéria. Os capítulos estão organizados tanto em função do exame da construção das figuras machadianas, desde a recepção coeva até a atual, buscando compreender as filiações entre leitores de diversas épocas, bem como os modos de repetição, reafirmação, progressão e silenciamento de determinadas modalidades de recepção, como a partir de alguns cortes sincrônicos, definidos em função da emergência de novas figurações do autor e de sua obra.

A intenção, aqui, de maneira análoga a um trabalho anterior,[13] é estudar as condições de recepção em relação com o texto mesmo de Machado de Assis, procurando identificar as "estruturas de efeito", conforme descreveu Iser, que permitem os movimentos e as viravoltas extraordinárias por que passou e vem passando a recepção de Machado de Assis neste mais de um século de leituras *post mortem*.

Trata-se, enfim, de entender como abordagens díspares, por vezes antagônicas, se *tomadas em conjunto e entendidas em sua dinâmica*, construíram diferentes figuras machadianas, suscitando questionamentos sobre o lugar da literatura no panorama mais amplo da vida brasileira e revelando inquietações relativas ao lugar da literatura e da cultura brasileira no contexto internacional. Isso porque Machado e sua obra foram e continuam a ser a pedra de toque nas discussões sobre a relação da produção literária brasileira com a produção estrangeira, sobretudo a europeia e a norte-americana, constituindo exemplo privilegiado das reflexões

---

13 Refiro-me aqui ao livro *Os leitores de Machado de Assis – o romance machadiano e o público de literatura no século 19*, de minha autoria, publicado pelas editoras Nankin e Edusp em 2004, que derivou de tese de doutorado defendida na Unicamp em 2001. Uma segunda edição do livro foi publicada pelas mesmas editoras em 2012.

ciclotímicas, entre desanimadas e eufóricas, sobre o lugar da literatura e da cultura brasileiras no cenário internacional.

Os estudos em torno de Machado de Assis podem ser tomados, assim, como sintomas das condições da produção literária no ambiente cultural brasileiro, no qual a discussão da pertença – se nacional, se universal, se nacional-universal, se internacional – tem permanecido há mais de século no centro do debate.

A persistência do problema não quer sugerir que esteja aí um traço *essencial* da literatura, da cultura ou da sociedade brasileira. O fato de, ao longo de um século e meio, a questão retornar de forma recorrente é tratado aqui como *condição histórica*. Em torno dessa problemática, quatro figuras de Machado de Assis, construídas ao longo de suas recepções, constituem a matéria de cada um dos quatro capítulos deste livro.

O Capítulo 1 detém-se na recepção primeira da obra, realizada no período de vida do autor, e gira principalmente em torno das reações de Sílvio Romero, Araripe Júnior e José Veríssimo, que polemizaram entre si a respeito das relações de Machado com a tradição literária e a vida brasileiras, produzindo explicações e julgamentos diferentes para o que perceberam como um deslocamento do autor em relação ao ambiente nacional. Constrói-se aí a figura do escritor de exceção, cuja obra se adequava mal à série histórica e às expectativas então vigentes a respeito dos gêneros literários.

O Capítulo 2 trata da constituição do mito nacional. Esse processo tem como um de seus marcos iniciais as *Conferências* de Alfredo Pujol e sua primeira concretização na estátua de Machado de Assis inaugurada pela Academia Brasileira de Letras em 1929, desenvolvendo-se em paralelo ao eloquente silêncio dos principais escritores do modernismo em relação ao autor de *Brás Cubas*. O monumento acadêmico ganha proporções nacionais com o enorme investimento feito pelo Estado Novo, que a partir do final da década de 1930 transforma o escritor de exceção em homem representativo, brasileiro exemplar e mito nacional. Esse processo ocorre em paralelo e em conexão com os estudos de Augusto

Meyer, Astrojildo Pereira, Lúcia Miguel Pereira e Eugênio Gomes que, entre as décadas de 1930 e 1950, renovaram o vocabulário crítico sobre o autor.

O Capítulo 3 concentra-se no processo de internacionalização da obra de Machado de Assis, que ganha impulso na década de 1950, com as primeiras traduções de seus romances para o inglês, e tem seu momento alto no primeiro estudo de fôlego sobre um romance do escritor, sintomaticamente produzido fora do ambiente intelectual brasileiro: *The Brazilian Othello of Machado de Assis*. Por meio do estudo comparado da recepção do livro de Helen Caldwell nos Estados Unidos e no Brasil, percebe-se o aparecimento das primeiras tensões entre as leituras feitas aqui e no exterior, o que suscita questionamentos sobre o alcance, a pertença e os melhores modos de abordar a nova figura machadiana que emerge.

O Capítulo 4 aborda a constituição de um Machado realista, definido de maneiras diferentes e em tensão por críticos como Roberto Schwarz, John Gledson e Alfredo Bosi, incluindo os questionamentos mais recentes de Michael Wood e Abel Barros Baptista sobre a obrigatoriedade dos vínculos da obra e do escritor com o Brasil. Além de trazerem à tona inquietações antigas sobre a amplitude e a pertença da obra machadiana, e também sobre a relação entre a literatura e o país, as primeiras discussões de fato internacionais ou transnacionais sobre Machado de Assis trazem questões novas, relativas à posição do escritor na organização da crítica brasileira, às interpretações do Brasil e ao lugar do país no mundo.

1

O ESCRITOR DE EXCEÇÃO

Quebra da rotina

Quando as *Memórias póstumas de Brás Cubas* foram publicadas, em 1881, Capistrano de Abreu publicou um artigo na *Gazeta de Notícias*, do Rio de Janeiro, em 30 de janeiro do mesmo ano, em que lançava a pergunta: "As *Memórias póstumas de Brás Cubas* serão um romance?". Ato contínuo, o historiador tentava responder à própria pergunta: "Em todo o caso são mais alguma cousa. O romance aqui é simples acidente. O que é fundamental e orgânico é a descrição dos costumes, a filosofia social que está implícita".[1] Três dias depois, em 2 de fevereiro, outro crítico, Urbano Duarte, afirmava nas páginas da *Gazetinha* que "para romance falta-lhe entrecho", prevendo que ali "o leitor vulgar pouco pasto achará para sua imaginação e curiosidade banais".[2] Artur Barreiros, que escreveu o terceiro artigo mais alentado sobre o romance em *A Estação* de 28 de fevereiro de 1881, com observações notáveis pela

---

1 Abreu, *Gazeta de Notícias*, 30 jan. 1881.
2 Duarte, Bibliographia, *Gazetinha*, 2 fev. 1881.

argúcia e independência de suas posições, terminava por relegar à posteridade a tarefa de avaliar o romance: "daqui a vinte anos, talvez menos, talvez mais, depois de lido e compreendido o livro nas suas várias intenções, lavre-lhe então o público, que é o supremo juiz, a sentença definitiva que o fará viver ou esquecer".[3]

Por meio dessas três colocações, feitas nos dias seguintes ao aparecimento de *Brás Cubas* em livro, podemos ter uma ideia do desconforto e do desconcerto causados pelo romance machadiano entre os seus contemporâneos, que não encontravam ali o romance usual e, reagindo ao objeto estranho que tinham em mãos, enunciavam as expectativas e as concepções de romance vigentes no momento em que a obra de Machado estava em pleno curso.

Parte do impacto produzido por *Brás Cubas* se traduz na sensação de desnorteamento com frequência manifestada pelos críticos. Na sua resenha sobre *Brás Cubas*, Urbano Duarte deixa isso claro ao recorrer a uma série de metáforas em torno da dificuldade de definir pontos fixos para tratar do romance. Ele diz ser preciso "descobrir a *bússola* que dirige a pena do escritor, tal é a missão mais importante e dificultosa da crítica"; busca estabelecer qual é o "pensamento *cardeal*" do romance, no qual a vontade humana é reduzida a "um *catavento* que impele a brisa caprichosa". A desorientação do crítico, projetada até mesmo sobre as personagens, se dá também em relação ao enquadramento moral da obra, na qual, segundo ele, "a virtude ou o vício são o produto das circunstâncias, e o homem é o escravo das circunstâncias". Nas páginas da *Gazetinha*, Urbano escreve:

---

3 Cf. Abdiel, *A Estação*, 28 fev. 1881, p.40. Com o pseudônimo de Abdiel, Barreiros havia publicado uma versão desse texto em *Pena & Lápis*, em 10 de junho de 1880, quando o romance ainda saía em capítulos na *Revista Brasileira*. Segundo R. Magalhães Júnior, o texto foi transcrito em *A Estação* de 30 de junho de 1880, com trechos republicados no mesmo periódico em fevereiro de 1881, quando o romance foi lançado em livro.

Em suma, a nossa impressão final é a seguinte: A obra do Sr. Machado de Assis é deficiente, senão falsa, no fundo, porque não enfrenta com o verdadeiro problema que se propôs a resolver e só filosofou sobre caracteres de uma vulgaridade perfeita; é deficiente na forma, porque não há nitidez, não há desenho, mas bosquejos, não há colorido, mas pinceladas ao acaso.[4]

Ainda que por meio de negativas, enxergando apenas defeitos e carências numa obra à qual faltaria nitidez, definição e contornos mais precisos, Urbano Duarte demonstrava acuidade crítica ao notar a abertura e a amplitude da forma machadiana, que se colocava na contramão tanto do descritivismo romântico como do naturalista e punha em registro baixo questões de alta filosofia.

De maneira geral, os leitores ressentem-se do gosto amargo deixado pelo livro, lamentando a ausência de valores claros e positivos para orientar e aperfeiçoar o espírito do leitor. Reagem ao que identificam como sendo o "terrível teorema" do livro, a sua "ideia-mãe": "o bem e o mal não são princípios, são resultados", e denunciam a falsidade desse teorema. Interessante observar a impregnação do vocabulário e de alguns princípios da crítica naturalista, que busca identificar a *faculté maîtresse* ("faculdade mestra") da obra, conforme proposto por Taine, ao mesmo tempo que pensa o romance como demonstração de um teorema verdadeiro, ou seja, como proposição a ser demonstrada por um processo lógico, de novo em conformidade com os preceitos do naturalismo.

A sensação de descompasso entre a intenção e a realização ficava acentuada por se tratar de um romance que de certa maneira remetia a questões caras ao romantismo e ao naturalismo – atmosfera sepulcral, degradação dos corpos, assuntos de herança material e genética –, mas adotava outro tom narrativo, com a presença inesperada do cômico, e outras soluções para o encaminhamento do enredo e do destino das personagens.

---

4 Duarte, Bibliographia, *Gazetinha*, 2 fev. 1881.

Ao desestabilizar noções arraigadas, tanto para românticos como para naturalistas, do que é e para que deveria servir a literatura – e, por consequência, o romance –, os livros de Machado de Assis provocavam estranheza e frustração. Em momentos mais raros, frustravam pelo excesso, por serem "mais alguma coisa" que romance, como diz Capistrano de Abreu. Mas em geral é pela falta, pela negatividade, que os contemporâneos caracterizam o que lhes cai nas mãos: falta entrecho, diz Urbano Duarte; falta movimentação, reclamam outros; falta colorido, reivindicam alguns; falta sentimento, queixam-se outros. E todos acham que falta imaginação.

As reações desses dois críticos que, em 1881, se debruçaram sobre *Brás Cubas*, ambos intrigados se era ou não romance o que tinham diante de si, não são manifestações isoladas. Pelo contrário, são emblemáticas e muito representativas da reação geral à obra de Machado de Assis, e em especial ao seu romance, desde a publicação de *Ressurreição*, em 1872, até a do *Memorial de Aires*, em 1908.

No início da carreira, todas essas "falhas" atribuídas a *Brás Cubas* já haviam sido apontadas por críticos da década de 1870. Entre eles, constam nomes que esmaeceram com o tempo, como os de José Carlos Rodrigues, Augusto Fausto de Sousa (o Doutor Fausto) e Magalhães de Azeredo; outros que ficaram obscurecidos sob pseudônimos, tais como Araucarius, Abdiel e José Anastácio; e um terceiro grupo formado por nomes que permanecem na história da literatura, caso de Medeiros e Albuquerque, Olavo Bilac e Raul Pompeia, autores de voo próprio e talvez por isso mesmo pouco lembrados entre os primeiros leitores de Machado de Assis.

Apesar do número relativamente grande de críticos mobilizados, as reações produzidas pelos quatro primeiros romances – *Ressurreição*, *A mão e a luva*, *Helena* e *Iaiá Garcia*, publicados entre 1872 e 1878 – foram de desconcerto generalizado. De par com o reconhecimento quase geral do grande talento e da correção de sua escrita, a obra inicialmente foi percebida como um rematado capítulo de negativas e como corpo estranho no panorama literário do período. Faltavam-lhe a paisagem brasileira, a descrição dos costumes, a anotação da linguagem do povo, o interesse por questões momentosas, tais como a decadência do Império e a escravidão. Faltavam ainda movimentação de enredo, colorido, vivacidade de imaginação, intenção moralizadora, sensualidade e carnalidade para as personagens.

Os leitores censuravam não aquilo que hoje se costuma apontar como defeitos dos primeiros romances, associados ao romantismo e aos excessos sentimentais. Pelo contrário, ressentiam-se da falta de investimento na carga sentimental e nas peripécias, reclamando narrativas mais conformes às que frequentavam os rodapés de jornais do Rio de Janeiro, em sua maioria de autores estrangeiros, mestres na carpintaria dos folhetins que a partir da França e da Inglaterra arrebatavam leitores mundo afora.

O caráter esporádico e pouco regular dessa crítica se nota pela grande variedade de nomes que escreveram sobre Machado de Assis, entre os quais muito poucos se detiveram em mais de uma obra. Eram críticos bissextos, que resenhavam textos avulsos e produziam artigos que raramente chegavam à forma menos perecível dos livros. Muitas vezes eram comentários ligeiros, em que um texto tratava de vários livros, sobre os mais variados assuntos. Não raro, traziam longas digressões do jornalista sobre sua capacidade para exercer a crítica, além de considerações de ordem pessoal, hoje tidas como irrelevantes.

Os textos de maior fôlego faziam muitas referências à mitologia (Páris, Menelau, Vênus são muito evocados), o que combina com uma crítica retórica, constituída em torno de um repertório clássico, com imagens cristalizadas e a postulação de sentidos estáveis. É grande a atenção a aspectos formais, gramaticais, estilísticos, com menções à correção da linguagem, à pureza de estilo, o que, no caso de Machado, resulta na visão de um "escritor mais português que brasileiro", "cultor da forma", "um dos nossos primeiros estilistas". Ainda que o lusitanismo seja em muitos casos apontado como elogio, há forte tensão com a literatura portuguesa, seja pela reivindicação de originalidade da literatura brasileira, seja pela concorrência comercial entre livros brasileiros e portugueses.

Essa leitura coeva ao início de carreira de Machado de Assis caracteriza-se também por um impulso judicativo e retificador, que se atribui o papel de apontar a verdade e o erro, o que muitas vezes é feito de maneira peremptória e ao sabor das simpatias e antipatias que o escritor desperta no crítico. Assim, na abordagem de *Ressurreição*, o já mencionado doutor Fausto constrói todo o seu argumento em torno do contraste que haveria entre a limpidez da escrita e a origem pobre do romancista "trigueiro". Essa associação entre aspectos da obra e traços físicos do autor teria longa história nas leituras de Machado de Assis, como se verá.

O caráter em grande medida fechado, restritivo e defensivo da crítica nas décadas de 1860 e 1870 é indicativo das limitações impostas à prática literária durante o período identificado com o romantismo e também do entendimento bastante limitado que o movimento teve no Brasil, em função dos propósitos nacionalistas de grande parte da produção literária.

No ensaio "Instinto de nacionalidade", de 1873, Machado lamenta a situação em várias passagens, indicando a inexistência de uma crítica mais séria, independente de simpatias e antipatias, como um dos fatores que dificultavam a constituição de uma literatura brasileira. Esse panorama de certa maneira vai se alterar na década de 1880, depois da publicação das *Memórias póstumas de Brás Cubas*, quando de fato começam a se delinear discussões mais densas e mais consequentes sobre a obra, o que também tem a ver com os desafios que ela apresentava para os seus leitores e com a configuração de uma atividade crítica mais regular e estável no Brasil.

Apesar do notável adensamento da crítica verificado nos anos 1880 e 1890, a estranheza diante da produção de Machado de Assis permaneceu ao longo de toda a trajetória do escritor, até os momentos finais da sua produção. Em pleno ano de 1900, Artur Azevedo, em artigo sobre *Dom Casmurro*, diria que "romance propriamente dito quase não o há nestas páginas [...] cheias de estilo, de graça, de observação e de análise",[5] sugerindo que romance

---

5 Azevedo, Palestra, *O Paiz*, 18 mar. 1900, p.1.

mesmo fosse aquele das histórias de amor, ou pelo menos das histórias de enredo movimentado. No dia exato da morte do escritor, 29 de setembro de 1908, o *Diário Popular*, de São Paulo, trazia uma resenha sobre o recém-lançado *Memorial de Aires*, em que o articulista do jornal questionava o gênero a que pertencia o livro: "Na sua expressão rigorosa não se trata de um romance nem de uma novela em que se descrevam lances dramáticos e sentimentais; porém, o autor de *Helena* deu-nos, em páginas delicadas e sutis, uns interessantes episódios, observados com a costumada nitidez do seu espírito".[6]

Essa dúvida sobre a classificação dos livros, que acompanhou toda a produção machadiana, parece não ter existido em relação à produção de Joaquim Manuel de Macedo, Manuel Antônio de Almeida, José de Alencar, Bernardo Guimarães e todos os outros prógonos. O surgimento de uma obra que quebrava a rotina, questionando procedimentos padronizados e expondo o caráter arbitrário das convenções, causava perplexidade e desorientação, visíveis numa crítica marcada pelo impressionismo e pela cobrança de adequação das obras a convenções muitas vezes lastreadas em modelos literários mais ou menos consensuais, quase sempre franceses, e também nos antigos manuais de retórica. A obra ficcional de Machado de Assis punha a nu as limitações do instrumental crítico dos seus contemporâneos, a despeito de todas as novas ideias e doutrinas renovadoras que chegaram ao Brasil a partir da década de 1870.

Determinismo, evolucionismo, positivismo, romantismo e naturalismo – essas eram as palavras-chave que, com suas derivações e ramificações, formariam a constelação de ideias e dariam as balizas para a atividade crítica no Brasil a partir da década de 1870. A frequentação dos grandes sistemas e a invocação dos grandes nomes – Chateaubriand, Taine, Darwin, Comte e Zola –, entretanto, contribuíram tanto para imprimir o tão decantado rigor científico ao estudo da literatura quanto para levantar cortinas de

---

6 Freitas, Memorial de Ayres, *Diário Popular*, 29 set. 1908, p.1.

fumaça em torno da pura opinião, da interpretação impressionista, da mera e velha disputa das vaidades, que continuaram a alimentar polêmicas, com suas acusações, réplicas, tréplicas e ódios mortais.

Os três grandes nomes da primeira crítica machadiana – Sílvio Romero, Araripe Júnior e José Veríssimo – não fugiram a essa conjunção, como se nota ao estudar a reação que tiveram diante do caso Machado de Assis. O exame dessa produção de primeira hora chama a atenção para os desafios e as mudanças de parâmetro que uma obra literária de grande porte apresenta para a crítica, desestabilizando as concepções do literário e pondo em xeque a aplicação rígida de teorias e doutrinas; e também para o aparecimento de questões, como a do humorismo e da representatividade nacional do romance machadiano, que teriam desdobramentos importantes em estudos futuros.

Desafio à crítica

O estranhamento e a percepção de desajuste em relação às expectativas não se dissiparam nem mesmo quando a produção do escritor passou a ser acompanhada com regularidade pelos três principais críticos literários do século XIX: Sílvio Romero, Araripe Júnior e José Veríssimo. Isso se deu em 1892, imediatamente após a publicação de *Quincas Borba* em volume, o que ocorreu no final de 1891, e com a entrada quase simultânea em cena de Veríssimo e Araripe. A partir daí, ambos acompanharam de perto a produção do escritor, tendo José Veríssimo escrito a respeito de todos os livros lançados a partir de 1892. Cada um a seu modo, tanto Araripe como Veríssimo reagiram aos ataques de Sílvio Romero, que polarizou a recepção inicial com suas opiniões muito negativas tanto sobre o escritor como sobre seus escritos, não raro turvando os limites entre o homem e a obra.

Apesar das dissensões, foi a tríade formada por Romero, Araripe e Veríssimo que respondeu à obra machadiana de maneira mais sistemática e consistente, e a cujos senões o escritor também reagiu, ativamente ou pelo silêncio eloquente. Em alguns casos, Machado incorporou ao romance questões colocadas por esses primeiros leitores, pondo em prática a dialética entre produção literária e atividade crítica, desejada e defendida por ele nas décadas de 1860 e 1870 em textos como "O ideal do crítico" (1865) e "Instinto de nacionalidade" (1873).

Araripe Júnior (1848-1911) e Sílvio Romero (1851-1914) são rigorosamente contemporâneos e entram em cena quase simultaneamente, no início da década de 1870, quando da publicação de *Falenas* e *Contos fluminenses*. Nesse período, ainda eram companheiros em Recife e editavam juntos *A Crença*, jornal em que Romero publicou seu primeiro artigo sobre Machado de Assis, "A poesia das Falenas", em 1870. José Veríssimo (1857-1916), um pouco mais novo, entrará em campo só em 1892, por ocasião do aparecimento, em volume, de *Quincas Borba*, com uma resenha sobre o romance publicada no *Jornal do Brasil*, do Rio de Janeiro. A tríade, portanto, estará formada com a publicação desse livro. É justamente nesse momento que a crítica machadiana toma corpo, não só em termos numéricos, por ter sido esse o romance de Machado que produziu reação crítica imediata mais volumosa, mas também em termos qualitativos, já que sobre o livro também escreveram Magalhães de Azeredo, José Anastácio (provável pseudônimo de Teófilo Guimarães) e Artur Azevedo.

A linguagem empregada nos artigos dedicados ao romance revela a distância existente entre o texto de Machado e as expectativas dos seus contemporâneos. José Anastácio qualificou o livro como "um brilhante demais engastado no diadema da literatura brasileira", "um cálix de licor finíssimo que a gente prova e sorve de um trago".[7] Outro, Magalhães de Azeredo, numa série de artigos elogiosos a *Brás Cubas* e *Quincas Borba*, referiu-se ao humorismo do escritor como uma "flor doentia da experiência e da desilusão, que semelha um goivo de sepulcro abrindo-se numa jarra de porcelana de Sèvres, sobre um piano donde se evolam

---

7 José Anastácio, Quincas Borba, *O Tempo*, 25 jan. 1892, p.1.

acordes de polcas alegres, no turbilhão doido de um baile de duendes".[8] Até mesmo José Veríssimo, quase sempre tão comedido e sóbrio, exorbitou nos adjetivos ao dizer que livros como os de Machado de Assis "confortam-nos algumas horas como o doce perfume de uma flor rara ou a sombra fofa de uma copa de árvore em meio de longo caminho árido".[9]

A percepção do texto do escritor como um bálsamo num ambiente literário marcado pela aridez, expressa por Veríssimo, será retomada por Joaquim Nabuco em 1905, na frase famosa em que diz a Graça Aranha ser preciso tratar Machado de Assis "com o carinho e a veneração com que no Oriente tratam as caravanas a palmeira às vezes solitária do oásis".[10] A imagem, de nuanças orientalistas, condensa não só a visão de Machado como escritor singular, isolado, destacado de seu tempo e lugar, como em certa medida o caracteriza como escritor exótico, singularidade e exotismo que teriam longa carreira na crítica machadiana.

Apesar disso, dez anos depois da perplexidade e frieza que marcaram a recepção de *Brás Cubas*, definido como "o livro mais esquisito de quantos se tem publicado em língua portuguesa" por Araripe,[11] e como "bolorenta pamonha literária" por Romero,[12] *Quincas Borba* de algum modo esclarecia o que havia de proposital no romance anterior. O livro trazia de volta a prosa estranha, fragmentária e corrosiva de 1880-1881, que a crítica passaria a distinguir, tanto em relação à produção literária brasileira como à obra anterior de Machado, pelo *humorismo*. O que era esse *humour* e de

---

8 Azeredo, Quincas Borba, *O Estado de S. Paulo*, 27 abr. 1892, p.1.

9 Veríssimo, Um novo livro do Sr. Machado de Assis, *Jornal do Brasil*, 11 jan. 1892, p.1-2.

10 Nabuco, Carta enviada a Graça Aranha de Londres, datada de 12 de abril de 1905. Apud Aranha (Org.), *Correspondência de Machado de Assis e Joaquim Nabuco*, p. 173.

11 Araripe Jr., Brás Cubas. *Lucros e Perdas*.

12 Romero, O naturalismo em literatura. In: Barreto (Org.), *Literatura, história e crítica*, p.360; Id., *Machado de Assis – Estudo comparativo de literatura brasileira*, p.XIX.

que modo ele distanciava o escritor do caráter nacional, filiando-o a tradições estrangeiras, e a quais tradições, serão assuntos recorrentes e motivos de disputa entre a crítica contemporânea, com desdobramentos também na crítica posterior.

É em torno da recepção de *Quincas Borba* e da questão do humorismo que procuraremos definir as diferentes aproximações de Romero, Araripe e Veríssimo com a obra de Machado, em meio às quais se produzem três perfis distintos para o escritor de exceção.

O anacrônico

Apesar de ser voz dissonante e isolada, foi ao redor da opinião quase sempre injusta e destrambelhada de Sílvio Romero que se formou o que poderíamos definir como a crítica coeva de Machado de Assis. Nas resenhas sobre *Quincas Borba*, Araripe respondia de forma velada e Veríssimo reagia explicitamente a Sílvio Romero, que em 1882 desancara o autor das *Memórias póstumas*, chamando-o de "tênia literária", "ente infeliz", acusando-o de oportunista e anacrônico, por não ter forças de romper com o passado e por equilibrar-se comodamente numa combinação de classicismo e romantismo. Romero não incluíra Machado de Assis na sua *História da literatura brasileira*, publicada em 1888. Por outro lado, a reação, em linhas gerais entusiástica, a *Quincas Borba* serviria de estímulo e daria munição para Sílvio Romero produzir seu ataque final a Machado, não mais por meio de artigos na imprensa, mas na forma de um livro: *Machado de Assis – Estudo comparativo de literatura brasileira*.

Nessa obra da maturidade romeriana, espécie de súmula do seu antimachadianismo renitente, Romero promete amainar a ferocidade dos seus ataques, mas não se emenda: "eu não recuo; não está nos meus hábitos recuar". Não é bem verdade que ele atenue suas críticas nesse livro virulento, injusto e, em vários sentidos, desequilibrado, que já foi caracterizado por Antonio Candido como

 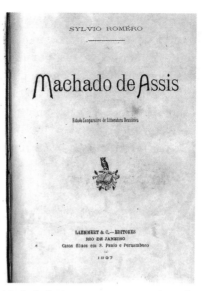

Folha de rosto do primeiro livro dedicado a Machado de Assis, com o ataque violento de Sílvio Romero ao escritor e sua obra.
Fonte: Acervo pessoal de Hélio Guimarães.

"verdadeira catástrofe do ponto de vista crítico".[13] As restrições são inúmeras, a violência dos ataques pessoais é de fazer tremerem as páginas, e os elogios, quando vêm, muitas vezes são dúbios. Mas também não é verdade que Sílvio Romero não recue. O que escreve sobre Machado de Assis no *Compêndio de história da literatura brasileira*, de 1909, já é muito mais equilibrado, talvez pelo contrapeso de João Ribeiro, coautor do volume.

No *Estudo comparativo*, Romero procura pôr Machado contra seus críticos. Afirma que estes em geral são falsos, pois em público elogiam o escritor, mas nas rodas literárias falam coisas terríveis sobre ele. Diz que não vai contar o que ouviu, para não transformar sua crítica em bisbilhotice e também por se tratar de coisas que talvez só caberiam nas suas memórias póstumas. O alvo de Romero

---

13 Candido, Introdução. In: _____ (Org.), *Sílvio Romero – Teoria, crítica e história literária*, p.XVIII.

não é apenas o homem Machado de Assis e sua obra, mas toda a crítica produzida até então, acusada de fetichista, retórica e idólatra. Não se tratava, portanto, de petardos dirigidos a um desafeto, e sim de uma guerra inteira, já que o objetivo não era apenas colocar Machado "em seu lugar", mas desqualificar todos os críticos favoráveis a ele, acusando-os de pedantes, insinceros, excessivamente indulgentes, os louvaminheiros de profissão que Romero tanto criticava. Em nome do propósito elevado e ambicioso de renovação da crítica nacional, em que de fato estava empenhado, ele se permitia levar de roldão tudo que lhe desagradasse.

Diante da amplitude do alvo, fica difícil falar em reação a aspectos específicos da obra de Machado; trata-se de reação simplesmente, um dos sestros do reativíssimo Sílvio Romero, que se autointitulava "um justiceiro" e passou boa parte da vida tentando explicar a antipatia pelo escritor e exaltando a genialidade de Tobias Barreto. No livro de 1897, esse seu mestre da escola do Recife mais uma vez serve de termo de comparação para diminuir os talentos de Machado de Assis como poeta, prosador e humorista. Ao longo de toda a carreira, Tobias Barreto foi a "clava de Hércules", o instrumento preferido na sua sanha de esbordoar os outros, como bem observou Araripe Júnior em "Sílvio Romero polemista".[14] Assim, pelos parâmetros críticos de Romero, Tobias Barreto encarnava a excelência, e o prosador Machado teria muito a aprender com Rui Barbosa, Camilo Castelo Branco, José do Patrocínio, Sales Torres-Homem, Latino Coelho, entre muitos outros.[15]

O estudo comparativo era a resposta, fermentada durante quase vinte anos, aos senões dirigidos à poesia de Romero em "A

---

14 Araripe Jr., Sílvio Romero polemista, *Revista Brasileira*, 1 ago. 1898.

15 Postumamente, a visão de Sílvio Romero sobre Machado de Assis foi totalmente reconstituída por seu filho, Nelson Romero, que praticamente reescreveu tanto a *História da literatura brasileira* (que não incluía Machado nas duas edições publicadas enquanto Romero estava vivo) como a obra *Machado de Assis* (que deixou de ser o estudo comparativo no qual Tobias Barreto sobressaía em relação a Machado). Nelson Romero procurou dar mais

nova geração", o famoso texto crítico de Machado de Assis publicado em 1879. Romero, que nunca foi muito afeito às sutilezas, deixa claro o revide já no primeiro parágrafo da introdução, ao afirmar que entre as singularidades das coisas literárias do Brasil está a constante e espontânea produção, por qualquer mocinho ou rapazelho (leia-se Machado, que na realidade era mais velho que Romero), de "novas gerações": "das tais gerações novas, novíssimas, recentes, recentíssimas, modernas, moderníssimas, já passaram por nós nada menos de duas dúzias!... Já se vê, portanto, que esta fertilidade não é coisa séria, e quem tiver bom senso deve opor embargos a tanta ligeireza".[16]

Contra a ligeireza e a banalidade, Romero propõe o estudo de Machado de Assis "à luz de seu meio social, da influência de sua educação, de sua psicologia, de sua hereditariedade fisiológica e étnica, mostrando a formação, a orientação normal de seu talento".[17] O pressuposto é o do artista como um centro de força, que age como *fator de diferenciação e progresso*, e também como uma resultante, *efeito de um meio*, devendo *refletir a sociedade* a que pertence. Ou seja, o escritor não pode ser muito mais nem muito menos do que determinaria sua origem fisiológica, social e nacional, ainda que possa evoluir. Por esses critérios, Machado de Assis – descrito como pobre, pouco escolarizado, tímido, gago, mulato – e sua obra – sem qualquer traço explícito de engajamento patriótico, parco talento descritivo e baixo investimento na pintura da natureza local – eram uma consumada enciclopédia de negativas. No que diz respeito à diferenciação e ao progresso, sua obra representaria enorme retrocesso, tanto pela ausência de qualquer ímpeto explicitamente combativo, como pelo tributo aos

---

sobriedade e equilíbrio ao que, durante a vida do pai, aproximou-se sempre do vitupério. Assim, quem ler as edições de Sílvio Romero publicadas depois de sua morte terá apenas uma pálida ideia da artilharia que o crítico mobilizou contra Machado.

16 Romero, *Machado de Assis – Estudo comparativo de literatura brasileira*, p.XIX.
17 Ibid., p.6.

modelos clássicos e românticos, modelos com os quais, por tibieza, o escritor não teria conseguido romper.

O crítico centra fogo no plano pessoal. Por exemplo, chamará a atenção para o fato de Machado de Assis não possuir diploma, ter instrução limitada, "de princípio demasiado parca", numa referência à origem pobre do escritor, o que teria feito dele um funcionário mediano, para não dizer medíocre. O grande problema de Sílvio Romero, para quem as questões de raça e mestiçagem eram centrais na definição e na singularização da nacionalidade e, portanto, da literatura brasileira – esse, aliás, o principal aspecto modernizador da sua crítica e da sua visão do país, como apontou Antonio Candido[18] –, está no fato de Machado, "genuíno representante da sub-raça brasileira cruzada", não se entregar "à sua condição de meridional e mestiço".

Para Romero, isso só podia ser entendido como afetação, quase uma impostura do homem, o que teria repercussões na obra, a seu ver marcada pelo artificialismo, pelo isolamento em relação ao meio, pela indiferença à paisagem e ao povo brasileiro. O crítico cobrava de Machado que fosse um escritor *representativo* da sub--raça e parecia não ver outro caminho para isso a não ser a adoção de uma postura, se não estereotipada, pelo menos mais típica, da qual Machado sempre fugiu.

Assim, no repertório romeriano, as categorias centrais de raça e mestiçagem deslizam com facilidade para os argumentos da animosidade para com Machado, que não se enquadrava no papel previsto e, ato contínuo, era logo encaixado em outro estereótipo, o do mulato pernóstico, de modos afetados, afrancesados, incapaz de reconhecer sua condição de verdadeiro meridional e mestiço. Em alguns momentos, o que parece estar em jogo é o velhíssimo e onipresente preconceito racial e de cor. Usando Tobias Barreto como escudo, Romero parece não se conformar mesmo é com o fato de Machado ter escrito o que escreveu sendo mulato, sem se

---

18 Cf. Candido, *O método crítico de Sílvio Romero*.

curvar ao que chama de "moléstia da cor", "nostalgia da alvura", "despeito contra os que gozam da superioridade da branquidade".[19]

Por trás dos excessos de Romero, havia regras. Evolucionista convicto ("meu pensamento em filosofia mudou do positivismo para o evolucionismo spencerista, chamado também por alguns agnosticismo evolucionista"), aplicou os princípios de Spencer à obra de Machado não só para considerá-la anacrônica, pelo seu aspecto romântico e classicizante, mas para refutar a divisão dela em duas fases, proposta por Veríssimo e aceita por Araripe Júnior. Para Romero, não havia ruptura parcial nem completa entre *Iaiá Garcia* e *Brás Cubas*. Machado era desde o início um só, no pouco que havia de bom nele, e no muito de ruim, já que nem a natureza nem a psicologia normal se move aos saltos. Sempre do contra, com frequência se refere ao escritor como o autor de *Helena* e *Iaiá Garcia* – isso depois da publicação de *Memórias póstumas de Brás Cubas* e *Quincas Borba* – e chega a declarar sua preferência pelos primeiros romances do escritor, em que o humorismo seria mais espontâneo e singelo, mais de acordo com a sua índole pacata, em contraste com o que acusa de humorismo artificial, farfalhante e puramente imitativo adotado a partir de *Brás Cubas*.

O humorismo, apontado por Veríssimo como singularidade da prosa machadiana, era considerado inadequado por Romero, por estar em desacordo com a psicologia, o temperamento e o caráter não só do escritor, mas da "nossa raça". Humorismo, pessimismo e ironia, que ao longo da década de 1890 já se tornavam palavras recorrentes da crítica machadiana, serão os alvos de Romero ao tratar do prosador. Daí a crítica ao estilo repetitivo e reiterativo, que vai chamar de tartamudo; ao pessimismo implacável, que qualificará "de pacotilha"; ao humorismo desesperançado, que chamará de "afetado"; e aos personagens pouco exemplares, como Brás Cubas e Quincas Borba, tachados respectivamente como "adúltero enjoativo" e "lunático sensaborão".

---

19 Romero, *Machado de Assis – Estudo comparativo de literatura brasileira*, p.164.

O ponto mais sensível, no entanto, está no que ele entende como a impotência de Machado, e de certo grupo de românticos brasileiros, de tomar partido entre as grandes correntes filosóficas do século, assim enumeradas por Romero: materialismo, positivismo, evolucionismo, monismo transformístico, hartmmannismo. Parece-lhe insuportável que Machado de Assis, num país de caráter indefinido, onde o povo ainda nem sabia ler, se pusesse a rir de muita coisa respeitável e sagrada, por exemplo, zombando, por meio de Quincas Borba e de Rubião, das grandes teorias do século, sustentáculos da crítica romeriana. Espírito demolidor, mas paradoxalmente imbuído de ideais construtivos, Romero exaspera-se com o aspecto impalpável, a refração às classificações, o tom irreverente e a carga de negativismo que permeiam a obra machadiana, sobretudo a partir de *Brás Cubas*.

Muito afeito a partidos, escolas, métodos, correntes e doutrinas, balizas de que talvez precisasse desesperadamente para conter seu espírito bélico e recobrir de terminologia científica o que, em muitos casos, não passava de destempero, má vontade e antipatia, Romero agia em defesa de parâmetros relativamente fixos para a atividade crítica, num momento em que era raro a crítica literária escapar da paráfrase ou do tom desbragadamente elogioso. Ele não estava completamente destituído de razão ao referir-se a críticos como "louvaminheiros de profissão", ou denunciar com indignação o isolamento e a baixa representatividade da produção literária, demolindo a ilusão romântica de que a literatura pudesse representar e ser representativa da nação – algo que Romero, no entanto, desejava ardentemente, e Machado problematizava pelo menos desde o ensaio "Instinto de nacionalidade".

No que se refere à prosa de Machado, não eram impertinentes os questionamentos que Romero fazia sobre o tom filosofante e o uso impreciso do termo "*humour*", palavra guarda-chuva que, assim como "ironia", já então se tornava um clichê para "explicar" a obra. Até mesmo as observações sobre a pusilanimidade das personagens e o caráter repetitivo e enfadonho da prosa de Machado não podem ser creditados a alguém completamente fora de juízo. A questão é o modo como avaliava tudo isso. Ao insistir no que havia de anacrônico, imitativo, deslocado e artificioso na prosa machadiana, o livro de Romero dava pasto para discussões até hoje presentes e relevantes nos estudos machadianos. Muito daquilo que Romero observou e tachou negativamente seria revisto pela crítica posterior, que encontraria ali elementos e procedimentos importantes da dicção e da economia narrativa machadianas, com potencial crítico em relação à vida social brasileira. De certa maneira ele comportava-se como personagem machadiano, no seu apego cego e às vezes acrítico às ideias novas e ao prestígio da ciência. Quem sabe reagisse com tanta irritação e virulência justamente por identificar-se com a galeria machadiana de lunáticos cientificistas, que tem seus expoentes em Simão Bacamarte e Quincas Borba.

Descontada toda a antipatia, foi Romero quem primeiro fez constar o nome de Machado de Assis no título de um livro, assinado por um autor que, a despeito de todas as inimizades e desconfianças que gerou, era homem bem quisto e crítico respeitado. Ao insistir no deslocamento de Machado em relação ao seu tempo e lugar, o livro de Romero, de forma paradoxal, situava o escritor no centro das atenções, de onde não saiu até hoje, a despeito das oscilações que sua figura e sua obra registrariam ao longo do século XX.

O excêntrico

A reação de Araripe Júnior à obra de Machado de Assis talvez seja a que ilustra com mais consistência o descompasso entre a produção literária, os gostos arraigados e as expectativas da crítica praticada contemporaneamente ao aparecimento da obra machadiana. Isso porque em sua longa trajetória Araripe abandonou a crítica de fundo romântico pelos preceitos naturalistas, descrevendo o percurso usual da crítica brasileira no século XIX. Homem afeito a teorias e doutrinas, assim como Romero,

MACHADO DE ASSIS, O ESCRITOR QUE NOS LÊ

seu antigo companheiro da chamada "escola do Recife", Araripe também julgou a obra de Machado sobretudo pela negatividade, pelo que há nela de incongruente com os preceitos amplamente vigentes, segundo os quais o escritor e sua obra deviam representar e ser representativos do país.

Araripe acompanhou a produção de Machado desde o início da década de 1870 – quando publicou um artigo sobre *Falenas* e *Contos fluminenses*[20] – até depois da morte do escritor, sobre o qual escreveu um artigo-necrológio em 1º de outubro de 1908. Ao contrário de Sílvio Romero, cuja opinião sobre a obra de Machado, apesar das contradições e incongruências, permaneceu sempre negativa, Araripe Júnior reformulou seus juízos ao longo desses mais de trinta anos em que acompanhou o escritor, em vários momentos expondo ou procurando explicitar as limitações ou injustiças cometidas anteriormente. Assim, no texto publicado a propósito do lançamento de *Quincas Borba*, no início de 1892, ele lembra a visão restrita e restritiva de literatura que expressara no início da década de 1870, quando atribuiu a Machado ingratidão para com o "formoso Brasil", acusando o escritor de "manifesta preferência que vota ao grito da cigarra de Anacreonte sobre o melodioso canto do sabiá", frase com a qual chamava a atenção para o traço classicizante da poesia do autor de *Crisálidas* e *Falenas*.[21] Com distância de mais de duas décadas, Araripe justifica as primeiras impressões, muito negativas, diante dos poemas e dos primeiros contos de Machado, evocando a saturação de romantismo:

> Nessa época eu andava muito preocupado com a ideia do romance nacional; sabia de cor o *Brasil* de Ferdinand Denis e lera pela oitava ou nona vez o *Guarani* de J. de Alencar. No que respeita à literatura, ignorava completamente a existência de uma cousa

---

20 Araripe Jr. [sob o pseudônimo de Oscar Jagoanharo], *Dezesseis de Julho*, 6 fev. 1870.

21 Ibid.

chamada *proporções*; pouco tinha observado, muito menos comparado, de modo que, segundo então pensava, não havia senão uma craveira: diante d'uma obra d'arte, ou tudo ou nada.[22]

A confiar que, em plenos anos 1870, as expectativas de um crítico preparado como Araripe Júnior pudessem ser mais ou menos generalizadas entre os leitores, os parâmetros da boa literatura ainda eram buscados nos tratados clássicos de Marmontel e Boileau, para quem a narração deve ser viva e movimentada, e os modelos literários eram escritores hoje tão obscuros quanto Joseph Méry, francês, autor de histórias de amor passadas em cenários exóticos. O exotismo era preferível à "excentricidade" das narrativas de Machado – esse um dos termos recorrentes na crítica de Araripe. Segundo ele, Machado lhe punha o "chateaubrianismo intransigente em verdadeiro desespero", indicação de que as obras de Chateaubriand, sobretudo aquelas de exaltação da natureza e do índio americano, como *René* e *Atala*, amplamente divulgadas e lidas no Brasil, eram os modelos que formavam o horizonte de expectativas de boa parte dos leitores e críticos locais, mesmo os mais informados, até as últimas décadas do século XIX.

Se Araripe Júnior, nos dois artigos que escreveu em 1892 sobre *Quincas Borba*, desculpa-se pela estreiteza do metro utilizado no início da década de 1870 para julgar a poesia e os contos, ele cometia novo deslize ao fazer a célebre restrição às personagens femininas de Machado, que considerava incolores, e às suas heroínas, para ele incapazes de exalar o *odor di femina*. A opinião sobre a sensaboria e o recato de Machado em relação às personagens femininas ganhava ares de indiscrição com a explicação que a acompanhava: "para bem retratar mulheres, é indispensável senti-las ao pé de si e cheirar-lhes o pescoço, ou brigar com elas, intervindo e perturbando os seus negócios", sentenciava Araripe, para quem "Machado de Assis, asceta dos livros e retraído

---

22 Araripe Jr., Quincas Borba I, *Gazeta de Notícias*, 12 jan. 1892, p.1.

ao gabinete, não as invadiu por nenhum destes aspectos".[23] As observações, que podem ser lidas como insinuação de que Machado teria pouca experiência com mulheres, lançando dúvidas sobre sua virilidade ou mesmo sobre os encantos de sua discreta esposa, D. Carolina, de fato magoaram o escritor. Vinte e seis anos mais tarde, em 1908, Araripe faria um mea-culpa da grosseria cometida contra o autor a propósito do seu julgamento de Sofia Palha, relatando as conversas que tivera com Machado depois da publicação do artigo em que, ao tentar reparar um antigo erro, produzira nova ofensa.

A ofensa, no entanto, diz muito sobre o instrumental crítico adotado por Araripe, que protesta contra o espanto e o recuo de Sofia Palha diante do assédio de Rubião, numa conhecida cena do romance em que o herdeiro de Quincas Borba investe fisicamente contra a mulher de Palha. A comparação inevitável é com o naturalismo. Onde Zola "forçosamente colocaria uma cena de canibalismo amoroso", Machado preservava as aparências, rompendo com a expectativa das descrições mais cruas e carnais das mulheres e do sexo, "das atrocidades irregulares dos tempos modernos", que eram de regra na crítica e no romance naturalista. Com seu recato e contenção, Machado, segundo Araripe, fazia clamorosa *exceção* à regra dos brasileiros, afeitos às conversas pornográficas, "sublinhadas pelo vermelhão da lubricidade, clima, ociosidade ou educação".[24]

Haveria então um duplo deslocamento e excentricidade: do romance machadiano em relação aos tempos modernos e do escritor em relação ao meio, de modo que Machado será considerado por Araripe "um dos raros exemplos de poeta e romancista que, resistindo ao meio e vencendo as hostilidades do próprio temperamento, fiel à vocação, conseguiu completar a sua carreira".[25]

---

23 Araripe Jr., Quincas Borba II, *Gazeta de Notícias*, 16 jan. 1892, p.1.

24 Ibid.

25 Araripe Jr., Machado de Assis, *Revista Brasileira*, jan.-mar. 1895, p.22-8. Reproduzido em: *Obra crítica de Araripe Júnior*, v.III, p.5-9.

Ou seja, a obra machadiana deveria sua especificidade e singularidade principalmente à resistência do escritor aos hábitos e valores do entorno. As referências à vocação e ao talento individual indicam a necessidade de abertura da crítica a outros parâmetros, individuais, psicológicos, para justificar a exceção, o deslocamento e a excentricidade da obra machadiana. Mas também reafirmam a prevalência e a centralidade do meio, a cujas influências e determinações a maioria dos escritores sucumbiria, de acordo com as ideias deterministas do tempo. Machado, assim, era a exceção que confirmava a regra.

O humorismo será compreendido por Araripe como forma peculiar de humor – o paradoxo literário –, resultante do contato entre um produto exclusivo da raça anglo-saxônia e as novas condições mesológicas e étnicas do Brasil. Ou seja, o humor machadiano resultaria, novamente, da contradição entre o indivíduo e o meio.

Eis aí a aplicação, para o campo machadiano, de uma das formulações mais originais de Araripe Júnior, que tinha no meio físico uma de suas categorias centrais. Para argumentar em favor da existência de uma literatura brasileira em período anterior à independência do Brasil, ele formulou, em 1887, a curiosíssima teoria da obnubilação brasílica. Segundo essa teoria, a mera travessia do Atlântico e o contato com o meio físico brasileiro teriam sido suficientes para produzir alterações na sensibilidade e no modo de expressão do colonizador, garantindo a originalidade da produção literária realizada em terras brasileiras. Processo parecido se dava com o humorismo de Swift, Sterne, Lamb e Thackeray, ao ser praticado em terras brasileiras pela imaginação de Machado de Assis.

A história da crítica de Araripe Júnior à obra de Machado, entretanto, não é feita apenas de erratas, reparações, tentativas de emendar juízos que o próprio crítico, passados os anos, considera limitados ou infelizes. Há aqui e ali percepções fecundas, que fariam longa carreira na fortuna crítica de Machado. Em "Ideias e sandices do ignaro Rubião", de 1893, Araripe chama a atenção para o potencial satírico do romance, composto em torno de uma filosofia *excêntrica*, o Humanitismo, percebido pelo crítico como conjunção brasileira de princípios do positivismo de Augusto Comte com o evolucionismo de Charles Darwin. A misturada, feita no cadinho da loucura de Quincas Borba e do seu herdeiro, o ignaro Rubião, seria uma alegoria do modo como as ideias estrangeiras circulam e são assimiladas no Brasil, processo caracterizado pelo crítico como "uma espécie de endosmose intelectual".[26]

Araripe, assim como Romero, também não parece aprovar a irreverência de Machado com relação a Comte e Darwin, dois dos grandes pensadores do século, e com coisas tão sérias como as afecções mentais. No entanto, reconhece a carga satírica do romance, sugere que o escritor se diverte por meio de Rubião, e pergunta: "Quem nos diz que este personagem não seja o Brasil?". A interrogação de Araripe reverberaria por toda a vertente crítica que estuda a obra de Machado como condensação dos processos culturais e políticos do Brasil do Segundo Reinado, e para além dele. Ao longo do século XX, a mesma pergunta seria recolocada para outros personagens e termos: Quem nos diz que Brás Cubas, Dom Casmurro, Capitu e a obra de Machado de maneira geral não sejam o Brasil?[27]

Nesse sentido, Araripe investe, mais que Romero e Veríssimo, na dimensão crítica e satírica do romance de Machado de Assis, que não teria nada de absenteísta. Enquanto Romero reclama da inconsistência das personagens e da recusa do escritor em se filiar a esta ou àquela corrente do pensamento, Araripe sugere o ardil ficcional e a extensão da descrença machadiana de que haja algo assaz fixo neste mundo. Enquanto Veríssimo identifica em *Quincas Borba* um progresso de Machado em relação ao parâmetro da literatura nacional, no sentido de que ali estariam colocados

---

26 Araripe Jr., Ideias e sandices do ignaro Rubião, *Gazeta de Notícias*, 5 fev. 1893, p.1.

27 Sobre a pergunta de Araripe e o conflito entre interpretações localistas e universalistas, ver Schwarz, Duas notas sobre Machado de Assis. In: *Que horas são? – Ensaios.*

tipos e situações "eminentemente nossas", Araripe surpreende na filosofia de Quincas Borba o que seria um procedimento nacional característico, no modo como o brasileiro Rubião, um ignorante, se relaciona com as ideias de Comte e Darwin, resultando numa visão satírica sobre os modos como as ideias estrangeiras são assimiladas no Brasil. Inaugurava-se aí uma vertente dos estudos machadianos que, na contramão de Romero, o qual enfatizava os aspectos alienados da obra de Machado, chama a atenção para os nexos entre a obra e a vida brasileira, pela chave da sátira.

O humorista

Diferentemente de Romero e Araripe Júnior que, comprometidos com doutrinas científicas, procuravam compreender a obra de Machado sobretudo por critérios evolucionistas, no caso do primeiro, e romântico-naturalistas, no caso do segundo, Veríssimo a certa altura parece perceber a insuficiência dos parâmetros disponíveis diante da singularidade e da estatura da arte de Machado de Assis. Quando escreve, no seu artigo sobre *Quincas Borba*, que a obra machadiana não pode ser julgada segundo o critério que chama de "nacionalístico", questionando o parâmetro adotado por Romero na sua *História da literatura brasileira*, Veríssimo anuncia a tomada de rumo diverso e dá um passo importante para a desvinculação entre o valor da obra e o empenho do escritor em adotar a cor local e construir uma literatura nacional.

O relaxamento dos critérios etnográficos e geográficos, recorrentes e comuns à crítica romântica e naturalista, tirava o foco da ausência de paisagem local, que foi por longo tempo um dos lugares-comuns da crítica machadiana. Notada por Romero, a lacuna receberá interpretação favorável de Veríssimo:

> No mundo só lhe interessa de fato o homem com os seus sentimentos, as suas paixões, os seus móveis de ação [...] sem lhe dar da decoração, da paisagem, dos costumes, do que apenas se servirá para

MACHADO DE ASSIS, O ESCRITOR QUE NOS LÊ

criar aos seus personagens e aos seus feitos o ambiente indispensável, porque sendo entes vivos não podem viver sem ele.[28]

O critério nacionalista não era só de Romero, mas parâmetro dominante entre a crítica praticada no Brasil até a década de 1880, incluindo a produção do próprio crítico paraense, que só ao longo dos anos 1890 se distanciou dos modelos positivistas e naturalistas, deslocando a ênfase para aspectos psicológicos e estéticos. Ainda assim, os critérios nacionalistas estão ativos quando Veríssimo considera *Quincas Borba* um romance completo, por ser *romance de caráter e de costumes*, e um progresso da literatura nacional, por trazer tipos e situações *eminentemente nossos*.

A resenha sobre *Quincas Borba*, que marca o início da contribuição de Veríssimo para a crítica machadiana, é também o anúncio da renovação do seu programa crítico, uma demonstração clara da relação viva que pode existir entre crítica e produção literária. Ali, Veríssimo declara seu horror a todas as seitas, sejam elas políticas, literárias ou religiosas, e proclama: "O Sr. Machado de Assis não é nem um romântico, nem um naturalista, nem um nacionalista, nem um realista, nem entra em qualquer dessas classificações em *ismo* ou *ista*. É, aliás, um humorista".[29]

Veríssimo retomava a referência ao termo "humorista", que aparecera pela primeira vez no texto de Artur Barreiros a propósito de *Brás Cubas*:

> É opinião minha (e hoje creio que é da Crítica) que este extraordinário romance, *inspirado diretamente nos humoristas ingleses*, dissecando cruamente a alma humana com uma observação maravilhosa, não se limitando a julgar parcialmente este microcosmo chamado homem, mas abrangendo numa síntese poderosa todos os grandes impulsos que nos alevantam acima de nós mesmos e todas

---

28 Veríssimo, Novo livro do Sr. Machado de Assis, *Jornal do Commercio*, 19 mar. 1900, p.1.

29 Veríssimo, Um novo livro do Sr. Machado de Assis, *Jornal do Brasil*, 11 jan. 1892, p.1-2.

as pequeninas paixões que nos conservam acorrentados à baixa animalidade; é opinião minha, repito, que este extraordinário romance de Brás Cubas não tem correspondente nas literaturas de ambos os países de língua portuguesa e traz impressa a garra potente e delicadíssima do Mestre.[30]

Isso foi escrito em junho de 1880, enquanto Brás Cubas era publicado em partes, na *Revista Brasileira*. Aí, pela primeira vez filia-se o romance ao humorismo inglês, associando esse traço da escrita à singularidade do escritor no panorama das literaturas brasileira e portuguesa. Vale lembrar que o prólogo "Ao leitor", com a referência a Sterne, Lamb e Xavier de Maistre, só apareceria na primeira edição em livro, no início de 1881. Ou seja, Machado rapidamente incorporou a referência aos humoristas ingleses ao frontispício do seu livro, o que passava a ser uma espécie de guia de leitura para o romance inusual que se seguia.

Os primeiros leitores do livro morderam a isca lançada por Machado, pois imediatamente incorporaram esse assunto aos comentários sobre o romance. José Ribeiro Dantas Júnior, sob o pseudônimo D. Junio, qualifica as *Memórias póstumas* como "um valioso mimo de humorismo";[31] Urbano Duarte, por sua vez, observa que a "amarga filosofia" do romance vem "temperada por um humorismo de bom gosto".[32] Temos aí um caso de relação estreita entre crítica e autor, entre autor e crítica, de que a produção romanesca machadiana está, aliás, pontilhada, indicando a excepcional atenção do escritor ao seu entorno, o que contraria a ideia por muito tempo aceita de que Machado produziu sua obra indiferente ao seu tempo e lugar.[33]

---

30 Barreiros, *Pena & Lápis*, 10 jun. 1880.

31 Dantas Júnior, Bibliographia, *Revista Ilustrada*, 15 jan. 1881, p.6.

32 Duarte, Bibliographia – Memórias posthumas de Braz Cubas, *Gazetinha*, 2 fev. 1881.

33 Vários estudos recentes indicam e documentam o diálogo estreito de Machado com matérias veiculadas nos jornais e revistas em que publicou grande parte da sua obra, o esforço de adequação dos seus escritos ao perfil dos

MACHADO DE ASSIS, O ESCRITOR QUE NOS LÊ   47

Nenhum dos primeiros leitores, no entanto, desenvolveu o assunto, que ficou adormecido por mais de uma década, só chegando à corrente principal da crítica machadiana quando José Veríssimo, crítico já consagrado, por ocasião do lançamento de *Quincas Borba*, encontraria no humorismo a palavra mágica para dar conta da peculiaridade de Machado de Assis. Essa foi uma das observações críticas mais fecundas de Veríssimo, que, entre os críticos de primeira hora, foi o que teve mais proximidade e afinidade com o escritor, com quem conviveu e manteve correspondência.

Veríssimo também foi o primeiro a chamar a atenção para a natureza pouco confiável do narrador de *Dom Casmurro*, ao mesmo tempo envolvido e distanciado dos fatos que narra, condição que poderia torná-lo suspeito aos olhos do leitor. A observação *en passant* também não teve desenvolvimento imediato, ganhando força apenas na década de 1960. Outra percepção aguda de Veríssimo refere-se à relação entre a linguagem adotada nos romances em primeira pessoa, o tempo da ação, o meio retratado e o perfil dos narradores-personagens. Isso está indicado na resenha sobre *Dom Casmurro*, na qual postula o parentesco entre Brás Cubas e Bento Santiago para buscar a especificidade de feição e índole de cada um dos dois narradores-personagens.

Até 1900, a crítica reiteradamente expressara frustração com a falta de imaginação, a pouca movimentação e a frieza dos enredos de Machado de Assis, compensadas pela excelência do estilo, original, correto e respeitoso à linguagem castiça. Ao associar Dom Casmurro a Brás Cubas para contrastá-los, o crítico sugere o parentesco filosófico entre os dois personagens, semelhantes no modo de considerar as coisas, mas diferentes na maneira de

---

diferentes periódicos em que publicou ao longo de sua carreira, bem como a incorporação aos seus escritos de questões levantadas pelos críticos. Cf. Granja, Antes do livro, o jornal: "Conto Alexandrino", *Luso-Brazilian Review*, v.46, 2009, p.106-14; Silva, *Machado de Assis's philosopher or dog? – from serial to book form*; Guimarães, *Os leitores de Machado de Assis: o romance machadiano e o público de literatura no século 19*.

expressá-las, por serem personagens de momentos históricos distintos, cujas diferenças de alguma forma poderiam ser percebidas na própria linguagem que adotam, *construída* pelo talento de Machado de Assis e atribuída pelo escritor aos protagonistas:

> Se *Brás Cubas* e *Dom Casmurro* contam ambos os dous a sua história, cada um tem o seu estilo, a sua língua, a sua maneira de contar. No que mais se assemelham é no fundo da sua filosofia e no modo de considerar as cousas. Mas ainda assim há no homem do primeiro reinado e da regência, que era Brás Cubas, e no homem do segundo império, que foi Dom Casmurro, sensíveis diferenças de épocas, de civilização, de costumes.[34]

Veríssimo aponta nuanças no estilo machadiano, até então considerado único e singular até por ele mesmo, que alguns anos antes colocara tudo sob o nome de humorismo. Ao notar que a narração em *Dom Casmurro* se dá em vários planos, de modo que Dom Casmurro, Bento Santiago e Bentinho são e não são exatamente um mesmo personagem, mostra que o escritor Machado de Assis e os narradores de seus romances também não são entidades perfeitamente coincidentes. Veríssimo entende que há alguma outra coisa que se sobrepõe a esse estilo: o esforço de verossimilhança que o escritor procura atribuir aos personagens-narradores como homens "do seu tempo e da sua classe":

> Basta comparar-lhes a linguagem. Certo o estilo é o mesmo. Pois é o estilo de um escritor feito, e se não muda de estilo como de pena. Só o trocam os que de fato não o têm, e menos poderia reformá-lo um escritor completo, como o Sr. Machado de Assis, e que o possui com uma individualidade como nenhum outro dos nossos. Mas se não é possível mudar de estilo sem mudar de personalidade, não é impossível variá-lo, consoante as condições, os

---

34 Veríssimo, Novo livro do Sr. Machado de Assis, *Jornal do Commercio*, 19 mar. 1900, p.1.

MACHADO DE ASSIS, O ESCRITOR QUE NOS LÊ

gêneros, os personagens, a índole, a natureza da ação ou da composição da obra literária.[35]

Ou seja, as marcas do tempo e do espaço não estão no assunto, no tema, no espírito ou no estilo do escritor, mas na linguagem das personagens, forjadas pelo talento do escritor. Assim, o conteúdo pouco variado, o entrecho pouco movimentado e a monotonia da narração, tão frequentemente apontados pelos contemporâneos de Machado de Assis, não eram vistos por Veríssimo como defeitos nem como indícios de falta de habilidade, mas como aspectos significativos e importantes para o bom rendimento ficcional das narrativas, além de responderem ao que o crítico chamou de "critério de beleza"[36] do escritor.

Ao chamar a atenção para o talento individual e para a dimensão estética da obra literária, Veríssimo arejava a atmosfera crítica dos determinismos ambientais e sociais que marcaram a crítica de sua geração. Claro que isso tinha um preço, que era o risco de cair na crítica impressionista. No caso específico do romance de Machado, o distanciamento dos métodos críticos então consagrados de fato resultou em impressionismo e contradição, mas também permitiu uma atenção ao texto maior que Romero e Araripe jamais tiveram. A leitura mais rente lhe permitiu captar questões técnicas da construção do romance machadiano – como a dos vários planos narrativos de *Dom Casmurro*, ou a da exacerbação do humorismo nos romances da segunda maneira do escritor – que não foram percebidas pelas malhas do arsenal crítico mais utilizado na época.

Nos textos dedicados a Machado – entre os contemporâneos, ele foi o único a comentar todos os livros do escritor a partir de *Quincas Borba*, inclusive as segundas edições de *Iaiá Garcia* e *Contos fluminenses*, lançadas em 1898 e 1899, respectivamente –, Veríssimo expressa também sua desorientação diante da obscuridade de

---

35 Ibid.

36 Veríssimo, "Esaú e Jacó", o último livro do Sr. Machado de Assis, *Kosmos*, dez. 1904, p.28-9.

algumas formulações, o desagrado com o rebuscamento excessivo e certo desconforto ante o "atilado pessimismo". Ao comentar *Dom Casmurro*, Veríssimo entrega os pontos diante da concepção desencantada e da desilusão completa dos móveis humanos que emanam dos romances e formula este curioso desejo: que Machado desenvolvesse um modo mais piedoso e mais humano de conceber a vida.

Apesar do esforço de compreensão e da empatia com o autor e a obra, Veríssimo também estranhou a dicção e a postura do escritor, deixando evidente o desafio que a literatura de Machado de Assis trazia, e ainda hoje traz, para seus leitores. Porém, talvez porque mais desembaraçado de doutrinas absolutas, um pouco menos aferrado à crítica militante e judicativa característica do período,[37] Veríssimo pôde observar algumas questões complexas suscitadas pela obra machadiana que escaparam aos seus contemporâneos.

Ao distinguir Machado de Assis como um escritor à parte, especial, e associar sua singularidade à categoria filosófico-literária do humorismo, Veríssimo retirava o escritor do enquadramento localista, alçando-o à condição de universal, sem que isso representasse rebaixamento, demérito, anacronismo ou excentricidade. Assim, inaugurava outra vertente para a crítica machadiana, que busca na obra de Machado pulsações filosóficas e existenciais, válidas não só no Brasil, mas em todos os quadrantes.

Esse sentido universal seria assunto obrigatório e motivo de disputa entre os contemporâneos e teria consequências na crítica posterior, nas linhas de interpretação baseadas na ideia de influências, fontes e relações intertextuais.

A partir daí, as discussões em torno do humor e do humorismo estariam diretamente associadas à tensão entre o nacional e o

---

37 Sobre a crítica de Romero, Araripe e Veríssimo no contexto cultural do século XIX, ver Lima, A crítica literária na cultura brasileira do século XIX. In: _____, *Dispersa demanda (Ensaios sobre literatura e teoria)*, p.30-56. A respeito do caso Machado de Assis no contexto das polêmicas literárias, cf. Ventura, *Estilo tropical: história cultural e polêmicas literárias no Brasil, 1870-1914*.

universal na obra de Machado de Assis, outro dos cabos de força da crítica machadiana, que encontraria algum equilíbrio na obra de Lúcia Miguel Pereira, já avançado o século XX. De que modo o *humour* filiava Machado a tradições estrangeiras – e a quais tradições – será assunto obrigatório e motivo de disputa entre os contemporâneos.

Esse será, aliás, o assunto principal do primeiro estudo de fôlego sobre Machado de Assis publicado depois de sua morte: *Machado de Assis – Algumas notas sobre o* humour, de Alcides Maya. Ao buscar a especificidade de Machado no *humour*, Maya aponta a notação localista na obra, mas enfatiza sua dimensão universal: "Ele não era um colorista local e pensava que, qualquer que fosse a latitude, o homem lhe pareceria sempre idêntico, tendo apenas de nacional o feitio exterior".[38] Maya procura aplainar o terreno revolvido, depois de Veríssimo, também por Araripe Júnior, Magalhães de Azeredo, Walfrido Ribeiro, Oliveira Lima, Alcindo Guanabara e Mário de Alencar, que se ocuparam da questão do humor.

Como se nota, já no quadro da primeira recepção, da qual os principais registros são os textos críticos publicados em periódicos, estabelecem-se algumas das linhas de força – e de tensão – que dominariam as leituras da obra machadiana. A principal delas tem a ver com o escopo principal da obra, se nacional ou universal, que Araripe traduz pela oposição entre a cigarra anacreôntica e o sabiá

---

38 Maya, *Machado de Assis – algumas notas sobre o* humour, p.57. No mesmo estudo, Maya relativiza: "a esse mordente caricaturista de almas devemos alguns tipos de romance, de conto e de novela admiráveis de verdade como representação social. Resulta-lhe nota predominante no desenho o exagero cômico; não descreve costumes; raro delineia um panorama; e, nada obstante, das suas páginas poderá extrair o crítico – se curioso de tal assunto – preciosos documentos sobre a nossa índole coletiva, pelo menos nos centros de cultura. Certas classes, resumiu-as em indivíduos completos, alguns dignos da firma dos grandes naturalistas, tão bem lhes destacou os caracteres predominantes e tanto os depurou do postiço que, em geral, lhes atribui uma literatura de reflexo".

brasileiro e que criaria polarizações ao longo de todo o século XX. *Grosso modo*, pode-se dizer que já ali os leitores se dividiam entre aqueles que enfatizam a dimensão nacional da obra e sua capacidade de tratar criticamente das questões locais, como fez Araripe Júnior, e que não obstante podem ter relevância e implicações internacionais, e aqueles que enfatizam o caráter universal das questões tratadas por Machado, para os quais as questões locais, ainda que presentes, são secundárias.

Nessa recepção de primeira hora, saltam aos olhos os desafios e as mudanças de parâmetro que a obra literária provocava, desestabilizando gostos arraigados e pondo em xeque a aplicação rígida, bem como a validade de algumas teorias e doutrinas. A desestabilização tinha muito a ver com a independência de Machado de Assis em relação a escolas e modelos.

Entretanto, se havia incompreensão, existia também estreito diálogo entre Machado e seus críticos. Vimos como a observação de Artur Barreiros sobre a presença de Sterne, Swift e Thackeray em *Brás Cubas* foi rapidamente incorporada pelo escritor no já mencionado prólogo ao romance, algo que depois seria amplificado por José Veríssimo, com enormes consequências para as leituras posteriores da obra.

Outro bom exemplo dessa dialética entre crítica e ficção no romance de Machado de Assis está na incorporação daquelas dúvidas de Capistrano de Abreu e Macedo Soares ao prólogo da terceira edição de *Brás Cubas*, assinado por Machado de Assis, no qual fica claro o propósito do escritor de borrar os limites entre crítica e ficção, produzindo um texto introdutório que ficcionaliza a crítica e critica a ficção:

> Capistrano de Abreu, noticiando a publicação do livro, perguntava: "As *Memórias póstumas de Brás Cubas* são um romance?". Macedo Soares, em carta que me escreveu por esse tempo, recordava amigamente as *Viagens na minha terra*. Ao primeiro respondia já o defunto Brás Cubas (como o leitor viu e verá no prólogo dele que vai adiante) que sim e que não, que era romance para uns e

MACHADO DE ASSIS, O ESCRITOR QUE NOS LÊ

não o era para outros. Quanto ao segundo, assim se explicou o finado: "Trata-se de uma obra difusa, na qual eu, Brás Cubas, se adotei a forma livre de um Sterne ou de um Xavier de Maistre, não sei se lhe meti algumas rabugens de pessimismo." Toda essa gente viajou: Xavier de Maistre à roda do quarto, Garrett na terra dele, Sterne na terra dos outros. De Brás Cubas se pode dizer que viajou à roda da vida.

A recepção inicial da obra de Machado, portanto, permite acompanhar uma relação dialética de fato entre a produção romanesca e a produção crítica, na medida em que o romance machadiano, ao exigir novos parâmetros de avaliação, transforma essa mesma crítica por meio da produção ficcional. Esta, por sua vez, assimila questões colocadas por seus leitores e passa a incorporar uma dimensão crítica sobre si mesma e sobre a produção literária contemporânea.

Com efeito, a partir de *Brás Cubas* os romances passam a incorporar cada vez mais a crítica à produção literária, aos hábitos de leitura e ao gosto anacrônico do público, sugerindo, quase sempre por contraste com as leituras e os leitores malformados e anacrônicos que povoam a ficção, outros parâmetros para a leitura do romance novo que o leitor empírico tem nas mãos. Machado retirava do frontispício dos seus livros o indefectível "Romance brazileiro" (ausência, aliás, bem notada por José Veríssimo). No seu lugar, inseria prólogos e prefácios que afirmavam o desvio em relação aos romances de costumes e às narrativas edificantes e buscavam relativizar e ampliar as noções do que era, poderia ou deveria ser um romance produzido no Brasil. Com isso, punha em ação o programa literário implícito em "Instinto de nacionalidade" e rompia com as enormes limitações colocadas de início para o romance no panorama romântico local, recuperando de certa maneira as potencialidades associadas ao gênero nas origens do romantismo: o romance nem tanto como um gênero, mas como *meio* de expressão dos mais diferentes gêneros, forma literária aberta, reflexiva, fragmentária e crítica por excelência.

A crítica regular e doutrinária no Brasil, por sua vez, se formou, se estabeleceu e ganhou densidade contemporaneamente e em torno da obra romanesca de Machado de Assis, e os principais representantes dessa crítica – Romero, Veríssimo e Araripe Júnior – se ocuparam dela, digladiando entre si e afinando seus instrumentos na busca de definição do seu sentido e pertença.

Um efeito duradouro

O deslocamento anotado pelos contemporâneos, que construíram a figura do escritor de exceção, pode ser entendido como efeito dos movimentos produzidos pelo escritor em seus textos. Ao abandonar a atividade crítica, que exercera com argúcia excepcional até o final da década de 1870, Machado deslocou seu pendor crítico para dentro do ambiente de sua ficção. Não mais por meio de textos programáticos, mas por intermédio de Brás Cubas, Rubião, Dom Casmurro e do Conselheiro Aires, o escritor passava a exigir novos parâmetros críticos dos contemporâneos e dos pósteros.

Deliberadamente ou não, havia algo de muito provocativo na menção de Brás Cubas a Swift, Sterne e Lamb,[39] dois deles mais conhecidos como ensaístas do que como romancistas, os três já bastante fora de moda àquela altura do século XIX, quando a ascensão do romance transformara em ruína a sátira de extração neoclássica, a cuja linhagem os três escritores de língua inglesa pertenciam. Justamente esses autores eram alçados à condição de modelos de um romance cujo potencial inovador Machado com certeza estava longe de desconhecer. Contrariando duplamente

---

39 A referência a Lamb, presente na primeira edição em livro, foi suprimida a partir da segunda edição (ou terceira, se considerarmos como primeira edição a que saiu na *Revista Brasileira*). O fato de essa segunda edição ter sido tomada como definitiva e servir de base para todas as principais edições posteriores, o que pode parecer um titubeio, talvez tenha contribuído para aumentar o desnorteamento dos leitores.

expectativas arraigadas entre seus contemporâneos, Machado, pela voz de Brás Cubas, tomava a direção "errada" na linha do tempo e empreendia uma ousada travessia do Canal da Mancha (errada e ousada, claro, em termos das expectativas circundantes). Isso porque os novos "modelos" vinham associados a um deslocamento temporal em direção ao passado (como ocorre com frequência na prosa machadiana, em que o aproveitamento de uma referência antiga ou mesmo francamente anacrônica pode levar a questionar e relativizar a novidade do presente) e também a um deslocamento geográfico, da França para a Grã-Bretanha. Além disso, ele se distanciava do mecanicismo evolucionista – e da suposição de que, já que se estava condenado à imitação, pelo menos se ouvisse o *dernier cri* – e também da obrigatoriedade e da naturalização do paradigma francês, muitas vezes sequer percebido como estrangeiro pela intelectualidade local, para quem o francês era "a" língua da cultura e da literatura, o caminho natural.

Esse "retorno consciente de Flaubert em direção a Sterne", conforme expressão sintética de José Guilherme Merquior, ofereceu algumas das soluções técnicas que Machado parecia estar procurando havia muito tempo.[40] Note-se, nesse sentido, que o tom satírico está presente nas suas crônicas e também nos contos reunidos em *Histórias da meia-noite*, publicado em 1873, indicando que a busca é muito anterior ao advento de *Brás Cubas*, embora ganhe plenitude e fôlego nesse romance.

As referências anglófonas, explicitadas de maneira estratégica nas *Memórias póstumas de Brás Cubas*, também não eram novidade nem acidente na trajetória de Machado. Na sua carreira, há pelo menos dois momentos cruciais – porque marcam inflexões importantes no curso de sua obra –, em que a referência à produção em língua inglesa tem presença decisiva.

---

40 Num verbete sobre Machado de Assis, José Guilherme Merquior escreve que "[*Memórias póstumas de Brás Cubas*] *technically amount to a wilful return from Flaubert to Sterne*". In: Machado de Assis. *The makers of nineteenth century culture 1800-1914 – a biographical dictionary*, p.383-4.

O primeiro momento é contemporâneo à publicação do primeiro romance, *Ressurreição* (1872), cujo mote são os versos de Shakespeare retirados de *Medida por medida*. Trata-se da publicação, em março de 1873, do ensaio "Notícia da atual literatura brasileira – Instinto de nacionalidade" no periódico *O Novo Mundo*, editado em Nova York de 1870 a 1879. Nesse ensaio, em que faz restrições e marca sua distância em relação ao projeto nacionalista romântico, Machado propõe um deslocamento sutil, mas fundamental, em relação às referências estrangeiras que operam na literatura brasileira de então, chamando a atenção para a "excessiva influência da língua francesa". Àquela altura, esses excessos apareciam satirizados também na ficção. No conto "A parasita azul", escrito ainda no início da década de 1870, o protagonista retorna ao Brasil, mais especificamente a Goiás, depois de alguns anos de estudo na França. A certa altura da história, o personagem, que parte da França com muita saudade – da Europa, não do Brasil! – aparece lendo com avidez uma antiga edição do *Le Figaro*. Diante dessa cena, o narrador faz o seguinte comentário, referindo-se ao jornal: "Eram velhos, mas eram franceses."

O comentário certeiro zomba da mentalidade então prevalente no Brasil, segundo a qual as referências culturais deveriam ser preferencialmente recentes e francesas, sobretudo francesas. Naquela mesma altura da década de 1870, o romancista também manifestara, em correspondência com José Carlos Rodrigues, seu desagrado com a produção francesa então em voga, associada ao realismo/naturalismo, à qual se refere como "literatura de escândalo".[41] Também em "Instinto de nacionalidade", o ensaísta parece plenamente consciente do deslocamento que opera em

---

41 Em carta dirigida ao editor de *O Novo Mundo*, datada de 25 de janeiro de 1873, Machado agradece o artigo e as observações sobre *Ressurreição*, destaca o trecho em que Rodrigues censura algumas passagens menos recatadas e afirma: "Aborreço a literatura de escândalo, e busquei evitar esse escolho no meu livro. Se alguma cousa me escapou, espero emendar-me na próxima composição". In: Machado de Assis, *Obra completa*, v.3, p.1032.

MACHADO DE ASSIS, O ESCRITOR QUE NOS LÊ

relação aos modelos franceses, ao buscar seus exemplos em dois clássicos da língua inglesa, Longfellow e Shakespeare, e também ao utilizar o caso escocês como elemento de comparação para os limites da representação nacional, apegada ao recurso da cor local. Ainda que fosse por meio de "um notável crítico da França", Machado àquela altura conhecia e citava a obra de David Masson, um estudioso da literatura inglesa, então praticamente desconhecido em terras brasileiras. Escocês de origem, em sua carreira como professor, crítico e historiador literário Masson viveu e refletiu sobre a tensão entre o escocês e o inglês, sintetizada em *The British Novelists and Their Styles*, da qual foi retirado o famoso trecho citado por Machado em "Instinto de nacionalidade":

> Um notável crítico da França, analisando há tempos um escritor escocês, Masson, com muito acerto dizia que do mesmo modo que se podia ser bretão sem falar sempre do tojo, assim Masson era bom escocês, sem dizer palavra do cardo, e explicava o dito acrescentando que havia nele um *scotticismo* interior, diverso e melhor do que se fora apenas superficial.[42]

A citação revela o interesse e a sensibilidade de Machado relativamente a discussões em torno da cor local, que também ocupavam irlandeses, escoceses e ingleses em meados do século XIX. O livro de David Masson, publicado em 1859, faz um apanhado da produção britânica, chamando a atenção para as tensões entre as especificidades nacionais irlandesas, inglesas e escocesas em relação à unidade maior da Grã-Bretanha.[43]

---

42 Machado de Assis, Notícia da atual literatura brasileira – Instinto de nacionalidade, *O Novo Mundo*, 14 mar. 1873, p.107-8. O texto está conforme a publicação original, em que "bom escocês" aparece em vez de "bem escocês".

43 Eis o trecho do livro de Masson (1859) indiretamente citado por Machado: "*Scotticism is not one invariable thing, fixed and intransmutable. It does not consist merely in vaunting and proclaiming itself, in working in Scottish facts, Scottish traditions, Scottish reminiscences – all of which has perhaps been done enough; it may be driven inwards; it may exist internally as a mode of thought; and there*

Ainda se sabe pouco sobre como Machado chegou à leitura dos autores de língua inglesa e quem eram seus interlocutores nesses assuntos. Dois amigos devem ter tido papel importante no seu conhecimento dessa tradição literária. Um deles foi José Carlos Rodrigues, editor de *O Novo Mundo* e autor da *Chrestomathia da língua inglesa* (1870), muito provavelmente a primeira coletânea de textos literários de escritores norte-americanos e britânicos lançada no Brasil. A obra de José Carlos Rodrigues, além de fazer uma apresentação dos principais escritores, trazia excertos de Fielding, Sterne, Lamb, Johnson, autores em certa medida excêntricos em relação aos hábitos de leitura no Brasil de então e que teriam papel importante para a constituição da prosa de Machado. O outro amigo foi Artur Barreiros, primeiro a identificar a filiação da prosa machadiana aos humoristas ingleses, como já foi dito.

Vale notar também o fato de "Instinto de nacionalidade" ter sido publicado em Nova York, e não em Paris. Os Estados Unidos então emergiam como capital financeira e cultural das Américas, e o aparecimento nas páginas d'*O Novo Mundo* de um ensaio que fazia a liquidação do romantismo brasileiro, que tivera seu marco inicial na França, era sintoma de um deslocamento significativo no fluxo das trocas culturais, que ficava anotado na obra de Machado de Assis. Esse eixo começava a pender para o oeste, dando início a um processo de deslocamento da capital literária de Paris para Londres e Nova York que se aceleraria ao longo do século XX.

Difícil saber em que medida Machado tinha consciência do deslocamento geopolítico. Entretanto, vistos de hoje, é inegável que todos esses fatores – a criação de um periódico brasileiro impresso nos Estados Unidos, o estreitamento das relações comerciais e culturais entre o Norte e o Sul da América, a publicação nos Estados Unidos de um texto-chave sobre a situação atual da literatura brasileira e seu futuro – faziam parte de um processo

---

may be efficient Scotticism where not one word is said of the Thistle, and where the language and the activity are catholic and cosmopolitan". Cf. Masson, *English novelists and their styles,* p.211.

que, ao longo do século XX, mudaria o mapa das relações econômicas e culturais entre o Brasil e o restante do mundo e deve ter pesado para a publicação do ensaio em Nova York. Ao que tudo indica, já no início da década de 1870 havia um claro interesse de Machado, e de um pequeno círculo de escritores, por autores e assuntos do mundo anglófono.[44] Esse interesse parece estar relacionado com o que acontecerá quase dez anos depois, no segundo momento em que uma referência anglófona terá papel crucial em sua obra, correspondendo à publicação das *Memórias póstumas de Brás Cubas*, que, como se viu, pôs em circulação e instituiu como suas referências autores (Sterne e Lamb, explicitamente) e modos narrativos (a chamada "forma livre") até então praticamente ausentes do horizonte literário e crítico no Brasil. Além de marcar uma notável viravolta no projeto ficcional de Machado de Assis – e no romance brasileiro, de modo geral –, as novas filiações sugeridas por Brás Cubas no famoso prólogo "Ao leitor" produziam um deslocamento de monta em relação aos parâmetros literários e aos repertórios de leitura amplamente baseados em autores franceses.

Não surpreende, portanto, que esse movimento, em grande medida extraliterário, tenha produzido tanto ruído e confusão no pequeno mundo letrado brasileiro, pautado pelas referências nacionais, entendidas a partir dos parâmetros franceses. No ambiente francófilo, ansioso por seguir tudo o que acontecia na França, de preferência as últimas novidades, adotar referências excêntricas, deslocadas no tempo e no espaço, implicava ser tachado de excêntrico, como Machado de fato foi.

---

44 A existência desse interesse se confirma pelo que restou da biblioteca de Machado de Assis, onde o assunto "literatura inglesa" correspondia a 13% dos volumes, número bastante significativo, considerando-se que a "literatura francesa" respondia por 19%. Cf. Vianna, Revendo a biblioteca de Machado de Assis. In: Jobim (Org.), *A biblioteca de Machado de Assis*, p.99-274. Ainda está por ser feito um estudo sobre as datas e o modo como os livros de literatura inglesa, em tradução ou no original, foram incorporados à biblioteca de Machado.

O efeito das referências heterodoxas seria sentido por muito tempo.

A expressão forte do "macaqueador de Sterne", usada por Sílvio Romero para detratar a prosa machadiana, reverberaria na visão de Mário de Andrade quase sessenta anos depois da publicação das *Memórias póstumas*. Para Mário de Andrade, Machado de Assis de alguma forma se "mulatizara" com a admiração pela Inglaterra e pelos ingleses:

> [...] na admiração pela Inglaterra, procurando imitá-la, Machado de Assis continua insolitamente na literatura aquela macaqueação com que a nossa Carta e o nosso parlamentarismo imperial foram na América uma coisa desgarrada. A França seria, como vem sendo mesmo, o caminho natural para nos libertarmos da prisão lusa. A Espanha e a Itália eram, na latinidade, "peculiares" por demais; ao passo que, na base da originalidade francesa, estava exatamente o amor da introspecção, o senso da pesquisa realista, o gosto do exótico, o nacionalismo acendrado e o trabalho cheio de precauções que seriam para nós o caminho certo da afirmação nacional. Mas aí Machado de Assis errou o golpe (ou o acertou pra si só...), preferindo a Inglaterra, que lhe fornecia melhores elementos pra se ocultar, a "pruderie", a beatice respeitosa das tradições e dos poderes constituídos, o exercício aristocrático da hipocrisia, o *humour* de camarote.[45]

Como se nota, foi alto o preço que Machado pagou pelas referências inabituais. Foram necessárias décadas para que começasse a se dissipar a espessa cortina de fumaça que elas puseram entre os intérpretes e a obra. Assentada a poeira, alguns críticos trataram de explicitar as fontes inglesas de Machado. Foi no final dos anos 1930 que Eugênio Gomes dedicou o primeiro livro ao assunto, buscando identificar e precisar o que chamou de "influências inglesas"

---

45 Andrade, Machado de Assis (1939). In: _____, *Aspectos da literatura brasileira*, p.124.

de Machado de Assis. Desde então, vários estudos buscaram a identificação da presença de outras tradições literárias (francesas, alemãs, italianas, clássicas, bíblicas etc.).[46]

Assim, o aparecimento do paradigma inglês (o adjetivo refere-se aqui à língua, e não exclusivamente à produção da Inglaterra), com *Brás Cubas*, produz reações que podem ser lidas como sintomas de uma situação cultural específica, marcada pela tensão permanente entre local e universal, nacional e internacional, que permeia a formação cultural brasileira desde o momento em que o país começou a se pensar como nação autônoma e que, embora transformada, permanece viva no debate em torno da pertença primordial do escritor.[47]

Hoje, explicitadas as principais referências individuais e nacionais – francesas, inglesas, italianas, alemãs – que concorreram para

---

46 A relação de Machado com os ingleses, sobretudo com o humorismo, tem longa tradição nos estudos machadianos, com alguns pontos altos. Um deles é a obra de Alcides Maya, *Machado de Assis – algumas notas sobre o humour*, de 1912, primeiro estudo de fôlego dedicado ao romancista depois de sua morte. Contra Sílvio Romero e a posição dominante que via em Machado um escritor em grande parte alheio à tradição e às questões brasileiras, Maya discute e defende a possibilidade de se ser ao mesmo tempo um escritor brasileiro e um humorista, na medida em que o recurso do *humour* não seria exclusividade dos homens do Norte, como defendia Taine. Foi Eugênio Gomes, no entanto, quem produziu a obra até hoje mais abrangente sobre a relação entre Machado de Assis e os escritores ingleses decisivos para a configuração da sua obra: Thackeray, Lamb, Carlyle, Dickens, Swift, Shakespeare, Spencer, Darwin, Buckle. Boa parte desses estudos está reunida em *Influências inglesas de Machado de Assis* (1939) e *Machado de Assis: influências inglesas*, edição póstuma, de 1976. Mais recentemente, Marta de Senna publicou *O olhar oblíquo do bruxo – Ensaios em torno de Machado de Assis* (1998), em que explora as relações do escritor com Fielding, Sterne e Shakespeare. E Sergio Paulo Rouanet detalhou a muito citada e pouco explicitada filiação sterniana da forma livre adotada em *Brás Cubas*. A esse respeito, ver Rouanet, *Riso e melancolia*.

47 Sobre esse assunto, ver Guimarães, A emergência do paradigma inglês no romance e na crítica de Machado de Assis. In: Granja; Ricieri; Guidin (Orgs.), *Machado de Assis: ensaios da crítica contemporânea*, p.95-108.

a realização da prosa "madura" de Machado, talvez seja o momento de refletir sobre o recurso a essas referências *em conjunto*. O escritor é mestre na manipulação das referências, literárias e extraliterárias, como observou, talvez pela primeira vez, Augusto Meyer.[48] Parte da complexidade e da tensão da composição do seu texto – bem como da desorientação que produziu e ainda produz em seus leitores – deve-se à proliferação das citações e referências, incluindo-se aí as múltiplas referências "nacionais", como atesta a história da recepção de sua obra, sempre embaraçada em questões relativas ao alcance e ao domínio de sua literatura.[49]

O melhor exemplo de como a adoção de paradigmas múltiplos (entre eles, os paradigmas nacionais) é central na obra de Machado de Assis e foi decisiva para a recepção de sua obra está, provavelmente, em *Dom Casmurro*. Há dois parâmetros centrais inscritos no interior do romance: de um lado, *Manon Lescaut*; de outro, *Otelo*.

Por muitos e muitos anos, as interpretações correntes enfatizaram a referência francesa, naturalizando a dupla comparação sugerida por ele: a de Bentinho com o cavaleiro Des Grieux, jovem de boa família, rapazinho simpático e ingênuo, e a de Capitu com a mocinha libertina e pérfida, ao mesmo tempo ingênua e mentirosa Manon Lescaut, protagonista do romance do abade Prévost, de 1731. A primeira comparação foi sugerida num dos capítulos mais célebres do romance, "O penteado", que sintomaticamente se tornou um dos preferidos pelas antologias, as quais ao longo de

---

48 Meyer, De Machadinho a Brás Cubas, *Revista do Livro*, n.11, ano III, set. 1958, p.9-18. Publicado novamente em *Teresa – Revista de Literatura Brasileira*, n.6/7, 2006, p.409-17.

49 A percepção de Machado como francês, inglês ou até mesmo grego antigo, uma espécie de corpo estranho na literatura brasileira, prevaleceu até o final da década de 1930. Foi àquela altura que estudos de Lúcia Miguel Pereira, Astrojildo Pereira e Roger Bastide, entre outros, começaram a colocar Machado no chão brasileiro, desentranhando de sua obra a paisagem brasileira e articulando-a à tradição literária local. Nessa tradição, destacam-se os estudos de Raymundo Faoro, Antonio Candido, Roberto Schwarz e John Gledson, dos quais se tratará adiante.

décadas o destacaram do contexto do romance para exemplificar a prosa elegante e emocionada que Machado de Assis construíra para o seu narrador-protagonista.

Foi na década de 1960 que a referência a Shakespeare, presente num momento crucial da narrativa, tornou-se paradigma dominante na interpretação do romance. Ao atentar para a leitura distorcida que o personagem-narrador, Bento Santiago, faz do destino trágico de Desdêmona, a crítica norte-americana Helen Caldwell chamou a atenção para o caráter mistificador da narrativa construída por Dom Casmurro, propondo *Otelo* como principal chave de leitura e modificando substancialmente o sentido atribuído ao romance. Após Caldwell enfatizar a referência a Shakespeare – que sempre estivera ali, de maneira até mais explícita e reiterada que *Manon Lescaut* –, o romance sobre traição e adultério passou a ser lido também como um romance sobre o ciúme. Vale enfatizar que isso se deu não em relação a um autor obscuro, mas a Shakespeare!

Ao acrescentar referências britânicas e outras, Machado abria a possibilidade de se questionar a adoção acrítica dos modelos, paradigmas e regras literárias importadas da França. A imitação cega e naturalizada do modelo francês poderia inviabilizar a constituição de uma literatura brasileira, que ele via como um porvir, como escreveu com todas as letras em "Instinto de nacionalidade". A originalidade talvez só pudesse se constituir pela multiplicação dos paradigmas de referência – fossem eles relativos aos gêneros literários, às escolas literárias ou às nacionalidades. Ao insistir nas referências anglófonas, elas mesmas baseadas na multiplicidade de paradigmas nacionais que compunham a unidade britânica e constituídas em tensão com os modelos continentais,[50] Machado

---

50 A respeito da constituição do romance inglês do século XVIII e da sua relação com os modelos continentais, em especial os franceses, ver Paulson, England: the mixing of conventions. In: _____, *Satire and the novel in the eighteenth-century England*, p.41-51.

criava um efeito de abismo, do qual boa parte dos leitores, obnubilados pelas referências francesas, demoraria para se desvencilhar.

No caso específico da introdução de referências inglesas, elas criaram um contraste imediato com os modelos literários e as referências "nacionais" correntes, relativizando-os como modelos "naturais" e questionando sua exclusividade. Trata-se do equivalente, no plano das referências "nacionais", da justaposição de categorias e planos semânticos geralmente vistos como discrepantes ou incompatíveis, criando um tipo de choque característico do humor machadiano, aplicado agora à problemática dos parâmetros nacionais, que assombravam e de alguma maneira continuam a assombrar o ambiente literário no Brasil.

Os leitores acusaram os deslocamentos da escrita machadiana, mas de imediato e de maneira geral reagiram negativamente ao corpo estranho, isolando-o como exceção.

Nas primeiras décadas do século XX, a discussão seria deslocada para a compatibilidade ou incompatibilidade do humorismo, identificado como de origem germânica ou inglesa, com o espírito e o caráter nacionais brasileiros. Assim, a crítica colava ao humorismo a questão nacional, produzindo um movimento pendular: ora aparecia vinculado negativamente a um traço alienígena, comprovando o caráter "alienado" e "estrangeirado" da obra, ora era tomado positivamente, como traço que lhe dava estatura universal.

Assim, a primeira figuração forte de Machado de Assis, como ser de exceção, anacrônico e excêntrico, constituiu-se a partir de uma resposta dos leitores contemporâneos ao efeito equívoco – não no sentido de produção de erros, mas no sentido etimológico de uma voz que suscita interpretações contraditórias – que parece ser uma das marcas do texto machadiano.

Fonte: *O Novo Mundo* / Biblioteca Nacional.

Nesta e nas próximas páginas pode-se notar nos retratos o delineamento de uma figura cada vez mais destacada e distinta, a ponto de tornar-se uma efígie.

Fonte: Biblioteca Nacional.

Fonte: Arquivo pessoal de Jean-Michel Massa.

Fonte: Coleção Manoel Portinari Leão.

Fonte: Academia Brasileira de Letras.

Fonte: Biblioteca Nacional.

Fonte: Biblioteca Nacional.

Fonte: Biblioteca Nacional.

Fonte: Academia Brasileira de Letras.

Fonte: Academia Brasileira de Letras.

Fonte: Academia Brasileira de Letras.

A musa, a lira e a pena homenageiam o escritor, em medalhão, dias depois de sua morte, em 29 de setembro de 1908.

Fonte: Fundação Casa de Rui Barbosa.

2

O MITO NACIONAL

A estátua de bronze

A assimilação do escritor de exceção à vida brasileira foi um longo processo, que teve início na década de 1910 e se acelerou na década de 1930, quando Machado foi alçado à condição de mito nacional.

Machado de Assis – algumas notas sobre o humour, de Alcides Maya, publicado em 1912, quatro anos após a morte do escritor, foi o primeiro livro inteiramente dedicado a ele. Antes, houve o estrondoso livro de Sílvio Romero, publicado em 1897, quando Machado ainda estava vivo, e que o colocava ao lado, e abaixo, de Tobias Barreto. O livro de Alcides Maya pode ser considerado o marco inicial da crítica *post mortem* e baliza importante para o processo de integração de Machado à vida e à literatura nacionais. O autor dialoga com as questões colocadas pela crítica contemporânea ao escritor, procurando equilibrar as divergências a respeito dos modos de manifestação do humor e do humorismo, bem como do seu significado na obra de Machado de Assis.

Embora haja refutação de algumas posições que iam se cristalizando – a de um escritor estrangeirado, que criara obra alheia às questões sociais brasileiras –, é também uma crítica conciliadora, na medida em que procura estabelecer compatibilidades entre as visões divergentes formuladas no momento da forte polarização provocada pela crítica agressiva de Sílvio Romero. Como se viu, desde 1882, com seu "O naturalismo em literatura", Romero catalisara as atenções sobre si mesmo e sobre Machado, por meio de uma sucessão de ataques que culminariam com a publicação do livro polêmico de 1897.

Todo o livro de Alcides Maya está organizado de modo a refutar as ideias de Romero, e também algumas das posições de Veríssimo, propósito explicitado no início do terceiro capítulo:

> A obra de Machado de Assis tem sofrido repetidos ataques da crítica nacionalista, que a acusa de se não inspirar em fonte sociológica brasileira, preferindo à pintura de usos e costumes e de tipos locais, nossos, expedientes verbais de um humorismo copiado de estranhos.
>
> É, pois, consoante esse critério, uma obra falha, por alheia ao nosso destino social.[1]

Alcides Maya argumenta que o humor não é incompatível, como queria Taine e repetia Romero, com a "raça latina", e não implica, no caso de Machado de Assis, superficialidade nem indiferença em relação à realidade e à vida brasileiras. Pelo contrário, ele mostra que o humor havia sido praticado à perfeição por autores latinos, como Rabelais e Cervantes, e constituía um traço da hipersensibilidade de Machado de Assis, que lhe permitiu ir fundo na observação e na crítica da realidade e da vida social, ainda que não fizesse proselitismo nem incitasse o leitor à revolta.

---

1 Maya, *Machado de Assis – algumas notas sobre o* humour, p.131. Há edição recente, com indicação de ser a terceira, publicada em Porto Alegre pela editora Movimento em 2007.

MACHADO DE ASSIS, O ESCRITOR QUE NOS LÊ

Para Maya, a singularidade de Machado no panorama brasileiro estava na sua visão tragicômica do mundo, na focalização do homem diante do absurdo, creditadas ao adiantamento do seu espírito, o de um mulato talentoso que se mostrou capaz de participar de faculdades superiores da cultura e da literatura europeias. Ao concentrar-se na capacidade e no talento do indivíduo, Maya afasta-se da cobrança de exemplaridade do escritor, tão forte em Sílvio Romero, que exigia que Machado fosse um representante da "sub-raça" cruzada meridional, o que significaria tratar de questões reconhecidamente associadas à sua condição mestiça. Com todas as suas contradições, e embora em alguns momentos lamentasse isso, Romero acreditava na diversidade étnica como fator importante para a compreensão da realidade brasileira e enfatizava a participação do negro na formação cultural do Brasil. Também por isso, acusava Machado de não se apresentar como mestiço nem tratar satisfatoriamente dessa condição em seus escritos.

Maya responde, no penúltimo capítulo do seu livro, diretamente às críticas de Sílvio Romero, ponderando que para este a grande falta cometida por Machado estaria no fato de "não ter elaborado um projeto de obras literárias de acordo com as teorias da *História da literatura brasileira* [de autoria de Romero] no que se referem à mestiçagem".[2]

Para Maya, Romero erra também ao tomar como critério geral de valor alguma coisa que ainda não se manifestou. Esse critério era o da literatura como produto sextiário, ou seja, resultante da combinação de brancos, índios, negros, meio físico e ideias europeias: "Se o produto sextiário ainda se não manifestou ou só em trabalhos negativos há colaborado, como aferir pelos seus caracteres gerais o valor das obras de arte no Brasil?".[3]

Ao criticar a rigidez dos critérios de valor adotados por Romero, Maya diminui a importância dos fatores étnicos e raciais para a

2 Ibid., p.140.
3 Ibid., p.143.

formação cultural brasileira, assumindo como fato a superioridade da cultura europeia, que com o tempo absorveria "naturalmente" tudo o mais. Por isso, o crítico propunha até mesmo o apagamento da mestiçagem tanto da figura de Machado como das questões colocadas pela sua escrita.

A argumentação contra os critérios de valor adotados por Romero é bem fundamentada. Segundo Maya, ele fixa como critério algo que nem bem existe, pois ainda está em processo – "apresentar uma sub-raça em gestação desordenada como um tipo superorgânico definitivo não passa de um paradoxo de sociologia"[4] –, e critica Machado por não atender a esses critérios. Menos convincente é a diminuição da importância da participação das culturas africanas e indígenas na constituição da língua e da literatura brasileiras, e o vaticínio de que, "no Brasil, haverá, ao contrário, com o tempo, o predomínio do sangue branco [...] o nosso ideal de povo não é, desde já, o de uma nacionalidade mestiça".[5] Maya aproveita algumas contradições de Romero para refutar em bloco suas propostas de estudo da literatura e da cultura no Brasil, o que resulta numa visão mais conservadora que a de Romero – no sentido de ser menos diversa e fortemente eurocêntrica – a respeito do panorama cultural e literário brasileiros.

Ainda refutando Romero, Alcides Maya nega a relação do suposto estilo machadiano, baseado em repetições e reiterações, com a gagueira do escritor, maldosamente sugerida pelo crítico sergipano, para quem o estilo tartamudo de Machado estava associado a um distúrbio qualquer nos órgãos da fala. Entretanto, Maya sugere que a sintaxe humorística, marcada por reversões de expectativa, pelo inesperado, estaria relacionada aos movimentos bruscos e espasmódicos dos nevropatas. Embora não faça nenhuma menção direta à epilepsia de Machado de Assis, as alusões são claras:

---

4 Ibid., p.145.
5 Ibid., p.145-6.

A sintaxe de alguns humoristas mostra súbitas transformações, como a grafia dos nevropatas. A página principia firme e correta, alinham-se os caracteres em ordem, o traço estira-se regular, modesto, amorável. Depois, de repente, um pensamento inesperado, uma lembrança irritante, qualquer vibração nervosa abala o impulsivo. Logo, a mão treme, é imediata a quebra dos sinais, a pena sevicia o papel, carrega-se de tinta a escrita, desaparece a pauta, e, à comoção momentânea, tudo se confunde numa hierática de cólera e de dor.[6]

Sugestão parecida a essa será feita nas conferências de Alfredo Pujol realizadas entre 1915 e 1917, mas a doença não será explorada abertamente nem por ele, nem por Maya.[7] Entretanto, ambos introduzem o traço psicopatológico na composição da figura machadiana, o que terá muitos desdobramentos futuros.

Alcides Maya também mergulhou no texto machadiano em busca do sentido do humor e do humorismo, em suas implicações filosóficas, textuais e existenciais, aproximando-se da dimensão trágica presente em vários de seus escritos. Para ele, o capítulo "O delírio", de *Brás Cubas*, sintetizaria a visão humorística do homem Machado de Assis, a sua posição filosófica e o alto nível da sua escrita, tudo marcado por um profundo pessimismo no qual não restaria qualquer traço de esperança ou fé. A obra de Machado de Assis seria, assim, uma constatação desse absurdo, propondo, no limite, uma espécie de desresponsabilização dos personagens e dos leitores diante do mal inevitável e irremediável, encarado ora

---

6 Ibid., p.126.

7 Pujol refere-se ao "mal antigo". Cf. Pujol, *Conferências*. A relação da epilepsia e dos aspectos psicopatológicos com a obra será explicitada e esmiuçada na década de 1930, inicialmente por Peregrino Júnior, em artigos e conferências que resultarão na publicação do volume *Doença e constituição de Machado de Assis*. O chamado temperamento gliscroide também orientará, em grande parte, a visão de Lúcia Miguel Pereira sobre a obra machadiana, examinada a partir da chave biográfica e psicopatológica em *Machado de Assis – Estudo crítico e biográfico*, cuja primeira edição, de 1936, já está informada pelos estudos que vinham sendo desenvolvidos por Peregrino Júnior.

como fatalidade, ora como resultado da organização caótica do mundo. Assim, para Alcides Maya, a obra induziria mais à indulgência e à compreensão do que à revolta.

No percurso do livro, Maya parece perceber um sem fundo e um sem fim no texto machadiano, marcado por um profundo pessimismo e pela constatação e reiteração do absurdo da condição humana. Diante da sensação de vertigem que a leitura da obra de Machado pode causar, ele bate em retirada, empreendendo um movimento de volta à superfície. Aparentemente sem se dar conta ou sem temer a contradição, Maya termina seu texto contrapondo-se às queixas de José Veríssimo sobre os exageros do negativismo machadiano: "erro vulgar e preconceituoso de crítica [...] é a opinião de que a essa obra 'falta o dom de simpatia e de piedade'", defendendo que a obra de Machado "não é árida nem fria como ao crítico [José Veríssimo] se afigura".[8]

O aspecto vertiginoso do texto machadiano será enfrentado com mais destemor por Augusto Meyer na década de 1930. Por ora, o estudo de Maya ajuda a consolidar a visão de Machado de Assis como um grego, um ateniense, imagem que Magalhães de Azeredo começara a esculpir – "o senso de harmonia, inato no seu espírito como no de um ateniense"[9] – e que seria retocada por Joaquim Nabuco logo depois da morte do autor, ao dizer a José Veríssimo que só via nele o grego, e também por Mário de Alencar e Alfredo Pujol. Este, com suas conferências publicadas em 1917, procura neutralizar a dimensão inquietante e a carga de negativismo que Alcides Maya apontou na obra, inventando a imagem do escritor piedoso:

> A sua alma delicada e sensível destila uma intensa piedade, que ele reserva para os tristes, para os bons, para os vencidos; a miséria humana encontra no seu cepticismo sem maldade, repassado de

---

8 Maya, op. cit., p.153-4.
9 Magalhães de Azeredo, Machado de Assis. In: Ribeiro; Alencar (Orgs.), *Páginas escolhidas*, p.116.

timidez e de receio, a indulgência que consola e que põe um tênue raio de esperança no fundo de todas as agonias.[10]

Para compor suas conferências, Alfredo Pujol reúne elementos biográficos e críticos com o objetivo explícito de "desbravar o caminho para a futura glorificação de Machado de Assis",[11] suprindo, como lhe disse José Veríssimo em carta, "o monumento em mármore ou bronze, que a nossa indiferença e a nossa desídia, conjugadas à nossa miséria, não nos permitiram levantar-lhe ainda".[12]

Grego, branco, dotado, nas palavras de Alcides Maya, de "um claro engenho", participando do time dos gênios universais, mas sem deixar de olhar para as questões brasileiras, patrimônio da arte – esses são os traços que se cristalizarão na estátua imaterial de Machado de Assis esculpida durante as três primeiras décadas do século XX. Em paralelo a isso, lança-se campanha para a construção da estátua material, que procura mobilizar a atenção pública a partir de 1921. No entanto, a estátua só se materializaria em 1929.

Em 1926, diante da dificuldade de angariar apoio e adesão popular, Coelho Neto, então presidente da Academia Brasileira de Letras, lança o seguinte "Apelo à nação":

> Ainda que ele próprio, com a pena, haja construído o monumento perene do seu nome, entende a Academia Brasileira de Letras que Machado de Assis, desaparecido da terra, deve tornar à superfície da vida ressurgido em glória.
>
> Cuidou-se, a princípio, em erigir à memória do grande estudioso de almas, que passou pela vida mergulhado no íntimo do ser, alheio ao mundo exterior, uma simples herma em que culminasse o seu

---

10 Pujol, *Machado de Assis: curso literário em sete conferências na Sociedade de Cultura Artística de São Paulo*, p.99.

11 Ibid., p.XVI.

12 Veríssimo, Carta a Alfredo Pujol, datada de Rio, 4 de dezembro de 1915. Apud Pujol, op. cit., p.314.

busto. Verificou-se, porém, que isso seria insignificante como valor e incoerente como expressão.

A herma viria contradizer o homem. Machado de Assis, em vida, foi um incluso, escondido em si mesmo, no lar e na amizade de poucos – não se mostrava senão em reflexo – nos seus livros. Expô--lo na morte seria quase uma violação. Votou-se, então, pelo monumento – obra alegórica, de vulto, que correspondesse à grandeza do dignificado. Para tanto não tem forças a Academia, que dispõe apenas do medido recurso da sua renda. Desistir, porém, do empreendimento seria cometer duas injustiças – uma, a de deixar esquecido o escritor primoroso; outra, a de duvidar da generosidade do povo com os que engrandecem e honram.

Assim, resolveu a Academia lançar um apelo a todas as instituições do país e individualmente a quantos veneram a alta memória do Mestre exímio para que, com o auxílio de todos, se possa levar a termo a obra de reconhecimento que se pretende pôr de pé.

O artista que a houver de realizar não se deverá prender apenas ao efêmero, que pereceu, mas, principalmente, ao que resta e subsistirá – o espírito.

Machado de Assis não foi um compositor de imagens nem um paisagista – foi um destilador de essências e a essência, alma, não se vê: sente-se. Assim, como representar o invisível senão por símbolos, como os gregos representavam os mistérios da natureza, as belezas da vida e os sentimentos humanos? Que importa o vulto que desapareceu na morte?

O sol manifesta-se pelo calor e pela claridade – poucos lhe buscam ver o disco, contentando-se com o dia, que ele lhe dá.

Erija-se o monumento como representação do pequeno mundo saído do gênio do Poeta.

Deus, quem o vê na vida? vê-se-lhe o 'Fiat', a criação, de que é Almo, e é tudo. Assim seja com o que nos legou uma obra de perfeição, tão pura na essência como estreme na forma, vazada de lídimo vernáculo.

E para que tal homenagem seja unânime, tornando-se assim um preito nacional, a Academia Brasileira de Letras apela para o patriotismo do Povo, pedindo a auxilie nessa glorificação devida a um dos maiores vultos da Literatura pátria e um dos mais peritos lapidários da língua portuguesa.[13]

No texto de Coelho Neto, a comparação com os gregos permanece, mas aparece agora mesclada com os potenciais apelos patrióticos do vulto nacional, do cultor da língua, ainda que a obra seja considerada indiferente ao exterior e à paisagem, voltada para a representação das essências da alma.

Na década da iconoclastia modernista, um grande silêncio paira em torno de Machado de Assis. A campanha promovida ao longo de toda a década de 1920 pela Academia Brasileira de Letras resulta na construção da primeira estátua do escritor, inaugurada em 1929 e ainda hoje exposta na sede da ABL, no Rio de Janeiro.

Fonte: Fundação Casa de Rui Barbosa.

---

13 O apelo, assinado por Coelho Neto/Presidente, veio datado do Rio de Janeiro, 4 de março de 1926, e foi republicado em *Dom Casmurro*, em 20 de maio de 1939, de onde foi transcrito esse texto.

O discurso delineia claramente a imagem projetada sobre Machado naquela altura dos anos 1920: escritor acadêmico, convencional, cultor do "lídimo vernáculo", introvertido, alheio ao externo e mundano, autor de obra geradora de inação e silêncio, incapaz de empolgar multidões. Tudo isso explica a dificuldade e o empenho de Coelho Neto em trazê-lo de novo à "superfície da vida", mesmo que em forma de estátua.

O apelo de Coelho Neto e da Academia, assim como a demora na construção da estátua, são sintomáticos da pouca atenção recebida pelo autor e pela sua obra não só por parte do público em geral, mas também dos escritores e críticos, na tumultuada década do modernismo.

Uma década de silêncio

Durante a década de 1920, são esparsos e comparativamente pouco numerosos os registros da recepção da obra de Machado. Nas *Fontes para o estudo de Machado de Assis*, de Galante de Sousa, não há registro da publicação de nenhum estudo crítico importante nesse período. Em sua maioria, trata-se de artigos publicados em jornais e revistas, nos quais são retomadas questões anteriormente colocadas pela crítica – o *humour*, as personagens femininas, a timidez do escritor. Mesmo no âmbito dos jornais, há um claro declínio na atenção ao escritor. O acervo digital de *O Estado de S. Paulo*, por exemplo, registra apenas 126 textos que fazem alguma menção a Machado de Assis durante toda a década de 1920, ao passo que se registram 249 na década de 1910 e 222 na de 1930.[14] Na obra de Galante de Sousa, que recenseou os textos dedicados ao escritor, há 90 entradas para o período de 1922

---

14 A consulta foi feita pelo nome "Machado de Assis" no acervo digital de *O Estado de S. Paulo*. Disponível em: <http://acervo.estadao.com.br>. Acesso em: 15 dez. 2012.

a 1929, ao passo que há o registro de 558 itens apenas para o ano de 1939.[15]

Nas duas primeiras décadas do século XX, os esforços de construção da figura machadiana se concentraram na primeira recolha de materiais inéditos ou que não haviam sido reunidos em volume pelo escritor, processo no qual Mário de Alencar teve importante papel, com a publicação de uma primeira reunião do teatro e das crônicas de Machado. Essa primeira tentativa de compor uma figura completa, por meio da recolha de material inédito, tem um momento alto na publicação da correspondência entre Machado de Assis e Joaquim Nabuco, realizada em 1923 por Graça Aranha, com um longo prefácio do autor de *Canaã*. Nesse prefácio, Graça Aranha contrasta as figuras de Machado e Nabuco, enfatizando as trajetórias opostas que descreveram e contrapondo suas posturas existenciais: Nabuco, de origem aristocrática, empenhando sua vida na defesa dos escravos; Machado, de origem "obscura", indo da plebe à aristocracia pela via do estudo e da elevação espiritual; Nabuco, homem de fé religiosa; Machado, homem vincado pela dúvida materialista.

A visão de Graça Aranha sobre Machado de Assis está nitidamente marcada pela leitura da crítica de José Veríssimo e das conferências de Alfredo Pujol. Com Veríssimo, ele retoma o humorismo de extração inglesa para enfatizar a singularidade do escritor no panorama literário brasileiro; com Pujol, reforça a espantosa ascensão social de Machado, que estaria associada a um traço marcante de seu "temperamento raro", à sua "incompatibilidade com o meio cósmico brasileiro".

Mais interessado nas figuras públicas de Machado e Nabuco do que propriamente nos seus textos, o livro de Graça Aranha não traz nenhuma grande novidade crítica. Entretanto, a singularidade da obra e a trajetória social de Machado, também singular, são

---

15 Sobre o relativo ostracismo de Machado na década de 1920, ver o ensaio de Broca, Na década modernista. In: Broca, *Machado de Assis e a política: mais outros estudos*, p.194-203.

bastante destacadas por ele e aparecem todo o tempo como questões paralelas, sem jamais se encontrarem ou produzirem maior rendimento para a compreensão do texto machadiano. Esse cruzamento entre vida e obra será feito de maneira bastante sistemática e com bom rendimento crítico por Lúcia Miguel Pereira uma década mais tarde, quando traçará os paralelos entre o caminho pessoal do escritor e as trajetórias de suas heroínas e de seus heróis.

Na contramão das acusações de francofilia, anglofilia e pendor classicizante, feitas pelos leitores da geração anterior, Graça Aranha enfatiza o potencial "nacional" de Machado, vaticinando a transformação desse autor, que ele considera "o maior acidente da nossa espiritualidade", em grande escritor nacional: "Com o tempo a sua arte peregrina se tornará um patrimônio nacional e um acontecimento de orgulho coletivo."[16] No entanto, Graça Aranha não indica quais operações seriam necessárias para transformar o acidente da nacionalidade, conforme foi visto por seus contemporâneos, em símbolo da nacionalidade, como Machado será visto a partir da década de 1930, com o processo de consagração encampado pelo Estado Novo.[17]

Não por acaso, o menos radical e combativo dos participantes da Semana de Arte Moderna será aquele que mais atenção prestará a Machado de Assis, tido então como escritor acadêmico e convencional, preso ao passado lusitano e visto como entrave para a renovação literária em curso.

---

16 *Machado de Assis & Joaquim Nabuco: correspondência*, p.29.

17 Otto Maria Carpeaux, na síntese inicial sobre Machado na *Pequena bibliografia crítica*, qualifica o ensaio de Graça Aranha como uma "brilhante análise psicológica do plebeu Machado que se aristocratiza", considerando-o o "início da moderna interpretação machadiana". A meu ver, na sua visão de Machado de Assis, Graça Aranha está mais próximo da visão de Alfredo Pujol do que daquela de Lúcia Miguel Pereira; no que diz respeito à caracterização do texto machadiano, a leitura de Graça Aranha liga-se mais às leituras do passado do que anuncia as visões modernas desenvolvidas por Augusto Meyer, Lúcia Miguel Pereira, Astrojildo Pereira e Eugênio Gomes na década de 1930. Cf. Carpeaux, *Pequena bibliografia crítica da literatura brasileira*, p.152.

Algumas reações à obra de Lima Barreto dão uma boa medida do entrave e do peso que era suceder Machado de Assis. Frequentemente associado e comparado ao antecessor, Lima via na comparação não só impropriedade, mas peso excessivo, até porque a comparação quase sempre lhe foi desfavorável, desde que José Oiticica, em 1916, afirmou que era "um Machado de Assis sem correção gramatical, porém com vistas amplas, hauridas no socialismo e no anarquismo".[18] Essa ideia de Lima como um Machado cheio de incorreções, autor de escrita mal-acabada e "suja", além de outras comparações desfavoráveis, atravessaria o século, sendo retomada por João Ribeiro, Tristão de Ataíde e Sérgio Buarque de Holanda.[19] Uma das poucas vozes dissonantes foi a de Austregésilo de Ataíde, que em 1921 publicou artigo no qual comparava os dois, favorecendo desta vez Lima, que logo lhe respondeu em carta, em tom de agradecido desabafo:

> Gostei que o senhor me separasse de Machado de Assis. Não lhe negando os méritos de grande escritor, sempre achei no Machado muita secura de alma, muita falta de simpatia, falta de entusiasmos generosos, uma porção de sestros pueris. Jamais o imitei e jamais me inspirou. Que me falem de Maupassant, de Dickens, de Swift, de Balzac, de Daudet – vá lá; mas Machado, nunca! Até em Turguêniev, em Tolstói podiam ir buscar os meus modelos; mas, em Machado, não! "Le moi"...
>
> Machado escrevia com medo do Castilho e escondendo o que sentia, para não se rebaixar; eu não tenho medo da palmatória do Feliciano e escrevo com muito temor de não dizer tudo o que quero e sinto, sem calcular se me rebaixo ou se me exalto![20]

---

18 Oiticica apud Penteado Martha, *E o Boêmio, quem diria, acabou na academia (Lima Barreto: inventário crítico)*, p.82.

19 Holanda, Em torno de Lima Barreto, *Diário de Notícias*, 23 jan. 1949.

20 Carta de Lima Barreto a Austregésilo de Ataíde datada de Rio de Janeiro, 19 de janeiro de 1921. Cf. Barreto, *Um longo sonho do futuro: diários, cartas, entrevistas e confissões dispersas*, p.284-5. Lilia Schwarcz estuda a ambiguidade de Lima Barreto em relação à herança machadiana e mostra como

Ao longo de toda a década de 1920, as tópicas do lusitanismo da dicção, do academicismo do escritor e da sua aproximação do humorismo de filiação inglesa calam fundo também nos círculos modernistas, afastando os novos escritores de Machado de Assis. Dedicados à reavaliação e releitura do nacionalismo oitocentista e da relação da cultura brasileira com as matrizes europeias, o modelo mais óbvio e mais positivo estava em José de Alencar e nos franceses referências muito mais fortes e presentes para muitos dos modernistas do que a presença algo incômoda de Machado.

A visão do jovem poeta que em 1925 ainda assinava Carlos Drummond não poderia oferecer síntese melhor do entrave que Machado de Assis representava para a nova geração, que o via como chefe de fila na galeria dos "fantasmas e fantoches do passado".[21] Ao contrário de Mário de Andrade, que diria ser impossível amar Machado, Drummond se declara, mas dá a medida do obstáculo que Machado representa para a sua geração. A citação sintetiza muito bem o que significa para uma tradição literária moderna, em vias de constituição, o surgimento de um monstro, em vários sentidos:

> Que cada um de nós faça o íntimo e ignorado sacrifício de suas predileções, e queime silenciosamente os seus ídolos, quando perceber que estes ídolos e essas predileções são um entrave à obra de renovação da cultura geral. Amo tal escritor patrício do século 19, pela magia irreprimível de seu estilo e pela genuína aristocracia de seu pensamento. Mas se considerar que *este escritor é um desvio na orientação que deve seguir a mentalidade de meu país*, para a qual um bom estilo é o mais vicioso dos dons, e a aristocracia um refinamento ainda impossível e indesejável, que devo fazer? A resposta é clara

---

Machado foi um dos grandes fantasmas a habitar a literatura de Lima Barreto. Cf. Schwarcz, Lima Barreto leitor de Machado de Assis: leitor de si próprio, *Machado de Assis em linha*, v.7, n.14, dez. 2014, p.22-60.

21 Andrade [ass. Carlos Drummond], Sobre a tradição em literatura, *A Revista*, Belo Horizonte, ano I, n.1, jul. 1925, p.32-3.

MACHADO DE ASSIS, O ESCRITOR QUE NOS LÊ

e reta: repudiá-lo. Chamemos este escritor pelo nome: é o grande Machado de Assis. Sua obra tem sido o cipoal em que se enredou e perdeu mais de uma poderosa individualidade, seduzida pela sutileza, pela perversidade profunda e ardilosa deste romancista tão curioso e, ao cabo, tão monótono. Deu-se com a obra de Machado de Assis o mesmo que o desabusado Cocteau conseguiu lobrigar na obra-tabu de Anatolio France: ambas são aparentemente clássicas, porém sem nenhum classicismo autêntico: este só é denunciado pelo correr dos anos, que reage sobre os livros pela maneira dupla indicada mais acima. "*Cherchez donc le classicisme futur dans ce qui ressemble le moins aux classique*". Eis aí o segredo da debilidade mortal de Machado de Assis. O escritor mais fino do Brasil será o menos representativo de todos. Nossa alma em contínua efervescência não está em comunhão com a sua alma hipercivilizada. Uma barreira infinita nos separa do criador de Brás Cubas. Respeitamos a sua probidade intelectual, mas desdenhamos a sua falsa lição. E é inútil acrescentar que temos razão: a razão está sempre com a mocidade.[22]

Como se vê, está aí presente e reiterada a visão de Machado como escritor singular, da sua obra como desvio no curso da tradição que se deveria constituir no país, por causa dos aspectos refinados e aristocratizantes da sua escrita. "O menos representativo de todos", dirá Drummond, e certamente não dirá isso por insensibilidade ou falta de afinidade com a dicção machadiana. Como sói acontecer com a mocidade, a que Drummond se refere com autoironia, é preciso que ela tenha razão a qualquer custo e possa sacrificar seus ídolos, para não cair no imobilismo. Foram pouquíssimos os jovens da década de 1920 que tiveram coragem de vir a público dizer o que Drummond disse, tentando assimilar em público a presença ao mesmo tempo indigesta e incontornável de Joaquim Maria.

Os modernistas da década de 1920 em regra silenciaram. A exceção foi Oswald de Andrade, que mencionara Machado em

---

22 Ibid., grifos meus.

"O esforço intelectual do Brasil contemporâneo", texto de 1923 no qual, ao lado de informações enigmáticas e discutíveis, tais como a de que "a obra de ficção, desejada por Machado de Assis, realizou-se com a criação do tipo de Jeca Tatu", enxerga nele um escritor capaz de criar uma realidade superior ao mesmo tempo que nacional:

> A literatura brasileira acompanha primeiramente uma linha descendente, que parte das imitações do classicismo ibérico, para esbarrar no esforço nacional de Machado de Assis. É aí que ela começa a ter uma realidade superior ao mesmo tempo que nacional.
>
> [...] Machado de Assis, branco de epiderme e cumulado de louvores pelos brancos, obteve equilíbrio, devido ao seu sangue negro.
>
> Nos seus romances, que são, de resto, nossas melhores obras de ficção, não há um desvio inútil de paisagem, nenhuma gafa lírica. Esse escritor, porém, encerrado nas suas funções burocráticas, no Rio, não pôde apanhar todo o horizonte do país.[23]

Oswald reconhece o esforço localista de Machado, mas enfatiza a dimensão introspectiva e restrita que lhe era atribuída até então, não identificando na obra um alcance nacional. Ainda assim, entre os líderes do movimento modernista, Oswald foi voz isolada a se pronunciar sobre Machado reconhecendo-lhe a importância e o valor ainda no calor do impulso combativo de 1922.

Um dos motivos para o silêncio em torno de Machado na década de 1920 pode ser o envolvimento desses escritores com o combate e também com a definição de seus próprios projetos literários. Também parece razoável supor, até pelo que escreveram

---

23 Andrade, O esforço intelectual do Brasil contemporâneo, *Revista do Brasil*, n.96, dez. 1923, p.383-9 apud Batista; Lopez; Lima (Orgs.), *Brasil: 1º tempo modernista – 1917/29 – Documentação*, p.208. Esse texto de Oswald foi base de uma conferência feita na Sorbonne em 1923 e publicada em francês na *Revue de l'Amerique Latine 2*, n.5, 1923, p.197-207. Consta de Andrade, *Estética e política*, p.29-38.

mais tarde, que o silêncio se devia ao desconforto causado pelo legado de Machado de Assis, diretamente associado à Academia Brasileira de Letras, repudiada pelos modernistas e empenhada no processo de canonização do escritor, cujo resultado mais visível foi a construção da estátua de bronze inaugurada em 1929. É só a partir de 1939 que os vários nomes associados à modernização das letras na primeira metade do século XX vão se pronunciar publicamente sobre o escritor e a obra, como fizeram Mário de Andrade, Cassiano Ricardo, Jorge Amado, Graciliano Ramos, Erico Verissimo, Marques Rebelo e Manuel Bandeira.[24]

As dificuldades, no entanto, permaneciam, e talvez não seja por acaso que tanto Mário de Andrade como Manuel Bandeira, quando escrevem sobre Machado, se concentrem na poesia, ressaltando seu aspecto técnico e convencional, deixando de lado a prosa, certamente mais fora de esquadro e difícil de ser compreendida.

Bandeira, por exemplo, concentra-se no poeta com a tese de que ficou obscurecido pelo prosador e entra no mérito da análise de alguns versos. Mário dedica uma seção inteira das três seções do seu "Machado de Assis (1939)" à análise dos poemas, em especial de "Última jornada". Até então, a maioria dos escritores fizera crítica de sobrevoo, apegada às questões biográficas. Bandeira e Mário também resvalaram nos traços biográficos, mas foram dos raros escritores a entrar no mérito da composição machadiana.

Bandeira insiste no "pessimismo irônico" e no "estilo nu e seco", bem como nos aspectos técnicos da escrita de Machado, o que aparece quase como justificativa para o "comedimento sentimental, que era inato no homem". Homem recatado, escritor

---

24 Observe-se que, embora os pronunciamentos públicos tenham sido raros na década de 1920, Machado foi assunto importante na correspondência dos escritores modernistas. Nas cartas trocadas entre Mário de Andrade e Carlos Drummond de Andrade ao longo dessa década, Machado é frequentemente citado quando se trata de discutir a relação do modernismo com a tradição literária brasileira.

comedido – tal postura se revela no fato de esconder a voluptuosidade "no eufemismo dos braços", e a referência ao conto "Uns braços" retornará no texto de Mário de Andrade.

Bandeira refuta a ideia que então se cristalizava da ausência quase absoluta de descrições nos romances e contos e dá testemunho de que "a natureza não era uma página branca para o poeta", fundamentando seu juízo não pelo que está na poesia, mas por certa vez ter ouvido Machado falar "comovidamente de um certo crepúsculo na baía de Guanabara".[25]

A valorização de Machado como escritor técnico e convencional, associado ao parnasianismo, feita por Bandeira, logo adentrou o ambiente escolar. Nos Programas de Ensino do Ginásio Nacional / Colégio Pedro II (1901-1949), o nome de Machado aparece pela primeira vez apenas em 1927, entre os parnasianos (Luís Guimarães, Luís Delfino, Raimundo Correia, Olavo Bilac e Emílio de Menezes), e até 1949, quando o mencionam, é sempre sob essa rubrica.[26]

Já o ensaio de Mário de Andrade, também de 1939, é um modelo de ambiguidade, que parece diretamente inspirado na tortuosidade e nos negaceios de alguns textos críticos de Machado de Assis. Nele, Mário estabelece diálogo direto com Manuel Bandeira, ressaltando o domínio técnico: "O maior artesão que já tivemos", "o artista incomparável que soube ser", "uma técnica maravilhosa", "domínio do *métier*",[27] "antes de se querer criador, Machado de Assis exigia de si mesmo tornar-se ótimo artífice".[28]

---

25 Recorte de jornal encontrado em pasta na Biblioteca Brasiliana Guita e José Mindlin. Cf. *Machado de Assis: primeiro centenário 1839-1939*. Embora não haja indicação do veículo nem da data exata de publicação, foi possível verificar que se trata do artigo "Machado de Assis, poeta", que saiu na *Revista do Brasil* (Rio de Janeiro, n.12, p.28-33, 2 jun. 1939) e no *Diário de Pernambuco* (Recife, p.1 e 3, 18 jun. 1939).

26 Cf. Souza, *O império da eloquência: retórica e poética no Brasil oitocentista*, especialmente as páginas 211, 213 e 219.

27 Andrade, Machado de Assis (1939). In: *Aspectos da literatura brasileira*, p.113.

28 Ibid., p.115.

Mário de Andrade procura fazer uma distinção entre o homem (que o irrita, porque não se deixa amar, pela falta de generosidade, pela piedade que inspira, por ser um aburguesado que teria renegado a origem pobre e negra) e a obra, que reconhece como sendo do mais alto valor artístico, ainda que um pouco descarnada, fria, programática.

Tudo isso concorre para a constituição da figura de um escritor comedido, meticuloso, protestante, pouco generoso, que não sentiu o Rio de Janeiro nem deu ao leitor o sentimento da cidade. Para Mário, é um escritor cerebral, calculado, que moldou sua vida de modo a apagar os traços da origem negra, na medida em que tirou de suas histórias e da sua história pessoal a marca do amor ilegítimo, associado à escravaria.

Mário de Andrade parece ressentir-se da contenção de Machado, do seu excessivo controle sobre o texto, marcado pela frieza, por certo formalismo a que falta expressividade e subjetividade. Assim, quando fala do conto machadiano, diz que ele "dominava magistralmente a 'forma' do conto, não, porém, a sua 'psicologia' mais essencial". Tratava-se de um escritor, um técnico, um estético, um hedonista, sem uma base lírica de inspiração.[29]

Não por acaso, será a associação entre a forma perfeita e única (a adoção dos tercetos de Dante) e o sentimento da perda amorosa o que Mário de Andrade ressaltará no poema "Última jornada", apresentando-o como exemplo, raro, de um momento em que Machado atinge a perfeição, ou pelo menos lhe satisfaz plenamente as expectativas. Por outro lado, para Mário, a genialidade do escritor é perceptível no fato de sua obra responder bem a vários tipos de aproximação crítica, prestando-se ao "jogo de interesses e às vadiações da crítica". Ao chamar a atenção para o caráter multifacetado da obra, já àquela altura evidente, o poeta que se proclamou trezentos arremata sua observação sobre a genialidade de Machado com este comentário ambíguo e jocoso: "Só os gênios verdadeiros se prestam a este jogo dos interesses e das

---

29 Ibid., p.127.

vadiações humanas. São tudo, aristocráticos, burgueses, populistas. Morais, imorais, amorais. E todos eles, em geral, acabam fatalmente profetizando a vinda do submarino, do aeroplano e de algum cometa novo".[30]

A crítica de Mário de Andrade está informada pelas leituras dos livros de Alfredo Pujol e principalmente de Lúcia Miguel Pereira, da qual trataremos adiante. Mário reitera várias de suas ideias: insiste no homem tímido, ligado às minúcias, o que fica sugerido pelo uso e reuso do adjetivo "meticuloso" ao longo do artigo. Essa característica está associada ao academismo de Machado, tão ressaltado e tão detestado por Mário, e que acaba sendo outro modo de enfatizar o aspecto técnico e formalista de sua obra, que seria um tanto quanto desprovida de conteúdo, de questões importantes e substantivas.

Em relação ao humorismo machadiano, Mário de Andrade se aproxima bastante da visão de Sílvio Romero, embora por um caminho tortuoso. Para Mário, o recurso às fontes inglesas seria uma forma de impureza, uma "mulatização" por parte de Machado, ao contrário do que afirmava Romero, para quem tal recurso negava a mulatice. No entanto, como Romero, Mário vê nisso uma impropriedade, uma forma de egoísmo de Machado, que buscaria assim uma fonte alternativa apenas para proveito próprio, já que as vertentes principais da literatura brasileira continuariam a correr pelo leito francês.

Vale notar a ênfase de Mário de Andrade no paradigma francês, muitas vezes sequer percebido por ele como estrangeiro, já que o francês era "a" língua da cultura e da literatura – o "caminho natural". Nesse sentido, a releitura modernista do nacionalismo e das peculiaridades de uma literatura nacional corre na contramão das opções "classicizantes" de Machado de Assis, que em alguns círculos aparece como uma espécie de pedra no caminho, de obstáculo e às vezes de antimodelo.

---

30 Ibid., p.109.

O que parece estar de fato em questão aqui são as diferenças entre Mário de Andrade e Machado de Assis nos seus papéis de escritores e intelectuais. Homem de ação, combativo, otimista, Mário parece não conseguir amar um artista a "que faltem esses dons de generosidade, a confiança na vida e no homem, a esperança".[31] Os impasses e as ambiguidades de Mário de Andrade em relação a Machado sintetizam dificuldades comuns às várias gerações modernistas, que não por acaso inventaram o epíteto "o bruxo do Cosme Velho" para se referir a Machado de Assis. A expressão, com todas as suas conotações de distância supersticiosa, inexplicabilidade, encanto e possível malignidade, parece traduzir bem os sentimentos misturados despertados pelo escritor e sua obra numa geração para quem Machado se erguia como uma enorme sombra.[32]

Aníbal Machado explicitou o que ficara subentendido nos textos de Drummond e Mário sobre o escritor: "Entre as exigências vitais da mocidade de hoje e o espírito geral da obra de Machado existe uma contradição profunda."[33] A contradição se estabelece entre a atitude negativa diante das coisas, que emana da obra de Machado, e o sentimento inconformista das novas gerações, em especial a necessidade desta, que vivia a guerra, de aproximar o pensamento da ação e estabelecer uma fraternidade generosa, como queria Mário.

Também Marques Rebelo, ao refletir sobre sua trajetória como escritor, dará um depoimento bastante esclarecedor do que Machado representou para toda uma geração:

---

31 Ibid., p.108.

32 A expressão, consagrada por Carlos Drummond de Andrade em seu poema "A um bruxo com amor", na década de 1950, foi analisada também em suas conotações raciais por Marcelo Coelho. Cf. Coelho, Confluências, *Cadernos de Literatura Brasileira*, n.23-4, 2008, p.51.

33 Machado. In: Condé, José. Os escritores de hoje falam sobre Machado de Assis. *O Jornal*, 25 jun. 1939, p.40. Recorte encontrado em pasta na Biblioteca Brasiliana Guita e José Mindlin, sem indicação do veículo e data de publicação. Cf. *Machado de Assis: primeiro centenário 1839-1939*.

[...] Se Eça de Queirós constituiu pouco depois uma outra revelação para a minha sensibilidade, foi Machado que deixou mais forte borra dentro da minha personalidade literária. Houve mesmo ocasiões em que eu me sentia abafado pela presença do mulato no bico da minha pena, e que coragem precisava ter para afugentar um pouco o fantasma camarada de modo que ele não tomasse conta totalmente de mim e me reduzisse a um mero Léo Vaz qualquer.[34]

Marques Rebelo tocava nos problemas gerados pelo "fantasma camarada", escolhendo como exemplo Léo Vaz, autor de *O professor Jeremias* (1920), escritor que, embora tenha alcançado êxito com esse romance nos anos 1920 e hoje seja praticamente desconhecido, era com frequência evocado nas décadas de 1930 e 1940 como mero imitador do estilo de Machado de Assis. A sombra machadiana não poupava nem mesmo os grandes escritores, com voo e dicção própria, como foi o caso de Lima Barreto, já mencionado, e também de Graciliano Ramos. Num desabafo com as comparações sistemáticas entre a sua obra e a de Machado, que vinham sendo feitas desde a década de 1930, Graciliano ironizou a mania de se comparar tudo a Machado de Assis, e pelos motivos mais variados – epilepsia, funcionalismo público, horror aos clichês, secura da linguagem: "É admirável. Há imitadores de Machado de Assis porque escrevem contos, outros porque são funcionários públicos, têm doenças ou gramaticam demais os seus produtos. Está certo. Que remédio?"[35]

Nesse mesmo texto, intitulado "Machado de Assis", Graciliano indica o giro que se imprimiria à figura machadiana, transformado de imitador de estrangeiros em referência para a "moderna literatura indígena":

Nessa época longínqua, ali pelas imediações de 30, um nacionalismo crioulo engulhava à lembrança de coisas estrangeiras,

---

34 Rebelo, Depoimento, *Dom Casmurro*, 20 maio 1939.
35 Ramos, Machado de Assis. In: _____, *Linhas tortas*, p.154.

MACHADO DE ASSIS, O ESCRITOR QUE NOS LÊ   95

condenava a importação, cantava loas ao babaçu, falava com abundância em realidade brasileira. Está claro que pouca gente se ocupou com essa realidade, mas algumas pessoas tentaram conhecê-la, se não olhando-a de perto, pelo menos pondo em moda escritores antigos que tinham passado a vida imitando os estrangeiros.

Alguém declarou que possuíamos excelentes modelos e era desnecessário importá-los num tempo de vacas magras, quando a revolução política havia baixado o câmbio e dificultado a compra de figurinos literários. Machado de Assis, convenientemente espanado, servia bem.[36]

É desse giro interpretativo que trata o restante deste capítulo.

O homem, o autor e a obra

Às discussões iniciais da crítica em torno da pertença de Machado ao espaço e ao tempo – se mais nacional que estrangeiro, se mais atual que anacrônico, se mais inglês que franco-brasileiro – sucedeu um período marcado pela busca de compreensão mais sistemática da obra, associada à trajetória de Joaquim Maria Machado de Assis, entendido ora como o homem civil, o Joaquim Maria, ora como o autor, Machado de Assis, cuja existência se prolonga para além da sua morte. Na década de 1930, muitos estudos, inspirados na psicologia e em disciplinas correlatas, procuraram definir a relação entre o caráter, o temperamento, a organização psíquica de Machado de Assis e sua obra, e vice-versa, não raro propondo explicar a obra a partir da biografia, ou submetendo a variedade da obra a uma organização psicológica, geralmente marcada por um ou mais traços patológicos.

Também aí o pêndulo oscilou fortemente entre integrar Machado ao contexto brasileiro e vê-lo como membro dileto da literatura universal. Esse período, compreendido entre meados

---

36 Ibid., p.152-3.

dos anos 1930 e finais dos anos 1950, foi marcado pela atuação de uma notável geração de críticos, que deram início às interpretações modernas da obra machadiana e ajudaram a construir a figura moderna do escritor. Entre eles, destacam-se Astrojildo Pereira, Lúcia Miguel Pereira e Augusto Meyer, que não polemizaram abertamente entre si, mas divergiram, abrindo novas frentes para os estudos sobre o autor e contribuindo para a constituição da nova figura machadiana que, como indicou Graciliano Ramos, emergiria ali pelos anos 1930.

Informados pelas novas ideias da psicologia e também da psicanálise, casos de Lúcia e Augusto Meyer, ou então imbuídos do propósito de denunciar as ideologias, caso de Astrojildo, esses críticos, munidos de instrumentos conceituais para investigar o que há sob as aparências dos textos e das coisas, dedicam-se a demonstrar que na obra machadiana superfície e fundo não se correspondem, abrindo espaço para a renovação das leituras e dos sentidos da obra.

Por caminhos diversos, Lúcia e Astrojildo mostraram não haver incompatibilidade entre tratar de temas universais e ser brasileiro, ressaltando o modo peculiar e produtivo com que Machado tratou da sociedade como um todo, ainda que nos seus romances focalizasse principalmente os estratos superiores da sociedade. Augusto Meyer cuidou de desmanchar a imagem apaziguada e edulcorada do cético anatoliano, construída na década anterior, e que teve seu principal artífice em Alfredo Pujol, para enfatizar uma dimensão demoníaca, maligna até, do texto e do autor.

Os três críticos produziram seus trabalhos decisivos sobre Machado de Assis num mesmo momento, a partir de meados da década de 1930. Embora viesse escrevendo sobre Machado desde os anos 1920, Augusto Meyer lança a coletânea de ensaios *Machado de Assis* em 1935. Lúcia Miguel Pereira publica seu *Estudo crítico e biográfico* em 1936. Astrojildo Pereira, o mais velho dos três, publica "Romancista do Segundo Reinado" em 1939, escrevendo a partir daí uma série de ensaios nos quais enfatiza a

MACHADO DE ASSIS, O ESCRITOR QUE NOS LÊ

inserção de Machado e sua obra na vida social brasileira.[37] No seu ensaio mais famoso, Astrojildo procurou refutar qualquer ideia de indiferença à vida local. Para isso, acabou por estabelecer paralelismos entre o escritor e o homem, o texto literário e a vida social, ou, nas suas palavras, entre "o sentido da evolução política e social do Brasil" e "o labor literário de Machado", encarando a obra como reflexo – a palavra é bastante empregada pelo crítico – dos costumes e das instituições do Segundo Reinado e do início da República. Assim, as criaturas dos livros são consideradas "a réplica literária de outras criaturas de carne e osso que viveram em dado momento histórico, num dado meio social".[38]

Nos ensaios, de maneira mais geral, Astrojildo qualificou Machado como escritor realista, ressalvando não se tratar do realismo de escola, mas realista na medida em que suas criaturas estampam a psicologia real da sociedade. A caracterização era inovadora para um escritor até então visto como absenteísta, frequentemente acusado de se descolar do chão social brasileiro. No rastro de Mário de Alencar, que privou da intimidade de Machado no final de sua vida e foi o primeiro a publicar suas crônicas em livro, Astrojildo chamou a atenção para a importância desses textos escritos para jornal, que considerava fundamentais para o entendimento das ideias do escritor, por vezes traçando relações muito diretas e mecânicas entre o texto e a realidade empírica.[39] Não raro, o crítico projeta sobre Machado suas convicções de

---

37 Pereira, Romancista do Segundo Reinado. In: *Machado de Assis: ensaios e apontamentos avulsos* (Rio de Janeiro: São José, 1959, p.11-36; Reedições: 2.ed. Belo Horizonte: Oficina de Livros, 1991, p.11-36; 3.ed. Brasília: Fundação Astrojildo Pereira, 2008, p.25-46). Na *Pequena bibliografia crítica da literatura brasileira* (p.156), Otto Maria Carpeaux indica que o ensaio "Romancista do Segundo Reinado", publicado na edição comemorativa do nascimento de Machado na *Revista do Brasil* (1939), saiu também em castelhano: "*Machado de Assis, novelista del Segundo Reinado*". Buenos Aires, Colec. Problemas Americanos, 1942. 61p.

38 Pereira, *Machado de Assis: ensaios e apontamentos avulsos* (2.ed., p.17; 3.ed., p.30).

39 Pereira, Crítica política e social. In: _____, op. cit., 2.ed., p.73-94; 3.ed., p.77-95.

militante marxista e fundador do PCB, atribuindo-lhe um poder de irradiação popular e um papel extraordinário no esclarecimento do povo brasileiro.[40]

Ainda que procure atenuar essas posições ressalvando não reconhecer no escritor o papel de "reformador social" ou alguma intenção reformista (por exemplo, em relação à escravidão), o mecanismo especular, base de sua crítica, leva Astrojildo a ver Machado a condenar "as uniões conjugais de interesse" e formular, com sua obra, um "libelo contra o patriarcalismo".

Apesar do mecanicismo das análises, Astrojildo Pereira foi o primeiro a afirmar enfaticamente o realismo de Machado e a mostrar de maneira sistemática os nexos entre a obra machadiana e a realidade social brasileira, que futuramente seriam muito desenvolvidos e especificados sobretudo nos estudos de Raymundo Faoro, Roberto Schwarz e John Gledson.

No mesmo período, Lúcia Miguel Pereira, no seu *Estudo crítico e biográfico*, de 1936, propunha que os romances, em seu conjunto, acompanhavam a ascensão social do homem Joaquim Maria Machado de Assis. Foi ela a primeira a ver e expor com clareza que a ambição era o traço comum às heroínas dos quatro primeiros romances, nas quais o escritor teria disfarçado questões e dilemas vividos por ele em sua trajetória social, marcada pela origem pobre. Ao completar a ascensão burguesa, mediante emprego público e casamento, o escritor estaria à vontade para

---

40 Um estudo sobre o modo como Astrojildo Pereira aplicou conceitos marxistas à sua crítica foi feito por Gabriela Manduca Ferreira em trabalho de Iniciação Científica intitulado "A visita de Petroff: um estudo acerca do conceito de dialética existente na crítica machadiana de Astrojildo Pereira em Machado de Assis. Ensaios e apontamentos avulsos", realizado em 2007, na Universidade de São Paulo. Uma síntese desse trabalho aparece publicada no artigo "Questão de meio e de tempo": a dialética na crítica machadiana de Astrojildo Pereira. *Machado de Assis em Linha*, ano 2, n.3, jun. 2009, p.101-13. Disponível em: http://machadodeassis.fflch.usp.br/sites/machadodeassis.fflch.usp.br/files/u73/num03artigo09.pdf. Consultado em: 13 mar. 2015.

criticar a vida política e social das classes dominantes, o que fez a partir dos 40 anos e da publicação de *Brás Cubas*. Nesse primeiro trabalho de Lúcia sobre Machado, muito influenciado pelas teorias psicológicas de Alfred Adler e Françoise Minkowska, em especial pelo estudo desta a respeito da personalidade epiléptica, buscou explicações para o homem e para o artista a partir do "nevropata" e do mestiço Machado de Assis.

A grande descoberta crítica de Lúcia Miguel Pereira nesse livro, no entanto, é o "ciclo da ambição", traço comum a todas ou quase todas as heroínas dos primeiros romances de Machado de Assis, às voltas com a situação incômoda de suas origens modestas e desejosas de realizar a ascensão social, o que, nos momentos em que os romances se passam, só seria possível por meio do casamento (e de muita sujeição ou renúncia aos valores e às inclinações individuais).

Esse achado crítico, que se deu ancorado na biografia de Machado de Assis – o escritor teria se disfarçado em suas heroínas, para tratar de questões dolorosas para ele –, também terá repercussões importantes nas leituras futuras. As questões de ascensão social presentes nos primeiros romances serão lidas à luz das relações sociais peculiares criadas num ambiente social marcado pelo patriarcalismo, pela escravidão e pela adoção de princípios – ou ideias – liberais.

Outra novidade do livro tem a ver mais diretamente com a biografia e se refere ao período em que Machado e Carolina saíram do Rio de Janeiro, no final de 1878 e início de 1879. Machado de Assis, doente dos olhos, teria entrado em contato direto com sua fragilidade e solidão, ao mesmo tempo que haveria travado ou estreitado relações com os escritores de língua inglesa Sterne e Thackeray. A doença e a leitura desses autores seriam, para Lúcia Miguel Pereira, as duas razões principais para as mudanças que imprimiu à sua obra com *Brás Cubas*.

A crise existencial e literária vivida em 1879 o teria levado definitivamente em direção ao humorismo. A tese da "crise dos 40 anos", que se tornaria explicação recorrente para a grande mudança operada entre *Iaiá Garcia* e as *Memórias póstumas*, está sintetizada neste trecho, que é longo, mas vale reproduzir pela importância que a hipótese nele formulada ganhou nos estudos machadianos:

> Depois da crise por que passou em 79, já não os [os homens] via com os mesmos olhos, com os olhos afeitos ao aspecto convencional, mas com a visão interior, implacável e penetrante. Através das palavras polidas, descobria o sentimento egoísta ou cínico, através do sorriso a dureza do coração. O véu da hipocrisia rasgou-se diante dele. A sua vocação de romancista se realizava plenamente, a um tempo tormento e delícia. Tormento de não poder crer nas criaturas, de lhes perceber todos os cálculos, todas as espertezas, mas delícia, delícia suprema de apreciar o jogo dos sentimentos, de ver como nascem e morrem as paixões, de ser o espectador que aprecia a um tempo a plateia e os bastidores.
>
> Desse tormento e dessa delícia nasceu o seu humorismo, fruto da simpatia humana aliada ao pendor crítico, da piedade jungida à lucidez, da ternura unida à inteligência. Ao lado do coração que se compadecia, estava o espírito que buscava explicações, que observava friamente as reações.
>
> Muito mais do que a influência dos ingleses, foi esse dualismo, essa dissociação que levou Machado ao cultivo do "humour".
>
> Qualquer psicólogo, dotado de grande visão de conjunto, sem prejuízo da observação minuciosa, e que não possua nenhuma inclinação mística, cairá quase fatalmente no humorismo. Porque, observada em si mesma, a agitação humana tem uma aparência de inutilidade que a torna burlesca.
>
> Essa sensação de falta de sentido da vida, misturada a um sentimento de compaixão pelos vãos esforços dos homens, fez de Machado de Assis o grande romancista e o grande humorista que se revelou no *Brás Cubas*.[41]

---

41 Pereira, *Machado de Assis (Estudo crítico e biográfico)*, p.145-6.

O texto descreve a suposta crise existencial do escritor com uma riqueza de detalhes que dá a medida da imaginação crítica de Lúcia Miguel Pereira. O que se sabe, a partir de documentação disponível, é que Machado licenciou-se do trabalho em dezembro de 1878 e retirou-se com Carolina para Nova Friburgo, onde ficaram por três meses. À época, Machado sofria de uma doença nos olhos, tratada à base de estricnina.[42]

No livro de Lúcia Miguel Pereira, tudo é apresentado com dramaticidade digna da romancista que ela de fato foi. Muitas vezes ela busca explicações para situações ficcionais na biografia do escritor, ou então reconstitui a vida dele, sobretudo sua infância e primeira juventude, sobre as quais muito pouco se sabe, a partir de situações e cenas de sua obra ficcional. Quantas vezes a situação descrita no início do "Conto de escola", do pequeno Pilar sentindo-se aprisionado no ambiente escolar enquanto olhava uma pipa esvoaçante recortada contra o céu azul e acima do morro do Livramento, terá sido tomada como depoimento do escritor sobre sua infância e sua vida escolar?

Por meio de recursos ficcionais, a principal operação interpretativa que se fazia ali era a transformação do humorismo de questão filosófico-literária para algo lastreado na trajetória individual e social do escritor, resultado de uma espécie de conversão psicológico-existencial que se teria dado com o suposto enfrentamento de Machado com sua própria finitude em 1878-1879.[43] Para Lúcia Miguel Pereira, a origem pobre e principalmente a cor e a epilepsia – ou o "temperamento nervoso"[44] – são os fatores determinantes da personalidade do homem Machado de Assis e do

---

42 Vejam-se as cartas trocadas entre Franklin Dória e Machado, datadas de 17 e 18 de novembro de 1878. Cf. *Correspondência de Machado de Assis, t.III, 1890-1900*, p.159-62.

43 Para um estudo sobre as relações entre o projeto ficcional de Lúcia Miguel Pereira e sua biografia de Machado de Assis, na qual a ambição é a "trama forte", cf. Werneck, *O homem encadernado – Machado de Assis na escrita das biografias*, p.136. O livro ganhou nova edição pela mesma editora em 2008.

44 Pereira, op. cit., p.15.

102 HÉLIO DE SEIXAS GUIMARÃES

escritor que, se não confessou sobre si em lugar algum, o fez por meio das suas personagens e da sua obra.

Lúcia Miguel Pereira dotava a figura machadiana de uma psicologia complexa e completa, em torno da qual seria possível dar unidade e construir uma explicação para as irregularidades e incongruências tanto da obra, como do autor e da relação entre obra e autor.

Além da forte influência das teorias psicológicas de Alfred Adler e Françoise Minkowska, ouvem-se na interpretação de Lúcia Miguel Pereira ecos das ideias de Gilberto Freyre, ao afirmar, por exemplo, que Machado lutava contra "os impulsos dos nevropatas e os espevitamentos dos mestiços – dois perigos que o ameaçavam".[45] Como em Freyre, a questão da mestiçagem é vista de maneira positiva, o que era uma novidade em relação às apreciações de Sílvio Romero nesse mesmo sentido. Entretanto, várias das observações de Lúcia Miguel Pereira a respeito da cor de Machado podem ser consideradas preconceituosas para a sensibilidade atual:

> Mulato, ele o era sem disfarce, a raça gritando na vasta e rebelde cabeleira que lhe caía sobre as orelhas, nos lábios grossos encimados pelo bigode ralo e duro, nas narinas achatadas.[46]
>
> [...]
>
> No fundo, esse racionalista tinha laivos de animista, do animismo do homem primitivo, herança talvez dos seus avós africanos.[47]

Lúcia Miguel Pereira compartilha com Gilberto Freyre, em muitos momentos, o mesmo vocabulário. Freyre, na caracterização do homem luso-brasileiro, ou dos seus antepassados portugueses; Lúcia, na definição da personalidade de Machado de

---

45 Ibid., p.54. *Casa-grande & senzala* foi publicado em 1933 e citado em: Pereira, *Prosa de ficção (de 1870 a 1920)*, p.69.

46 Ibid., p.66.

47 Ibid., p.128.

Assis, visto por ela como um digno descendente dos portugueses e representante da mestiçagem brasileira. O homem português, Freyre o caracteriza pelos "extremos desencontrados de introversão e extroversão ou alternativas de sintonia e esquizoidia, como se diria em moderna linguagem científica".[48] Algo muito parecido com a análise de Lúcia Miguel Pereira para o temperamento de Machado: "Essa tendência a se agregar, em franca contradição com a timidez, deve ser, em Machado de Assis, fruto daquela 'afetividade viscosa e colante da constituição epiléptica ou gliscroide' de que fala Mme. Minkowska, a grande autoridade em epilepsia".[49]

Também de Gilberto Freyre ou de fonte próxima à dele vem a associação do sadismo de determinados estratos sociais à instituição da escravidão:

> Transforma-se o sadismo do menino e do adolescente no gosto de mandar dar surra, de mandar arrancar dente de negro ladrão de cana, de mandar brigar na sua presença capoeiras, galos e canários – tantas vezes manifestado pelo senhor de engenho quando homem feito; no gosto de mando violento ou perverso que explodia nele ou no filho bacharel quando no exercício de posição elevada, política ou de administração pública; ou no simples e puro gosto de mando, característico de todo brasileiro nascido ou criado em casa-grande de engenho.[50]

Algo muito semelhante lê-se em *Prosa de ficção*, quando Lúcia Miguel Pereira associa a escravidão ao sadismo de alguns personagens de Machado:

> Na organização e nos modos de viver das famílias sente-se a influência da escravidão, permitindo lazeres e requintes, facilitando

---

48 Cf. Freyre, *Casa-grande & senzala – Formação patriarcal da família brasileira sob o regime da economia patriarcal*, p.68.

49 Pereira, op. cit., p.41.

50 Freyre, op. cit., p.113.

a formação de castas, e por outro lado corrompendo, associando a ideia de trabalho à de servidão, aguçando instintos sádicos.[51]

Gilberto Freyre cita Machado de Assis e Lúcia Miguel Pereira ao se referir aos romances machadianos como fonte para o conhecimento da vida íntima e da moral sexual do Brasil nos tempos da escravidão:

> Romance brasileiro que nas páginas de alguns dos seus maiores mestres recolheu muito detalhe interessante da vida e dos costumes da antiga família patriarcal. Machado de Assis em *Helena*, *Memórias póstumas de Brás Cubas*, *Iaiá Garcia*, *Dom Casmurro* e em outros de seus romances e dos seus livros de contos, principalmente em *Casa velha*, publicado recentemente com introdução escrita pela Sra. Lúcia Miguel Pereira.[52]

Machado marca presença discreta mas importante em outro livro fundamental de interpretação do Brasil publicado no período: *Raízes do Brasil*, de Sérgio Buarque de Holanda. Aparece aí como culminação no processo de tomada de consciência da "dura" e "triste" realidade com a qual os homens conscientes defrontaram a partir da chegada da Família Real ao Rio de Janeiro, em 1808, da Independência e das crises do período da Regência. Se para Sérgio Buarque de Holanda a imensa maioria dos românticos adotou uma postura superafetada, não obstante a sinceridade fundamental dos escritores, mostrando-se incapazes de esboçar reação diante do estado de coisas e adotando uma postura de horror à realidade cotidiana, "Machado de Assis foi a flor dessa planta de estufa". A denominação soa ambígua, na medida em que ele teria sido o melhor num ambiente de mistificação em que o homem de letras "não reagiu contra ela [a nossa realidade cotidiana], de uma reação sã e fecunda, não tratou de corrigi-la ou dominá-la; esqueceu-a,

---

51 Pereira, *Prosa de ficção* (*de 1870 a 1920*), p.75-6.
52 Freyre, op. cit., p.49.

MACHADO DE ASSIS, O ESCRITOR QUE NOS LÊ

simplesmente, ou detestou-a, provocando desencantos precoces e ilusões de maturidade".[53] Sérgio Buarque de Holanda parece lamentar aí o espírito negativo e, a seu ver, pouco combativo e artificial de Machado, enfileirado por ele entre os "puros homens de palavras e livros",[54] o que faz lembrar a visão do retraído de gabinete, de Araripe Júnior, e do escritor alheado da realidade brasileira, de Romero, e condiz com certo olhar modernista que deplorava em Machado a falta de disposição para agir e intervir na realidade.

Lúcia Miguel Pereira adota visão oposta, ao enfatizar o inconformismo do homem e do escritor. A partir das marcas de origem, e acentuando os traços do mulato, do moleque baleiro, a biógrafa e crítica constrói sua figura machadiana por meio de documentos, depoimentos e trechos da obra, não raro tomados como confissões diretas de alguma experiência do escritor, e também como reações às condições adversas da origem:

> Uma das cousas que espantam em Machado de Assis, nesse tímido, nesse indeciso, nesse dubitativo, é a sua capacidade de reação.
>
> Nem outra coisa foi a sua vida, senão uma constante reação; reagiu contra o destino, que o fizera nascer fora do seu lugar, reagiu contra si mesmo, vencendo a timidez, os pendores mórbidos, reagiu contra o meio literário, nunca se deixando contaminar nem pela declamação dos românticos nem pelo alcandoramento do fim de século, reagiu contra a burocratização intelectual, ele que foi burocrata perfeito por mais de quarenta anos, reagiu contra o emburguesamento do espírito, apesar dos hábitos burgueses, reagiu contra a tentação da política, embora começasse a vida num jornal de oposição.[55]

O escritor acomodado, imobilizado na estátua, inerte, começava a ganhar movimento, transformando-se em homem de ação.

---

53 Holanda, *Raízes do Brasil*, p.162.

54 Ibid., p.163.

55 Pereira, *Machado de Assis (Estudo crítico e biográfico)*, p.197.

Ainda que no *Estudo crítico e biográfico* as relações entre vida e obra sejam feitas de maneira muitas vezes direta, sem as mediações que a teoria e a crítica literária nos ensinaram a observar principalmente a partir da segunda metade do século XX, muitas das percepções de Lúcia continuam válidas e consequentes.

Em 1950, com *Prosa de ficção*, Lúcia Miguel Pereira retornava a Machado de Assis num capítulo já bastante depurado das explicações biográficas e patologizantes. Partindo da frase "tem-se acusado Machado de Assis de ser pouco brasileiro", registrava uma oscilação que se tornaria rotineira na crítica – que ora o via como representante máximo da nacionalidade literária, ou da literatura nacional, ora como acidente no panorama dessa mesma nacionalidade e dessa mesma literatura –, para propor uma explicação harmoniosa entre a dimensão nacional e a dimensão universal da obra.

Assim, logo no início do texto, desloca a questão do plano sociológico, empírico, para o da obra, ao dizer que as críticas que se fazem ao não brasileirismo de Machado se apoiam num engano: a obra se encaixa perfeitamente na terra, porque é escrita na língua falada no Brasil, se passa no ambiente brasileiro e é povoada por personagens de índole brasileira; a discrepância, o deslocamento, estaria na relação do romancista com "a paisagem literária", já que sua obra destoa flagrantemente do panorama da ficção brasileira.

A especificidade do romancista radicaria na sua personalidade, na sua vida, na sua biografia, como se vê pelos autores que o inspiraram, que não eram os mesmos que despertaram a atenção de seus contemporâneos. Tudo guiado por "uma autêntica e superior vocação literária". Em última análise, uma vez que não há como explicar de maneira cabal o autor, "só nos resta admitir que houve algo de genial em tão segura intuição, e desistir de filiar Machado de Assis aos rumos gerais da nossa ficção – o Machado de Assis da segunda fase, é claro".[56]

Lúcia Miguel Pereira identifica alguns temas recorrentes nos romances e contos e propõe também, em *Prosa de ficção*, uma

---

56 Pereira, *Prosa de ficção* (*de 1870 a 1920*), p.62.

MACHADO DE ASSIS, O ESCRITOR QUE NOS LÊ   107

compreensão da dialética entre o local e o universal. Nesse texto de 1950, informada pelo estudo de Astrojildo Pereira de 1939, ela vê a literatura de Machado refletir o meio social do Império e dos primeiros anos da República: sublinha os vínculos entre a obra e a realidade brasileira, em grande parte velados para as gerações anteriores, e afirma, também com muita ênfase, o realismo de Machado de Assis.

> A quem condenou severamente os processos literários de Zola em França, Eça de Queirós em Portugal e Aluísio Azevedo no Brasil, repugnaria ser tratado de realista. Tomado, porém, não na aplicação que lhe foi dada em determinado momento, senão na sua ampla e verdadeira significação, de captar toda a realidade, a visível e a invisível, a ninguém melhor do que a ele se aplica o termo.[57]

Assim, do *Estudo crítico e biográfico* para a *Prosa de ficção*, Lúcia Miguel Pereira vai da crítica biográfica e psicopatológica em direção a uma crítica psicossocial, na qual busca a conciliação entre o analista do indivíduo e o analista da sociedade, tornando-se fonte e inspiração comum para vários críticos das gerações posteriores, entre eles, Antonio Candido, Roberto Schwarz e Alfredo Bosi.

Noutro campo, e muitas vezes fazendo contraponto sutil às leituras de Lúcia Miguel Pereira, Augusto Meyer enfatizou o autor em detrimento do homem. Numa série de ensaios publicados entre 1935 e 1964,[58] tratou Machado de Assis como "autor", homem universal, deixando de lado tanto sua origem histórico-social como seu perfil psicológico, que estavam na base das leituras de Astrojildo Pereira e de Lúcia Miguel Pereira. Para Meyer, interessa principalmente a relação do autor Machado de Assis com outros

---

57 Ibid., p.76.
58 Embora tenha publicado seu primeiro livro sobre Machado de Assis em 1935, Augusto Meyer vinha escrevendo sobre o autor desde a década de 1920. Cf. Carvalhal, *O crítico à sombra da estante: levantamento e análise da obra de Augusto Meyer*.

autores, numa visão cara aos estudos comparativos ou baseados na noção do que mais tarde se chamaria de intertextualidade. Assim, ele identificou e caracterizou a profundidade e a radicalidade do projeto machadiano a partir de comparações com escritores e pensadores como Pirandello, Nietzsche e, sobretudo, Dostoiévski, ao qual Machado estaria ligado pelo interesse comum no "homem subterrâneo".

Em sua crítica muito livre e pouco disciplinada (pelo menos no sentido acadêmico, que dominaria a crítica machadiana a partir da geração seguinte), há uma profusão de observações agudas, inspiração para muitos estudos posteriores. "Fez do seu capricho uma regra de composição", frase de Meyer, serve de epígrafe e ponto de partida, por exemplo, para Roberto Schwarz em *Um mestre na periferia do capitalismo*. A percepção de que havia grande número e enorme variedade de referências e citações nas páginas iniciais de *Brás Cubas*, anotada em "De Machadinho a Brás Cubas", será futuramente retomada por Schwarz e interpretada como marca da volubilidade do narrador e da sua posição de classe. Em outra direção, Alfredo Bosi traz da obra de Meyer a imagem da máscara e a ideia de um mascaramento que possibilita a irrupção do demônio interior. Tais imagens, caras a Meyer, terão desenvolvimento importante na crítica de Bosi, baseada na dinâmica entre a máscara e o olhar, metáforas, respectivamente, do constrangimento da vida em sociedade e do que há de "homem humano" nas personagens machadianas.

Na história das leituras de Machado de Assis, a entrada de Augusto Meyer significa uma guinada em direção à psicologia do criador e da criação (e não mais do homem), deixando para trás, deliberadamente, o nacionalismo e o biografismo. Essas duas vertentes críticas, como vimos, haviam dominado os estudos machadianos até então, com a predominância do critério nacionalista ou nacionalístico entre os contemporâneos do escritor (Romero, Veríssimo e Araripe) e do critério biográfico presidindo boa parte da produção póstuma (Mário de Alencar, Alfredo Pujol, Graça Aranha e mesmo Lúcia Miguel Pereira e Astrojildo Pereira).

Entre os antecessores, a afinidade maior de Augusto Meyer é sem dúvida com o seu conterrâneo Alcides Maya, principalmente na ênfase que ambos dão ao pessimismo profundo de Machado de Assis, que Maya acompanha e enfatiza até certo ponto, para depois recuar, como já ficou dito. O próprio Meyer questiona se Machado será de fato "um forte, um bom, vencido mas sobranceiro à derrota", conforme havia escrito Maya em seu livro de 1912 e, inspirado pela figura do "homem subterrâneo", de Dostoiévski, mergulha fundo na obra e parece até se deliciar com o negativismo e o sadismo do autor.

Entre os grandes críticos dos anos 1930, Meyer é o que produz mais estragos na figura do medalhão e na estátua construída pelos antecessores, que tiveram em Alfredo Pujol o agente luminar, contra quem Meyer dirige as baterias da sua crítica. Sua leitura penetrante e corrosiva investiga o que existe por baixo da esfinge, tomando o medalhão para ver o que há no "reverso da medalha",[59] onde nada encontra de exemplar ou edificante.

Esse momento extraordinário da crítica, que se estende desde meados da década de 1930 até o final dos anos 1950, incluindo as comemorações do centenário de nascimento, em 1939, e o cinquentenário da morte de Machado de Assis, em 1958, foi acompanhado do mapeamento mais completo da sua vida e obra.

O mito continuou a ser construído, inclusive com a colaboração de uma das vozes mais críticas ao biografismo. À frente do Instituto Nacional do Livro, Augusto Meyer contribuiu para pôr em circulação uma massa documental vasta, em grande parte de cunho biográfico, que oferecia subsídios para os estudos baseados na vida do autor. A *Exposição Machado de Assis*, organizada pelo Instituto Nacional do Livro, teve colaboração do Serviço do Patrimônio Histórico e Artístico Nacional e da Biblioteca Nacional, com a cooperação da Academia Brasileira de Letras, do Instituto Histórico e Geográfico Brasileiro, da Casa de Rui Barbosa e do

---

59 Meyer, Machado de Assis (1947). In: _____, *Machado de Assis 1935-1958*, p.120.

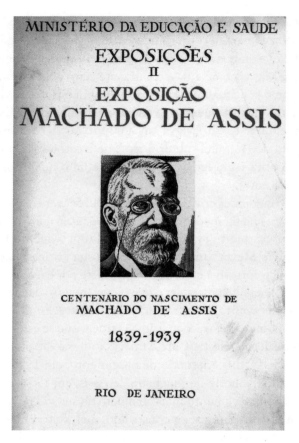

Catálogo da Exposição de 1939, que foi um dos primeiros esforços de reunião de documentação pessoal e bibliográfica do escritor, em colaboração de Augusto Meyer, Rodrigo Mello Franco de Andrade e Oscar Niemeyer.

Fonte: Acervo pessoal de Hélio Guimarães.

Real Gabinete Português de Leitura. Para o evento, levantou-se vasta documentação junto aos arquivos e bibliotecas, o que resultou na maior revisão das informações biográficas de Machado de Assis empreendida até então. A exposição, inaugurada no saguão da Biblioteca Nacional em 1939, estava dividida em seis painéis cujos títulos mesclam percurso biográfico e trajetória artística: Formação, Vida íntima, Maturidade, Crepúsculo, Consagração,

MACHADO DE ASSIS, O ESCRITOR QUE NOS LÊ

Obra. Cada um desses painéis, desenhados por Oscar Niemeyer, era constituído de certidões, contratos, objetos pessoais, manuscritos, fotografias e reproduções de impressos.

O material exposto foi reunido na publicação *Exposição Machado de Assis – Centenário de nascimento de Machado de Assis 1839-1939*, patrocinada pelo Ministério da Educação e Saúde, com o objetivo de "consagração da fama", exposto por Augusto Meyer na Introdução.[60] A *Revista do Brasil*, dirigida pelo historiador Octavio Tarquínio de Sousa, publicou em junho de 1939 uma coleção de ensaios de interpretação sobre Machado, incluindo grandes críticos e escritores, entre eles Astrojildo Pereira, Manuel Bandeira, Tristão de Ataíde, Barreto Filho, Lúcia Miguel Pereira, Augusto Meyer e Graciliano Ramos.[61]

Outras iniciativas tomadas em 1939 e projetos iniciados por essa altura dariam frutos nas décadas seguintes. A *Bibliografia de Machado de Assis* e as *Fontes para o estudo de Machado de Assis*, duas realizações monumentais de José Galante de Sousa, seriam publicadas pelo Instituto Nacional do Livro, respectivamente, em 1955 e 1958. A *Bibliografia* foi saudada como um monumento a Machado e permanece ainda hoje como o principal livro de referência para os estudos machadianos.[62] As *Fontes*, também consulta obrigatória para estudos sobre a recepção machadiana, reuniam referências a grande parte dos textos escritos sobre o autor durante o século, de 1857 a 1957. A *Revista do Livro*, órgão do Instituto Nacional

---

60 Cf. *Exposição Machado de Assis – centenário do nascimento de Machado de Assis 1839-1939*, p.13.

61 Cf. *Revista do Brasil*, ano II, 3a fase, jun. 1939, n.12.

62 Cf. Val, Monumento a Machado, *Revista da Semana*, 3 dez. 1955, p.34-5. A reportagem publica, ao lado da fotografia da estátua do escritor, o seguinte comentário: "É de valor inestimável para a compreensão de Machado o livro que Galante de Sousa acaba de publicar. Verdadeiro monumento ao nosso maior escritor. Um trabalho paciente e valioso". Augusto Meyer também se refere à Bibliografia como "estudo monumental". Cf. Meyer, Esforço beneditino, *Tribuna da Imprensa*, 15 out. 1955.

do Livro, criada em 1956, frequentemente incluiria artigos sobre Machado, dedicando-lhe um número consagrador em 1958.[63]

Em várias frentes, promovia-se a monumentalização de Machado de Assis, que se tornava também um escritor oficial a partir do patrocínio do Estado Novo, especialmente por meio do Ministério da Educação e Saúde. Este ministério esteve à frente das comemorações do centenário de nascimento do escritor, em 1939, das quais participaram vários órgãos do governo, entre eles o Serviço do Patrimônio Histórico e Artístico Nacional (Sphan, atual Iphan), o Instituto Nacional do Livro (INL) e o Instituto Nacional do Cinema Educativo (Ince), que realizou a primeira adaptação de uma obra de Machado para o cinema, a do conto "Um apólogo".[64]

As interpretações da vida e da obra do escritor produzidas nesse período – e a disputa entre elas – estão fortemente articuladas com o contexto político-cultural do Estado Novo, que se empenhou em construir uma mitologia nacional em torno do homem do povo, de origem humilde, mestiço, imagem à qual Machado de Assis foi de certa maneira conformado por parte da crítica e dos estudos de inspiração biográfica realizados à época. Não se quer dizer com isso que os críticos atuantes no período estivessem perfeitamente alinhados com a política cultural do Estado Novo; entretanto, é preciso ter claro que esse momento extraordinário da crítica sobre a obra de Machado de Assis e da constituição de sua imagem de escritor oficial foi em grande parte fomentado pelo Estado brasileiro, com significativas contribuições dos críticos.

Promovia-se ali, pela primeira vez na história do país, uma grande concentração de esforços da intelectualidade e de órgãos do Estado em torno da consagração de uma figura literária, algo que não mais se repetiu com as proporções de 1939. Trata-se de um período em que o Estado brasileiro se empenhou na constituição

---

63 *Revista do Livro*, ano III, set. 1958, n.11.

64 Ver César, *Literatura não é documento*.

de um patrimônio nacional e no qual o escritor Machado de Assis é alçado à condição de "patrimônio cultural brasileiro" e incorporado aos manuais escolares.

A ilustração que segue é exemplo eloquente da monumentalização e inserção do escritor no universo escolar, processos concomitantes, verificados no final dos anos 1930, que mobilizariam praticamente todos os órgãos governamentais ligados à educação e à cultura.

Na revista O *Tico-tico* estudantes prestam homenagem ao escritor, que se tornou objeto de culto no ambiente escolar.
Fonte: Biblioteca Brasiliana Guita e José Mindlin.

O "patrimônio de arte"

Num estudo provocativo, intitulado *Literatura não é documento*, escrito durante outra ditadura, aquela instaurada pelo golpe de 1964, Ana Cristina César situa no período do Estado Novo o primeiro movimento organizado de produção de uma mitologia do autor literário, que se tornaria elemento importante para a constituição de personalidades, em grande medida mitos, que condensariam os grandes "valores nacionais".[65]

Essas iniciativas se dão em várias frentes e de modo bastante articulado: no campo da educação, com a promoção de reformas educacionais e a produção de materiais didáticos que incentivam o culto a esses ícones da nacionalidade; no campo da comunicação, que também busca difundir em novos meios, especialmente o rádio e o cinema, informações sobre personalidades históricas que de certa maneira antecipariam valores promovidos pelo Estado Novo; e no campo da cultura, na medida em que se começa a formular e a promover políticas relativas ao patrimônio histórico e cultural, por meio da criação do Serviço do Patrimônio Histórico e Artístico Brasileiro, então Sphan, órgão que está na origem do atual Iphan, criado provisoriamente em 1936,[66] mas só regulamentado durante a ditadura varguista.

A transformação de Machado de Assis em patrimônio nacional, ainda que se dê apenas no plano metafórico – já que a definição de patrimônio tinha então conotações quase exclusivamente materiais –, representa a culminância da associação entre escritores e a noção de patrimônio histórico, que estava em pleno curso na década de 1930. Era o momento de idealização de um espaço institucional para identificação, tombamento e conservação do patrimônio histórico e artístico nacional, que resultou na criação oficial do Sphan, por meio do Decreto-lei n.25,

---

65 Ibid.
66 O serviço foi criado com base no artigo 148 da Constituição Federal de 1934.

MACHADO DE ASSIS, O ESCRITOR QUE NOS LÊ

de 30 de novembro de 1937, baseado em anteprojeto de Mário de Andrade.[67]

Esse processo contou, desde o início, com grandes escritores. Além de Mário de Andrade, participaram do Sphan, ativamente, Manuel Bandeira, Augusto Meyer e Carlos Drummond de Andrade, todos em torno de Rodrigo Mello Franco de Andrade, diretor do órgão por trinta anos, até 1967. Mário de Andrade ficaria responsável pela 6ª Região Administrativa, que compreendia São Paulo. Augusto Meyer, machadiano consagrado com a publicação, em 1935, de *Machado de Assis*, ficou como delegado da 7ª Região, que, *grosso modo*, correspondia ao Sul do país. Manuel Bandeira foi conselheiro do órgão, tendo participado da sessão inaugural do Conselho Consultivo, em 20 de maio de 1938, e tornando-se assíduo participante das reuniões até a década de 1960. Carlos Drummond de Andrade, chefe de gabinete do ministro da Educação, Saúde e Cultura, manteve proximidade com o Sphan, como se nota na leitura da correspondência entre Mário e Rodrigo, em que a presença do "Carlos" é muito frequente.[68]

No Sphan, a literatura estava em toda parte. O próprio Rodrigo Mello Franco de Andrade praticou a crítica, assinando sob a rubrica "Vida Literária" artigos sobre a produção modernista brasileira. Num desses artigos, "Período do descobrimento", ironiza o excesso de descrições e a autossatisfação que acometiam os escritores brasileiros, denunciando certa visão patrimonialista e nacionalista nas letras nacionais:

> A nossa literatura de hoje ensaia o boycottage dos productos estrangeiros e o fechamento dos portos perfeitamente satisfeita

---

67 Os originais do anteprojeto de Mário de Andrade, datado de 24 de março de 1936, estão no Arquivo Noronha Santos, no Rio de Janeiro. O texto foi publicado na *Revista do Iphan*, n.30, 2002, e também em Andrade, *Mário de Andrade: cartas de trabalho: correspondência com Rodrigo Mello Franco de Andrade, 1936-1945*, p.39-54.

68 Andrade, *Mário de Andrade: cartas de trabalho: correspondência com Rodrigo Mello Franco de Andrade, 1936-1945*.

com o que há por aqui: – paisagens, costume, história, modinhas, batuques, sambas, calão, caipiras, citadinos, arraiais, vilas, cidades, subúrbios, frutos, capim e tudo o mais que demandaria uma enumeração rabelaisiana.[69]

Rodrigo esteve próximo dos líderes do movimento modernista e manteve amizade com Prudente de Moraes (neto), Sérgio Buarque de Holanda e Afonso Arinos de Melo Franco. Autor do livro de contos *Velórios* e da *Ode pessimista*, deixou criação e crítica literárias para também se dedicar integralmente à direção do Departamento do Patrimônio Histórico e Artístico. Assim, a presença marcante de literatos e do literário na formulação das políticas do patrimônio fica expressa nas cartas em que Mário de Andrade discute a literariedade, ou o excesso de literariedade, no tratamento, por exemplo, da biografia do padre Jesuíno do Monte Carmelo, seu último trabalho para o Sphan, uma encomenda feita a ele por Rodrigo M. F. de Andrade.

Assim, embora o foco do Sphan recaísse sobre os bens materiais – igrejas, prédios públicos, chafarizes, ruínas, esculturas –, o olhar sobre esses monumentos é quase sempre literário. Isso talvez encontre sua melhor síntese no que Mário de Andrade escreve a respeito de Ubatuba num dos primeiros relatórios sobre os bens a serem tombados em São Paulo e seus arredores:

> Em Ubatuba haveria que tombar o... sentimento da cidade. Não sendo mais só passado, nem tendo siquer de longe a importância artística e o caracter duma Ouro Preto, por ex., o tal ou qual isolamento em que viveu até recentemente, lhe permitiu conservar um quê deliciosamente imperial e sossegado.[70]

---

69 Recorte RM/PI 6 (2), sem indicação de publicação e data. Rio de Janeiro, Arquivo Noronha Santos.

70 Relatório de Mário de Andrade ao Sphan, datado de 15 de outubro de 1937.

MACHADO DE ASSIS, O ESCRITOR QUE NOS LÊ

Como se nota, na concepção de Mário não eram apenas os elementos visíveis que constituíam patrimônio, mas também o sentimento (um sentimento íntimo?).

No conjunto dos escritos e discursos de Rodrigo Mello Franco de Andrade também se observa uma crescente assimilação do literário à noção de patrimônio. As alusões à literatura dos escritos das décadas de 1930 a 1950 transformam-se em referências explícitas nos anos 1960, como se vê no trecho de uma aula proferida no Instituto Guarujá-Bertioga:

> O que constitui o Brasil não é apenas seu território, cuja configuração no mapa do hemisfério sul do continente americano se fixou em nossa memória, desde a infância, nem esse território acrescido da população nacional, que o tem ocupado através dos tempos. Para que a nação brasileira seja identificada, terá de considerar-se obra da civilização realizada neste país. Somente a extensão territorial, com seus acidentes e riquezas naturais, somada ao povo que a habita, não configuram de fato o Brasil, nem correspondem a sua realidade. Há que computar também, na área imensa povoada e despovoada, as realizações subsistentes dos que a ocuparam e legaram às gerações atuais: a produção material e espiritual duradoura ocorrida do norte ao sul e de leste a oeste do país, constituindo as edificações urbanas e rurais, *a literatura*, a música, assim como tudo mais que ficou em nossas paragens, com traços de caráter nacional, de desenvolvimento histórico do povo brasileiro.[71]

No final dos anos 1960, portanto, as obras de valor bibliográfico e artístico parecem perfeitamente integradas à noção de patrimônio:

---

71 "O patrimônio histórico e artístico nacional", aula proferida por Rodrigo Mello Franco de Andrade no Instituto Guarujá–Bertioga em 29 de novembro de 1961. Cópia datilografada em RM/PI 1 (2). O texto foi publicado em 17 de janeiro de 1964 na revista do Rotary Club do Rio de Janeiro. (Cf. p.222-3. Grifo meu.)

De referência às *obras de valor bibliográfico* cumpre observar que são constituídas pelos *livros raros e preciosos*, nacionais e estrangeiros, versando o Brasil ou coisas brasileiras, e ainda pelos manuscritos de vária natureza, existentes nos arquivos públicos ou particulares do país e que se revistam de importância para o estudo e o conhecimento de nossa história social, política, econômica, *literária* e artística.[72]

Essa associação entre patrimônio artístico-cultural e literatura foi, portanto, se explicitando a partir da década de 1930 e ao longo das décadas seguintes e incidiu sobre a transformação que se operou na figura machadiana durante o período do Estado Novo, processo que teve ainda outros agentes no âmbito governamental, como se verá.

O "fascinante inoculador de venenos sutis"

Um incidente envolvendo a memória de Machado de Assis marcou o início do ano de 1939 e certamente contribuiu para que se criasse uma espécie de unanimidade em torno do escritor, dando também impulso às comemorações do primeiro centenário do seu nascimento, que mobilizariam o país ao longo de todo o ano.

Nos primeiros dias de janeiro, jornais de norte a sul do Brasil noticiaram com escândalo o despacho do senhor Coelho de Souza, secretário da Educação de Porto Alegre, negando o pedido de uma diretora para dar a uma escola o nome de Machado de Assis. Eis a íntegra do despacho:

> Na época de afirmação e de reconstituição que atravessamos, quando se procura fazer da educação o grande e natural instrumento do reerguimento nacional e uma fonte de fé em uma

---

72 Andrade, *Rodrigo e o Sphan: coletânea de textos sobre o patrimônio cultural*, p.28. Grifos meus.

MACHADO DE ASSIS, O ESCRITOR QUE NOS LÊ

humanidade renovada e uma pátria gloriosa – cuido pouco indicado fazer do nome de Machado de Assis uma sugestão permanente à mentalidade em formação. Artista maravilhoso da dúvida sutil, a sua obra é uma negação continuada. Filho espiritual de Renan, ao ponto de expirar pronunciando conceitos da "Oração da Acrópole", foi, como o Mestre, daqueles que dissolveram uma geração, "deixando-a desarmada para a vida" – como dizia em estudo recente o conhecido e insuspeito autor francês Julien Benda. A sua obra perdeu o sentido na humanidade pós-guerra – quando a juventude afirma em todos os setores da ação e do pensamento. Só os homens já formados podem ler, sem perigo, esse fascinante inoculador de venenos sutis. E assim digo, porque fiz de Machado de Assis um autor de cabeceira. De resto, parece-me que às escolas elementares devem ser dados os nomes de grandes educacionistas, em gesto de gratidão, ou de grandes homens públicos, animados de uma intenção específica de servir à pátria como sugestão cotidiana de virtudes cívicas. Os puros homens de letras, por mais sedutores que sejam, devem ser cultuados em escolas de outros graus. Mercê dessas razões denego a autorização solicitada.

Porto Alegre, 31 de dezembro de 1938 – Coelho de Souza, secretário da Educação e Saúde Pública.[73]

O despacho mostra que Coelho de Souza não só tinha familiaridade com a obra de Machado de Assis, como opinião própria e consequente a respeito dela, sobre a qual discorre com bastante desenvoltura. Na contramão de tantos outros leitores que o antecederam, e mesmo entre seus contemporâneos, que julgaram inócua a obra machadiana, Coelho de Souza chama a atenção para a dubiedade e o negativismo nela presentes, ressaltando seu potencial crítico e dissolvente, o que não era comum àquela altura e coincidia com o que acabava de ser proposto pelos estudos de

---

73 O texto do parecer foi reproduzido em vários jornais de norte a sul do Brasil, a começar por *O Jornal*, 12 jan. 1939. O texto aqui foi retirado de *A Tarde*, 19 fev. 1939.

Augusto Meyer. Embora não houvesse nenhuma condenação à obra e ao homem, que saem enaltecidos no despacho, as palavras do secretário da Educação foram tomadas como um ataque à memória de um símbolo brasileiro, que vinha sendo laboriosamente constituído.

As reações ao despacho de 31 de dezembro foram imediatas. Já em 13 de janeiro, o *Diário de Notícias* de Porto Alegre trazia depoimentos de Pereira da Silva, Ataulfo de Paiva, João Neves da Fontoura, Aloísio de Castro e Lúcia Miguel Pereira a respeito do assunto. As declarações de Antônio Austregésilo sintetizam a opinião geral:

> O nome de Machado de Assis tem direito a lugar à parte na cultura brasileira; é a força de um símbolo. Instituto, academia, sociedade, escola de primeiras letras ou superior podem ser batizados com o nome de Machado de Assis. O gênio brasileiro cabe em qualquer recanto da evolução intelectual do país.[74]

Note-se que o então presidente da Academia Brasileira de Letras, sem fazer qualquer referência à obra, reitera o lugar-comum do escritor desvinculado da tradição cultural brasileira. Reitera também a ideia do gênio que, apesar da quase concessão contida no adjetivo "brasileiro", também desvincula o escritor da experiência concreta, e acaba por evocar quase todas as instituições possíveis (instituto, academia, sociedade, escolas de todos os níveis, e até mesmo o cristianismo, por meio da referência ao batismo), defendendo a institucionalização do escritor, já então consolidada, mas prestes a ganhar contornos oficiais e colorações nacionalistas.

Um mês depois da publicação do despacho de Coelho de Souza, o governo federal publica o Decreto-lei n. 1085, cujo texto consistiu no seguinte:

---

74 Os "imortais" opinam sobre o despacho do Sr. Coelho de Souza, secretário da Educação. *Diário de Notícias*, 13 jan. 1939.

MACHADO DE ASSIS, O ESCRITOR QUE NOS LÊ 121

O presidente da República, usando da atribuição que lhe confere o art. 180 da Constituição decreta:

Art. 1º – O governo federal comemorará, no corrente ano, de modo condigno, o primeiro centenário do nascimento de Joaquim Maria Machado de Assis.

Art. 2º – O ministro da Educação designará uma comissão de sete (7) membros, para organizar o plano das comemorações.

Art. 3º – A comissão referida no artigo anterior poderá sugerir ao governo federal que comemorações da mesma natureza sejam, no corrente ano, realizadas em homenagens a outros grandes vultos da história pátria.

Art. 4º – Esta lei entrará em vigor na data da publicação, ficando revogadas as disposições em contrário.

Rio de Janeiro, 31 de janeiro de 1939, 119º da Independência e 51º da República. (ass.) Getúlio Vargas e Gustavo Capanema.

O símbolo, o gênio brasileiro torna-se chefe de fila dos "vultos da história pátria", numa operação de construção de uma figura oficial como poucas vezes se viu na história do país.

É possível que a ideia das homenagens viesse sendo discutida no governo antes da polêmica envolvendo o secretário de Educação do Rio Grande do Sul, mas não foi encontrada nenhuma evidência disso na imprensa do período. Ao que parece, o decreto de Getúlio Vargas foi produzido como uma rápida reação ao parecer divulgado em janeiro de 1939. O fato é que o decreto presidencial silenciou os críticos do governo, que começavam a ver no episódio do Rio Grande do Sul o sinal de um tipo de prática prevalente no Estado Novo, em que só os detentores do poder seriam objeto de culto e homenagem. Com o decreto, que teria sido o primeiro especialmente feito em favor de um escritor brasileiro,[75]

---

75 "Nunca, em toda a nossa história literária, um escritor mereceu do governo a gentileza de um decreto a seu favor", saudava a revista *Dom Casmurro* na reportagem O Centenário de Machado de Assis, publicada em 20 de maio de 1939.

neutralizava-se essa percepção e abria-se caminho para tornar Machado de Assis não apenas ídolo oficial, mas figura principal do panteão do Estado Novo.[76]

A reação de Getúlio Vargas, com a publicação do decreto, pareceu a um jornalista "uma formal reprovação de todo o Brasil, e expressa por sua fonte mais autorizada", à atitude do secretário gaúcho.[77] Jornais de todo o país viram na medida o resgate de uma dívida antiga do Brasil com um "patrimônio literário", celebrando o fato de ser Machado a "estrear a galeria dos nossos homens célebres", que incluiria também as comemorações do centenário de Tavares Bastos, Floriano Peixoto, Tobias Barreto e Casimiro de Abreu, todos perfeitamente obscurecidos pela festa machadiana que dominou o ano de 1939.

O assunto deve ter recebido tal prioridade que apenas dois dias depois do decreto, e em pleno início de fevereiro, saiu publicada a portaria do ministro da Educação e Saúde, já com os nomes que comporiam a comissão:

> O ministro de Estado da Educação e Saúde, tendo em vista o disposto no art. 2 do Decreto-lei n. 1085, de 31 de janeiro de 1939:
> Resolve designar os senhores Abgar Renault, Rodolpho Garcia, Miguel Osório de Almeida, Alceu Amoroso Lima, Fernando Nery, João Peregrino da Rocha Fagundes Júnior e Mário de Andrade como

---

76 As grandes celebrações de figuras literárias começam a ser realizadas ainda no século XVIII. Os antecedentes mais conhecidos são as celebrações de Shakespeare, realizadas por Garrick, em 1769, e as comemorações em torno de Púchkin e Camões, em 1880. Ver: Levitt, *Russian literary politics and the Pushkin celebration of 1880.*

77 Sobre a instrumentalização política da polêmica, ver os artigos Ainda Machado de Assis, publicado no *Diário* de Belo Horizonte em 7 de fevereiro de 1939, e Pá de cal, publicado no *Correio Paulistano*, São Paulo, em 8 de fevereiro do mesmo ano. Os dois artigos não trazem assinatura. Um artigo assinado com as iniciais L. D., publicado no *Jornal do Commercio*, de Recife, em 7 de fevereiro de 1939, descreve o episódio como uma "batalha ideológica e administrativa" que escapou até mesmo a Brás Cubas.

MACHADO DE ASSIS, O ESCRITOR QUE NOS LÊ

membros da comissão destinada a organizar o plano das comemorações do primeiro centenário de nascimento de Joaquim Maria Machado de Assis.
(ass.) Gustavo Capanema.

Nem decorrida uma semana, em 8 de fevereiro, a comissão se reuniu pela primeira vez, para as deliberações iniciais, reencontrando-se dois dias depois, já para entrar no terreno das realizações. Os preparativos para as homenagens tornam-se assunto dos jornais de todo o país por meses a fio, suscitando reações de jornalistas e escritores, quase sempre em apoio às providências do governo. No âmbito da cultura, essa foi das primeiras ações a criar certa unanimidade em torno do governo Vargas; a outra, sem dúvida, foi a criação do Serviço do Patrimônio Histórico e Artístico Nacional, em 1937, órgão que teve participação ativa nas homenagens.

Houve vozes dissonantes, mas raras, que não criticavam o mérito das homenagens, e sim seu alcance. Alguns lembraram outras personalidades que mereceriam homenagens, como Casimiro de Abreu, cujo centenário de nascimento, recém-completado, em janeiro de 1939, passara despercebido aos olhos oficiais, uma dívida que o governo procurou saldar *a posteriori*, na esteira das comemorações machadianas.[78] Outros viram elitismo na escolha da obra e da figura de Machado de Assis, alegando ser escritor pouco conhecido e pouco lido,[79] que precisaria tornar-se mais popular por iniciativas governamentais. Apontava-se a necessidade da desapropriação dos direitos autorais sobre sua obra, desde 1937 em poder da empresa nova-iorquina W. M. Jackson Company, e do incentivo à publicação de edições de baixo custo, voltadas para

---

78 Ver E. P. [iniciais de Elói Pontes], Cartas do Rio – O centenário de Machado de Assis, A *Tarde*, 7 fev. 1939.
79 Sobre isso, ver: Fabio, Machado de Assis e o povo brasileiro, A *Gazeta*, 14 mar. 1939; H. W., Machado, o desconhecido, *Meio Dia*, 3 abr. 1939.

o povo.[80] Para a popularização da obra, foram feitas gravações em disco de trechos de romances e poemas, uma proposta de Edgar Roquette-Pinto levada a cabo em junho de 1939.[81]

Em abril de 1939, a comissão divulgou o programa das festividades, em que incluía o plano de uma edição crítica das obras completas:

> Realização de uma exposição machadiana, na Biblioteca Nacional, organizada pelo diretor desta e pelo do Instituto Nacional do Livro.
>
> Publicação, pelo Instituto Nacional do Livro, de uma edição crítica das obras completas de Machado de Assis, com uma tiragem de três mil volumes.
>
> Publicação, pelo Instituto Nacional do Livro, de uma edição de luxo, ilustrada, de tiragem limitada, de três volumes de Machado de Assis: um de conto, um de poesias e um de romance, que será o "Dom Casmurro".
>
> Criação de dois prêmios em homenagem a Machado de Assis:
>
> O "Prêmio Nacional de Literatura", no valor de cinquenta contos, a ser distribuído trienalmente, ao autor de vários livros de notável expressão cultural e pelo valor e significação da totalidade da sua obra.

---

80 A Jackson, que manteve os direitos sobre Machado até 1958, foi frequentemente criticada pela sua edição da obra do escritor, tanto pelo custo da coleção como pelo estabelecimento do texto, com muitas falhas. Manuel Bandeira qualificou a edição de "imprestável", a julgar pelo volume das *Poesias*, que examinou detidamente e do qual recolheu três dezenas de erros após uma leitura rápida. Cf. depoimento de Manuel Bandeira em O Centenário de Machado de Assis, reportagem de Lobivar Matos. Rio de Janeiro, *Dom Casmurro*, 20 maio 1939.

81 Os discos datados de junho de 1939 incluem leituras dos seguintes textos: os capítulos "Humanitas", de *Quincas Borba*; "Olhos de ressaca", de *Dom Casmurro*; e "O almocreve", de *Memórias póstumas de Brás Cubas*; e também os poemas "No alto", "A natureza" e "A Carolina".

HOMENAGEM A MACHADO DE ASSIS

Exatamente há meio século, no dia 29 de setembro de 1908, deixou de existir Joaquim Maria Machado de Assis, o príncipe das letras brasileiras e um dos marcos de tôda a literatura em língua portuguêsa.

Tendo experimentado todos os gêneros literários, Machado de Assis distinguiu-se em todos êles, sendo considerado Mestre no romance e no conto, poeta exímio e excelente teatrólogo, crítico e cronista. Sua obra, formando um conjunto perfeito e homogêneo, é o retrato fiel do Rio de Janeiro na segunda metade do século XIX e primeiros anos do atual.

O grande Mestre das letras nacionais é um dos poucos escritores brasileiros de repercussão internacional alcançou o prêmio literário mais difícil de ser conseguido: teve a sua consagração em vida. Sua autoridade era incontestada, e mesmo os jovens escritores tributavam ao mestre o mais completo respeito e acatamento.

O valor da obra literária de um escritor é avaliado pelo interêsse que ela desperta através do tempo. De alguns autores, apenas uma ou talvez duas produções permanecem vivas depois da morte de quem as criou. Caso muito raro é o de Machado de Assis, em cuja obra não sabemos ainda hoje o que mais admirar, já que tôda ela é um tesouro de idéias, de estilo e de perfeição sob todos os aspectos.

Verdadeiro clássico da língua portuguêsa, Machado de Assis é leitura obrigatória para estudantes e professôres, não só pelo prazer intelectual como pelo manancial de ensinamentos e pela beleza do estilo.

W. M. Jackson Inc., editôres da obra do genial escritor brasileiro, associam-se orgulhosamente às justas homenagens prestadas ao Mestre das letras brasileiras por ocasião do cinquentenário de sua morte, certos de que tudo têm feito para honrar a memória do Príncipe das Letras Brasileiras e primeiro presidente da Academia Brasileira de Letras, não só publicando sua obra em edições cuidadas e dignas do nome do autor, como também facilitando e promovendo a edição de volumes em outros idiomas. A fim de tornar ainda mais acessível a tôdas as pessoas a leitura dos volumes de Machado de Assis, W. M. Jackson Inc. abriu já há bastante tempo, uma exceção em seu tradicional sistema de vender apenas coleções encadernadas, oferecendo também à venda a obra de Machado de Assis em volumes avulsos, em brochura, por intermédio das boas livrarias de tôdas as cidades do País.

RIO DE JANEIRO
SÃO PAULO
PÔRTO ALEGRE
RECIFE

Propagandas da obra de Machado de Assis pela Editora Jackson destacam a figura do monumento imortal da literatura brasileira, em consonância com a consagração crítica e oficial do escritor.
Fonte: Fundação Casa de Rui Barbosa.

MACHADO DE ASSIS, O ESCRITOR QUE NOS LÊ

O "Prêmio Machado de Assis", no valor de dez contos, a ser conferido à melhor obra publicada, cada ano, em primeira edição, de alto valor cultural, nos gêneros poesia, romance, conto, ensaio, biografia e crítica, tendo a comissão elaborado o respectivo regulamento.

Publicação em espanhol, francês e inglês de romances de Machado de Assis.

Realização, nesta capital, a propósito do centenário de Machado de Assis, de uma "conversação" (a exemplo dos "entretiens" da Cooperação Internacional) sobre "o espírito brasileiro e sua evolução".

Emissão de um selo postal comemorativo da grande data da literatura brasileira.

Publicação, pelo Instituto Nacional do Livro, de dois volumes contendo a bibliografia de Machado de Assis.[82]

A maior parte do programa foi realizada ainda em 1939, ou teve começo de execução nesse ano, e as medidas do governo imediatamente receberam apoios de peso. No mesmo mês de abril, José Lins do Rego pronunciou-se em artigo no qual afirmava a superioridade e a permanência dos valores literários em relação à menoridade e transitoriedade das circunstâncias políticas, fazendo alusões ao despacho do secretário gaúcho e elogiando o governo:

O presidente Getúlio Vargas quis que Machado de Assis fosse tratado no seu próximo centenário como glória nacional. O decreto que transformou as comemorações machadianas em homenagem da Nação inteira teve a repercussão que merecia.

Machado de Assis andava ameaçado de ser tido como agente de dissolução. A sua obra, que é a coisa mais séria, mais densa, mais profunda da nossa magra literatura, provocara uma interessante controvérsia. Para alguns, os germes da dúvida, do ceticismo envenenaram os seus mananciais. A água que corria daquela fonte podia contaminar gerações. Era um líquido que trazia consigo venenos sutis. E para

---

82 O programa foi reproduzido no jornal A Nota, 13 abr. 1939.

que a mocidade não se corrompesse devíamos esquecer Machado de Assis. Havia interesses maiores, forças mais úteis a se defender. O escritor, o grande gênio literário, não ensinava, não doutrinava. E para estes que não fabricam entusiasmos – o esquecimento, a paz dos mortos. Este ponto de vista teve, porém, no presidente Vargas um opositor na altura e a Machado de Assis serão prestadas todas as homenagens oficiais.

Querer reduzir uma obra como a do escritor carioca a manual de ensinamento moral ou de exaltação cívica não seria possível. Cada um com a sua grandeza. A de Machado de Assis é daquelas que se sobrepõe [sic] aos interesses imediatos, transpõem mesmo as épocas. Os italianos de hoje, que comentam o latim de Petrônio ou a sabedoria de Lucrécio, não estão indagando pela moral, pelas preocupações políticas de seus clássicos. E o próprio Goethe, na Alemanha, resistiu aos mais realistas que o rei do nacional-socialismo. É hoje gênio nacional, apesar de tudo. E Weimar continua uma espécie de santuário para seus devotos.

Os que procuram atrelar o gênio literário às ideias do momento fracassam sempre. Fracassaram os críticos políticos que só viam [em] Dostoiévski um instrumento da reação. Tiveram mesmo que se convencer, depois, que muito mais que a ortodoxia valia a obra de arte, valia a vida. Quando a crítica literária se intoxica de ortodoxia fracassa, começa a ver vermelho ou verde onde às vezes há somente o cinzento. Machado de Assis não era um homem sem paixões. De paixões andou cheio seu coração. O que ele soube como ninguém foi disfarçar, cobrir, as suas vergonhas com uma habilidade de prestidigitador. Escondeu a sua mulatice, a sua doença, as suas preferências políticas. Dizem que só o 13 de Maio de 1888 fez o homem vibrar, andar de carro aberto pelas ruas da cidade como um mortal qualquer. Em toda a sua obra há uma evidente preocupação de fugir de seu cotidiano (não do cotidiano dos seus personagens), de seus interesses partidários, de suas preocupações particulares. Acredito que não se encontrem em seus livros um Machado vibrando pela liberdade, um Machado a serviço da opressão. Nada disto. O interesse político se ausentou sempre de suas atividades literárias. Nunca foi um homem de ideologia, e nem de partidos, embora os seus biógrafos falem de um Machado muito dos grupos, pensando sempre em agremiações. E se fez política foi uma incolor política literária, a de pedir votos ou a de amparar candidaturas à Academia de Letras.

A sua vida, no entanto, pode ser tomada como paradigma de energia, de capacidade de resistência ao meio. É mais um mestiço de têmpera que fará tremer as generalizações sobre superioridades de raça. Este é o Machado homem, o moleque que desceu do morro para ser o mais fino, o mais puro intelectual do seu país. Há cem anos ele nascia de um casal de mulatos e até hoje ninguém está acima dele na força de expressar-se e na capacidade de fazer os outros sentirem. Que obra literária no Brasil terá a consciência da sua, o poder de ir fundo na alma, a substância humana de seus romances e contos?

Poderão dizer: o Brasil nada lucrou com o estilo, a maluquice, a dor, a poesia, as vacilações dos heróis de Machado de Assis. Estes heróis não ensinam a viver, não botam para adiante a humanidade. São pobres instrumentos do destino, gente que não possui sangue quente nas veias, músculos de aço.

É o caso de se perguntar também pelo que trouxe à Inglaterra, em conquista material, o pálido príncipe Hamleto da Dinamarca. E no entanto estou certo de que a ficção de Shakespeare tem mais importância para o inglês médio que todo o império que lhe deu a rainha Victoria.[83]

O artigo reitera do início ao fim a superioridade e a permanência dos valores literários em relação às circunstâncias políticas, transitórias, tomando como paradigmas a permanência de Petrônio e Lucrécio na Itália, de Shakespeare na Inglaterra e de Goethe na Alemanha, que continuava a ser cultuado como gênio nacional em pleno governo nazista. Em paralelo a isso, e em sintonia com

---

83 Rego, Machado de Assis, glória nacional, *O Jornal*, 2 abr. 1939. O mesmo artigo foi reproduzido na *Folha do Norte*, 3 abr. 1939; *Diário de Pernambuco*, 4 abr. 1939; e *Correio do Ceará*, 18 abr. 1939.

a reação culturalista às teorias raciais, reação que tinha na proa Gilberto Freyre, amigo e mentor de José Lins do Rego, este também defende a superioridade da inteligência e da fibra pessoal em relação às supostas determinações da origem racial. A tensão entre a miscigenação da origem e a pureza intelectual, que se tornou muito constante nos anos 1930, tinha raízes profundas na crítica machadiana, que de forma recorrente viu como contradição a pureza e a elegância do estilo e a origem étnico-social do escritor. Diga-se de passagem que José Lins repete no seu texto o erro de Alfredo Pujol, que em suas célebres conferências qualificava a mãe e o pai de Machado de Assis como "um casal de gente de cor", informação mais tarde refutada pelos biógrafos, que mostraram ser branca, de origem açoriana, a mãe do escritor.

Ao chamar a atenção para o caráter não exemplar da obra machadiana, o que seria uma das marcas da sua grandeza, José Lins também a põe a salvo da instrumentalização política, embora estivesse em curso exatamente o contrário: a instrumentalização, em escala sem precedentes no Brasil, da obra e da figura de um escritor. São movimentos complementares e que se dão em sentidos contrários: de um lado, o esvaziamento político da obra, que não faz praça de nenhuma posição política determinada ou determinável, e do autor, que só teria assumido posições políticas claras no âmbito diminuído da Academia Brasileira de Letras; por outro lado, é justamente esse esvaziamento que permite a sua instrumentalização por um regime político que de certa maneira percebeu rapidamente que era preciso neutralizar o veneno sutil que o secretário de Cultura gaúcho, de maneira acertada, mas em má hora, havia identificado na obra machadiana. De certa forma, o preço pago pela relativa popularização de Machado durante o Estado Novo foi a supervalorização da trajetória social do escritor e do seu potencial simbólico, em detrimento da própria obra, valorizada em seus aspectos mais inócuos e a despeito da própria crítica do período, que chamava a atenção para seu caráter corrosivo tanto do ponto de vista social como existencial. Com isso, produzia-se certa diluição do potencial crítico que começava a ser

MACHADO DE ASSIS, O ESCRITOR QUE NOS LÊ

associado aos romances e contos por críticos como Augusto Meyer, Lúcia Miguel Pereira e Astrojildo Pereira.

Como vimos, os mesmos intelectuais que ofereciam um aprofundamento da visão crítica de Machado colaboraram ativamente para a construção do mito nacional: Augusto Meyer, com as publicações do INL e a exposição do centenário; Lúcia Miguel Pereira, com sua biografia de 1936, que enfatizava a ambição e a ascensão social como tônicas da vida e da obra do escritor, aspectos que seriam muito valorizados na promoção coletiva do escritor durante o Estado Novo; Astrojildo Pereira, embora em campo político e ideológico diametralmente oposto ao do Estado Novo, fazia coro com ele ao destacar os traços populares e exemplares do escritor.

Esvaziado de suas singularidades e retirado do lugar à parte, de exceção, em que fora colocado por críticos e biógrafos das gerações anteriores, o escritor tornava-se vulto histórico, ídolo nacional, e era apresentado como "homem representativo" na síntese de Austregésilo de Ataíde:

> Machado de Assis foi um representativo. Muitas das suas qualidades estão diluídas nas massas brasileiras. O retraimento, a timidez, a discrição, mais do que parece, são virtudes da nossa raça.
>
> Haveria aí matéria dum estudo longo e profundo para um psicólogo que desejasse apreciar, através de Machado de Assis, o nosso temperamento de povo.
>
> Mas o propósito deste comentário é salientar, com alegria, o fervor nacional com que ainda nos voltamos para um escritor, um romancista e um poeta, encontrando nele grandes motivos de desvanecimento e prestando-lhe essas homenagens desinteressadas numa hora em que todos os preitos se devotam aos vivos poderosos.[84]

A viravolta estava completa. O mulato afetado e esquisito execrado por Sílvio Romero, o retraído de gabinete que Araripe Júnior

---

84 Ataíde, Machado de Assis, homem representativo, *Diário da Noite*, 15 jun. 1939. Grifos meus.

vira como antípoda dos homens brasileiros que frequentavam a Rua do Ouvidor, o escritor à parte de José Veríssimo, o escritor não representativo de Mário de Andrade e Drummond – todos esses se tornavam agora o gênio da raça, síntese das qualidades diluídas nas massas brasileiras, que por sua vez poderiam ser moldadas à imagem e semelhança do seu novo herói. O mulato pernóstico fora transformado em mulato operoso, à imagem e semelhança do homem brasileiro exemplar forjado pelo Estado Novo a partir de valores que, antes mesmo do golpe varguista, tinham ampla circulação numa sociedade que aos trancos e barrancos se modernizava, incorporando os valores burgueses. Não por acaso, em várias reportagens do período, Machado aparece caracterizado como o "tipo do *self-made man*".

A figura machadiana passava a conter tudo aquilo que se esperava do homem do povo: disciplina, certa subserviência travestida de retraimento, timidez, discrição, aplicação ao trabalho, crença na possibilidade de ascensão social – sempre a passos modestos e seguros.

No discurso de Gustavo Capanema, feito durante as homenagens da Academia Brasileira de Letras, a figura positiva do mulato, agora oficialmente considerado "o mais primoroso bem do nosso patrimônio intelectual" e "figura mais representativa da cultura nacional", sobrepõe-se explicitamente àquilo que se quer expurgar: "Os seus dias foram de labuta, de consagração e de vigília. Não conheceu o vício, nem o ócio".[85] Mais uma vez, será Austregésilo de Ataíde, autor de uma série de textos curtos sobre Machado de Assis publicados no *Diário da Noite*, quem fará a síntese do processo oficial em curso. Ele refutava, traço por traço, a imagem que se cristalizara em torno do autor, a de homem pouco participativo, indiferente às questões do seu tempo e do seu país. Os títulos dão

---

85 Discurso do Ministro da Educação e Saúde Gustavo Capanema proferido em 21 de junho de 1939, na Academia Brasileira de Letras, por ocasião das homenagens ao primeiro centenário de nascimento de Machado de Assis. Apud *O Globo*, 22 jun. 1939.

ideia do programa: "Machado de Assis, homem representativo", "A glória de Machado de Assis", "Machado de Assis, nacionalista", "O patriotismo de Machado de Assis", "Machado de Assis, homem de ação".

Os textos de Ataíde fazem parte das centenas de notícias e artigos sobre Machado de Assis publicados em jornais de todo o Brasil no mês de junho, que marcava o centenário.[86] Eles informam sobre rádios que aderiram às comemorações, difundindo conferências sobre a obra, leituras de trabalhos do escritor e concursos literários.[87] No Instituto Brasileiro de Cultura, na Escola Militar e nos ginásios são organizadas comemorações. O Sindicato dos Lojistas apela "para que todas as casas da cidade, agora, no próximo dia 21 [data do aniversário], amanheçam embandeiradas, expondo, ainda, em suas vitrines, retratos do escritor".[88]

A cruzada cívica atinge também as escolas municipais do Rio de Janeiro que, por determinação do secretário de Educação, Ruy

---

86 Galante de Sousa, em suas *Fontes para o estudo de Machado de Assis*, traz 243 entradas para o mês de junho de 1939. As pastas com os recortes de Plínio Doyle, pertencentes ao acervo da Fundação Casa de Rui Barbosa, no Rio de Janeiro, incluem numerosas notas e artigos não listados por Galante de Sousa em sua obra, que se concentra em textos de maior fôlego.

87 Sem assinatura, O mês de Machado de Assis – Comemorações organizadas pela Cruzeiro do Sul, *A Batalha*, 28 maio 1939. O Departamento Nacional de Propaganda, dirigido por Lourival Fontes, também preparou emissões especiais para serem irradiadas na *Hora do Brasil*.

88 Sem assinatura, Todas as classes vão aderir às homenagens a Machado de Assis – Portas embandeiradas e vitrines com o retrato do imortal escritor do Brasil – As maiores festividades já prestadas a qualquer intelectual em nosso país. *Diário da Noite*, s/d. Há notícias sobre "programas cívico-literários", incluindo inaugurações de retratos de Machado em várias escolas, entre elas, o Colégio Pedro II e o Colégio Andrews, o Colégio Brasil, a Casa do Estudante do Brasil, o Colégio Militar: "Por determinação do Dr. Costa Senna, diretor-geral do Departamento de Educação do Estado do Rio, o centenário de Machado de Assis será comemorado hoje em todas as escolas públicas fluminenses, cujo vulto será exaltado, principalmente sob o aspecto de sua origem humilde, como exemplo a ser imitado por todas as crianças brasileiras". *A Noite*, s/d.

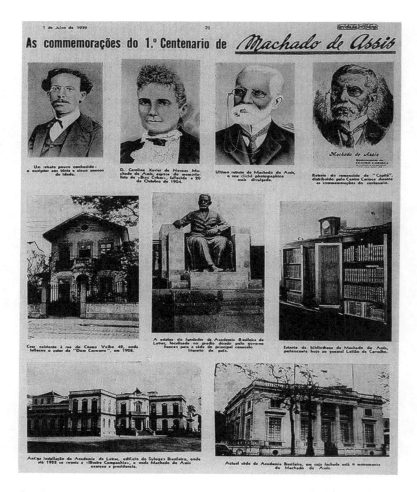

Carneiro da Cunha, deveriam realizar cerimônia de inauguração do retrato de Machado de Assis, distribuído para todos os estabelecimentos municipais de ensino.

As comemorações do centenário de nascimento, completado em 21 de junho, tiveram seu ápice com a inauguração da Exposição Machado de Assis, realizada no saguão da Biblioteca Nacional naquela data, com a presença do presidente Getúlio Vargas, dos ministros Gustavo Capanema e Francisco Campos, do general Francisco José Pinto e de muitas outras autoridades políticas e

As comemorações do 1º Centenário de Machado de Assis. *Revista da Semana*, Rio de Janeiro, ano XI, n.30, p.23, 1º jul. 1939.

Fonte: Fundação Casa de Rui Barbosa.

intelectuais. Tratava-se de um esforço conjunto da Biblioteca Nacional, do Instituto Nacional do Livro e do Serviço do Patrimônio Histórico e Artístico Nacional. Nas muitas reportagens publicadas nos jornais nos dias seguintes à exposição, é constante o uso dos termos "consagração" e "glorificação" para descrever o processo pelo qual passava a figura do escritor.[89]

Durante a cerimônia, Gustavo Capanema, o ministro da Educação, leu o texto do decreto presidencial que definia o plano para se comemorar "de modo condigno" o nascimento de Machado de Assis, reiterando muitos dos itens listados no programa das comemorações, publicado em abril de 1939.

O presidente da República, considerando que o Governo Federal resolveu comemorar de modo condigno o primeiro centenário do nascimento de Machado de Assis;

E tendo em mira as sugestões da comissão que o ministro da Educação designou para organizar o plano das comemorações;

Decreta:

Art. 1º – O Governo Federal inaugurará, a 21 de junho de 1939, dia que marca o primeiro centenário do nascimento do grande escritor brasileiro, a Exposição Machado de Assis, organizada pelos três seguintes órgãos do Ministério da Educação:

A Biblioteca Nacional, o Instituto Nacional do Livro e o Serviço do Patrimônio Histórico e Artístico Nacional.

Art. 2º – O Governo Federal, por intermédio do Ministério da Educação, promoverá a realização:

a) de uma edição crítica das obras completas de Machado de Assis;

---

89 O plano da exposição foi feito por Oscar Niemeyer, então técnico do Serviço do Patrimônio Histórico e Artístico Nacional, e teve inspiração na Exposição Internacional das Artes e Técnicas realizada em 1937, em Paris, na qual foram homenageados Balzac e Victor Hugo, entre outros. Cf. O Centenário de Machado de Assis. Entrevista de Lobivar Matos com Augusto Meyer. *Dom Casmurro*, Rio de Janeiro, 20 maio 1939.

b) de uma edição de luxo e ilustrada de três volumes de Machado de Assis, sendo um de contos, outro de poesias e outro constituído pelo romance "Dom Casmurro".

Art. 3º – Ficam instituídos, em homenagem a Machado de Assis, dois prêmios literários a serem conferidos pelo Governo Federal:

a) o Prêmio Nacional de Literatura, no valor de cinquenta contos de réis, que se distribuirá, de três em três anos, ao brasileiro que seja autor de vários livros de notável significação cultural e pelo valor da totalidade da obra;

b) o Prêmio Machado de Assis, no valor de dez contos de réis, que se distribuirá anualmente à melhor obra brasileira publicada em primeira edição, nos gêneros de poesia, romance, conto, ensaio, biografia ou crítica.

Art. 4º – O Ministério da Educação promoverá a realização de outros atos comemorativos, no decurso do ano de 1939, para o fim de tornar mais conhecidas e estimadas a figura e a obra de Machado de Assis.

Art. 5º – Este decreto-lei entrará em vigor na data de sua publicação.

Rio de Janeiro, em 21 de junho de 1939, 118º da Independência e 51º da República.

Getúlio Vargas – Gustavo Capanema.[90]

Os outros atos comemorativos citados no decreto incluíam todas as formas de expressão artística e meios de comunicação então existentes, incluindo o rádio, o teatro e o cinema, que efetivamente foram acionados, indicando a notável modernidade das comemorações, que se difundiram das mais diferentes formas e em todos os meios disponíveis. No conjunto das homenagens, é muito claro o investimento para a construção do ícone machadiano, o que se traduz não só na determinação de que um retrato do escritor fosse afixado nas escolas públicas, mas também na emissão de selos e moedas com sua efígie. A referência literária, historicamente restrita a poucos, encontrava novos canais e formas de difusão.

---

90 Decreto-lei n. 1360-A, de 20 de junho de 1939.

A estratégia seria adotada e alçada a outra escala pelo governo militar na década de 1970, quando boa parte do cânone literário brasileiro foi revisitado e difundido para o público de massa, na forma de telenovelas e minisséries de televisão adaptadas de clássicos da literatura brasileira. Essa nova etapa de projeção do mito machadiano se apoiava na Política Nacional de Cultura, instituída pelo ministro Ney Braga em 1975, que defendia e priorizava a promoção da cultura nacional, em suas várias manifestações e expressões, como antídoto às ameaças culturais vindas do estrangeiro. Na prática, e no que diz respeito especificamente a Machado de Assis, o que se reforçava era a imagem do escritor como vulto nacional, promotor de valores que deveriam ser celebrados e difundidos entre todos os segmentos da população e por todo o território nacional. A difusão caberia à escola e muito especialmente aos meios de comunicação de massa, mais especificamente à TV Globo, que em meados da década de 1970 estabelecia a primeira rede de alcance efetivamente nacional, cobrindo o país de norte a sul e de leste a oeste, com capacidade para transmitir programas de maneira simultânea ou quase simultânea para todo o território nacional.

Machado de Assis e seu terceiro romance, *Helena*, de 1876, foram o autor e a obra escolhidos para responder às diretrizes governamentais e inaugurar a Faixa Nobre, um novo horário de telenovelas, às 18 horas, dedicado especialmente à adaptação de clássicos nacionais, difundidos para todo o país. Com isso, em 5 de maio de 1975, o nome de Machado de Assis e o título de uma de suas obras ganharam alcance até então inédito, por meio da televisão. A adaptação de *Helena*, exibida em vinte capítulos, foi imediatamente seguida pelas adaptações de *O noviço* de Martins Pena, *Senhora* de José de Alencar, *A moreninha* de Joaquim Manuel de Macedo, *Três caminhos* de Marques Rebelo, que deu origem à telenovela *Vejo a lua no céu*, *O feijão e o sonho* de Orígenes Lessa e *A escrava Isaura* de Bernardo Guimarães.[91]

---

91 Sobre as adaptações de textos literários para a televisão, e em especial sobre a articulação do projeto das adaptações realizadas pela Rede Globo na década

MACHADO DE ASSIS, O ESCRITOR QUE NOS LÊ 139

A ditatura militar modernizava e projetava, por todo o território brasileiro, o mito nacional criado pela ditadura do Estado Novo, que pela primeira vez utilizara os meios audiovisuais para tratar de Machado de Assis.[92]

Um apólogo cinematográfico

A convergência entre educação, comunicação e cultura com vistas à criação e difusão das novas ideias de Brasil e de brasilidade que se forjavam na década de 1930 encontra uma síntese na ação do Instituto Nacional de Cinema Educativo, o Ince, que participou ativamente das comemorações do centenário. Criado em 1936, tendo à frente Edgard Roquette-Pinto e Humberto Mauro, o órgão também era subordinado ao Ministério da Educação e Saúde, chefiado por Gustavo Capanema de 1934 a 1945.[93]

O Ince teve importante papel no processo de institucionalização e patrimonialização da cultura de maneira geral, e da literatura em particular, para o qual Machado de Assis foi fundamental. A adaptação do conto "Um apólogo", na versão que Humberto Mauro dirigiu para o Instituto Nacional de Cinema Educativo, em 1939, é exemplar desse processo.

Trata-se do primeiro texto de Machado de Assis adaptado para o cinema. Vale notar que, tecnicamente, isso já poderia ter ocorrido muito antes, uma vez que se produzia cinema no Brasil desde

---

de 1970 com as políticas governamentais para a cultura, veja-se a dissertação de mestrado que defendi na Unicamp em 1995 intitulada *Literatura em televisão – uma história das adaptações de textos literários para programas de TV*.

92 Sobre a consagração oficial e a transformação de Machado de Assis em vulto nacional durante o Estado Novo, ver também a dissertação de mestrado de Gabriela Manduca Ferreira, *A crítica machadiana durante o Estado Novo*, desenvolvida sob minha orientação. Faculdade de Filosofia, Letras e Ciências Humanas, Universidade de São Paulo, 2011.

93 Sobre a atuação do Ministério da Educação e Saúde e Gustavo Capanema, ver Levine, *Pai dos pobres? O Brasil e a era Vargas*.

os últimos anos do século XIX. No período entre 1908 e 1912, definido por Paulo Emílio Salles Gomes como "época de ouro", muitos filmes recorreram a autores e livros do século XIX para elaborar seus enredos. Nesse período, José de Alencar foi autor muito adaptado, e *O guarani* teve nada menos que três versões para o cinema.[94]

Um apólogo – Machado de Assis é o primeiro de uma série de filmes que, no conjunto, compõem uma galeria audiovisual de "vultos nacionais".[95] O heroísmo é associado a Carlos Gomes, Euclides da Cunha, Gonçalves Dias, ao Barão do Rio Branco e ao próprio Machado; também aparece de maneira coletiva, tipificado nos bandeirantes e nos inconfidentes. Numa segunda fase do Ince, que começa em 1947, o panteão passaria a incluir também Martins

---

94 Há registro de uma versão anterior de "Um apólogo", realizada pouco antes pelo próprio Ince e datada de 1936, da qual não restou cópia. A ausência de Machado da lista dos escritores adaptados ou mais adaptados certamente tem muitas razões. Mesmo posteriormente, com a televisão, são poucas as obras adaptadas, e elas se resumem aos romances da chamada primeira fase, com a exceção recentíssima de *Dom Casmurro*, que ganhou a primeira versão para a TV em 2008, por ocasião das comemorações do centenário de morte do escritor. Entre as razões para as adaptações tardias de Machado para o cinema pode estar o relativo ostracismo em que ficou o escritor e sua obra ao longo das décadas de 1910 e 1920, ambos considerados pouco acessíveis ao grande público.

95 O filme estreou em cinemas do Rio de Janeiro em 14 de julho de 1939, com "sessões gratuitas dedicadas ao povo" no dia 16, no Cine Odeon. Cf. A agulha e a linha – Será exibido, a começar de hoje, o excelente film do I.N.C.E., *O Globo*, 14 jul. 1939. Na imprensa da época, há muitos elogios ao filme, referido como "um filme brasileiro que para ser considerado bom dispensa a nossa benevolência e quaisquer perniciosas considerações de protecionismo", segundo *O Globo*, 7 jul. 1939; ou como "uma autêntica obra-prima, um lavor cinematográfico que parece saído de um estúdio norte-americano ou europeu", conforme destacou *A Noite*, 30 jun. 1939. Cf. Schvarzman, *Humberto Mauro e as imagens do Brasil*, p.267. Sobre o assunto, ver também os seguintes trabalhos: Maul, A transfiguração de um apólogo, *Correio da Manhã*, 13 jul. 1939; Taunay, História de um filme, *Revista da Academia Brasileira de Letras*, v.LXI, jan.-jun. 1941, p.296-307.

MACHADO DE ASSIS, O ESCRITOR QUE NOS LÊ

Pena (1947), Castro Alves (1948), Rui Barbosa (1949), Alberto Nepomuceno (1950), entre outros.[96] Assim como ocorreu com *Um apólogo*, realizado no contexto das comemorações do centenário de nascimento de Machado de Assis, em 1939, a produção desses outros filmes seguia o calendário das efemérides nacionais.

Os perfis de intelectuais, escritores e tipos nacionais aparecem ao lado de filmes sobre "acontecimentos de projeção nacional", tais como o Dia da Bandeira, o Dia da Pátria, e também de documentários sobre botânica, medicina, saúde pública etc. O cinema compunha à sua maneira a Enciclopédia Brasileira que Mário de Andrade fora encarregado de coordenar no mesmo período para o Instituto Nacional do Livro, o INL, dirigido por Augusto Meyer, projeto que não seria levado a cabo.

Para a produção do filme *Um apólogo*, contribuíram intelectuais e artistas das mais diferentes áreas. A narração é do médico e antropólogo Edgard Roquette-Pinto; a biógrafa e crítica Lúcia Miguel Pereira é autora da nota biobibliográfica que introduz o filme, além de aparecer em cena com um livro na mão, dando início e concluindo a narração do conto, fazendo as vezes de narradora da história; os desenhos que ilustram cenas das principais obras de Machado são de autoria de Santa Rosa; a partitura é do maestro J. Octaviano; e a direção é de Humberto Mauro, com frequência aludido como o "mais brasileiro" entre os diretores do cinema nacional.[97] Com catorze minutos, o filme se constitui basicamente de duas partes muito diferentes entre si no que se refere à narração, mas que, como veremos, acabam perfeitamente conjugadas.

A primeira parte consiste na notícia biobibliográfica de Machado de Assis, na qual a locução de Roquette-Pinto destaca os pontos principais da vida e da obra do escritor, ao mesmo tempo que são mostradas imagens de lugares, objetos e livros a ele relacionados. A segunda parte do "short", como então se dizia, traz

---

96 Cf. Schvarzman, op. cit., p.310-1.
97 Cf. Ibid., p.15.

a adaptação do conto propriamente dita, com atores e atrizes interpretando os diálogos em que a linha e a agulha disputam a primazia num cenário que reconstitui realisticamente o interior de uma caixa de costura onde estão situadas as personagens principais e também o alfinete, que só aparece no final. Ou seja, o filme lança mão tanto de recursos documentais como ficcionais, predominando o documentário na primeira parte e a dramatização na segunda.

A narração da parte inicial do filme, como era comum nas produções do Ince, é feita em tom elevado, o que lhe dá um quê de "narrativa épica", protagonizada pelos tão decantados vultos nacionais de que as ditaduras brasileiras sempre tanto gostaram e que seriam elementos fundamentais para a constituição de uma "épica nacional", como destacou Sheila Schvarzman no seu estudo sobre Humberto Mauro.[98]

Na porção ficcional, o filme se mantém bastante rente ao texto do conto, com atores e atrizes caracterizados, interpretando a agulha, a linha e o alfinete. Os diálogos das personagens do conto são quase inteiramente preservados, com modificações mínimas. Entretanto, os trechos do narrador são suprimidos, à exceção do "era uma vez" inicial e do parágrafo final, que contém a moral da história ("Contei esta história a um professor de melancolia, que me disse, abanando a cabeça: – Também eu tenho servido de agulha a muita linha ordinária!"), ambos lidos por Lúcia Miguel Pereira. A presença da biógrafa e crítica, à época em grande evidência por conta da publicação do seu *Estudo crítico e biográfico*, dava credibilidade tanto às informações biográficas, de sua autoria, como à adaptação do conto.

Algumas partes do conto, sobretudo aquelas mais descritivas, atribuídas ao narrador, foram suprimidas na versão fílmica. As informações contidas nesses trechos são fornecidas pelas imagens acompanhadas de música, sem diálogos, que mostram a baronesa,

---

98 Ibid., p.267.

o barão e a criada-costureira nos preparativos para um baile, a chegada da noite do baile etc.

Tudo isso permite ao filme concentrar-se na disputa entre a linha e a agulha, entre quem realmente faz "o trabalho obscuro e ínfimo" e quem de fato recebe os louros, entre quem trabalha e quem brilha. Esse conflito, central nas duas narrativas, parece ganhar conotações *trabalhistas* na versão cinematográfica. Tudo ali parece concorrer para a celebração da operosidade e do trabalho, mesmo quando isso é feito às avessas, ironicamente, já que o filme, assim como o conto, mostra de modo explícito que quem trabalha não é quem aparece, chamando a atenção para a injustiça contra aqueles que servem de escada para que espertos e exploradores brilhem nos salões da alta sociedade. Entretanto, no filme essa situação é explicitamente localizada no passado, o que fica indiciado pelos figurinos das personagens e pelas referências ao tempo das baronesas – e também, de alguma forma, pela referência a um autor já morto, de outro tempo e outro século, Machado de Assis, já configurado como estátua na primeira parte do filme, em que se mostra a imagem do monumento erigido pela Academia Brasileira de Letras. Fica indiciada também pela música, descrita por um cronista da época como "uma daquelas valsas voluptuosas que se dançavam nos salões da monarquia".[99] Tudo isso parece sugerir que aquele estado de coisas pertencia ao passado e estaria superado no presente republicano e na nova ordem instituída pelo Estado Novo, baseada na valorização do esforço individual e do trabalho. O filme parece querer convencer o espectador de que já se foi o tempo dos barões, baronesas e mucamas e de que a exploração incontrastada e incontrastável dos subalternos é coisa do antigo Estado.

Ao mesmo tempo que a matéria narrativa propõe um contraponto entre a injustiça do passado e a reparação que se quer fazer no presente, visto como superação do passado, o filme busca identificar no passado, e sobretudo no homem e no escritor Machado

---

99 Maul, A transfiguração de um apólogo, *Correio da Manhã*, 13 jul. 1939.

de Assis, valores como a modéstia, a tenacidade, o esforço e a dedicação ao trabalho, que deverão ser cultuados e almejados pelo brasileiro comum e sobretudo pelos futuros cidadãos prestantes da pátria, os escolares a quem o filme se dirige preferencialmente.

Aí começa a ficar claro o porquê de ser justamente um apólogo, narrativa de fortes conotações morais e moralizantes – aliás, algo tão pouco típico da produção machadiana –, que serviu de matéria para a primeira versão de uma obra de Machado de Assis para o cinema. Certamente concorreu para isso o fato de essa ser uma das narrativas machadianas mais presentes nas antologias escolares, como observa Carlos Maul em crítica da época.[100] Também é certo que havia nisso algum cálculo sobre a fácil legibilidade e compreensão desse tipo de narrativa pelo público escolar e de massa almejado pelas produções do Ince, exibidas em salas de cinema, para o grande público, embora tivessem como alvo principal o ambiente escolar.

O cinema produzido pelo Ince era, de maneira geral, um cinema exemplar, para o qual o apólogo caía como uma luva. Se as duas partes do filme têm características muito diversas e diferenças muito marcadas, é justamente o tom apologal que lhes dá organicidade. Isso fica insinuado já pelo título, *Um apólogo – Machado de Assis*, no qual a justaposição dos dois termos, separados por travessão, sugere que Machado de Assis, o nome, já é, em si, um apólogo. Não há subordinação de um termo a outro, indicando, por exemplo, uma relação de autoria, como haveria na formulação "Um apólogo, de Machado de Assis", mas sim um paralelismo que sugere equivalência entre os termos, de modo que o escritor, sua vida e sua obra podem e devem ser entendidos pelo espectador do filme como um apólogo, uma lição de vida.

O tom moralizante da historieta contada na segunda parte reflui, portanto, para o introito biobibliográfico sobre Machado de Assis, também construído em tom de apólogo, na medida em que encerra uma lição de moral – e social – muito clara: a de que

---

100 Ibid.

MACHADO DE ASSIS, O ESCRITOR QUE NOS LÊ   145

é possível, no Brasil, nascer pobre, chegar à consagração e frequentar os salões mais prestigiosos do país. Possibilidade que Machado encarnava muito bem, tendo percorrido os dois *polos da sociedade brasileira*, do morro do Livramento à Academia Brasileira de Letras, o que o documentário enfatiza na sua introdução biobibliográfica.

Essa movimentação entre polos sociais é reiterada no filme, no qual palavras e imagens repetidamente reforçam a movimentação em planos verticais. Já na abertura, são várias as sequências de imagens de crianças se movimentando pelas ladeiras do morro do Livramento. Essas imagens fazem contraste com a cidade lá embaixo, onde se eleva, imponente, o prédio da Academia Brasileira de Letras. Morro do Livramento e Academia: os dois emblemas dos altos e baixos da cidade percorridos pelo escritor e que, por sua vez, se tornam emblemas da ascensão social possível. Também na parte francamente ficcional, já na primeira cena aparece a criada da baronesa subindo as escadas de uma mansão situada no alto de uma montanha do Rio de Janeiro de onde se vê, abaixo e ao longe, a Baía da Guanabara. Esse movimento de sobe e desce será repetido mais duas vezes pela criada, ocupada em mostrar à baronesa o vestido que costura para que ela brilhe na noite do baile.

A hierarquização entre agulha e linha, que alimenta o conflito da história, se reproduz na relação entre a criada e a baronesa. O paralelismo é reforçado, no filme, pela intercalação entre sequências ambientadas na caixinha de costura, protagonizadas pela linha e pela agulha, e sequências ambientadas na luxuosa casa dos barões, mobiliada ao gosto imperial, protagonizadas pela criada e pela baronesa.

O momento de encontro entre esses dois planos ficcionais se dá quando, após assistirmos à acirrada discussão entre os instrumentos de costura, vemos a criada recorrer à linha e à agulha, que a espeta. A sugestão é de vingança contra a criada, já que a agulha nada pode fazer contra sua opositora, a linha. Em seguida, vemos em *close* a dificuldade da criada para enfiar a linha na agulha, sugerindo sua dificuldade em harmonizar as partes em litígio.

Depois de várias tentativas frustradas, a criada recorre aos óculos – e é só quando os coloca que consegue harmonizar linha e agulha para a realização do trabalho. Fica aí a sugestão de que é preciso mudar a ótica, ajustar a visão, de modo a promover a conciliação entre os interesses da agulha e da linha e obter a harmonia. Essa harmonia, no entanto, se dá à custa da frustração da agulha, que fica na caixa de costura, e da realização apenas vicária da criada, que trabalha, mas, assim como a agulha, também não desfruta do baile. Se agulha e criada são figuras correlatas, uma diferença marcante entre elas – questão de óculos? – está no fato de assistirmos à frustração da agulha, triste e solitária na caixa de costura, ao passo que a criada em nenhum momento lamenta o fato de não ir ao baile. Parece haver, portanto, um deslocamento da questão, uma transformação da disputa primitiva entre linha e agulha (da mesma natureza das divergências entre a cigarra e a formiga, entre Cinderela e suas irmãs), na medida em que a criada parece compenetrar-se da necessidade de harmonização e reconhece o seu lugar, dominando os impulsos primitivos da inveja, do egoísmo e da vaidade, motores principais das personagens da fábula machadiana. A propósito do antigo ou do novo estado, o filme ensina o reconhecimento do lugar social de cada um, o que é apresentado como uma questão de ajuste óptico.

O alfinete, por sua vez, tanto no conto como no filme comparece ao final, oferecendo contraponto ao forte antagonismo entre agulha e linha e dando a deixa para a melancólica moral da história. Se no conto machadiano o alfinete aparece como voz desencantada, que do alto da sua experiência tem a palavra final, dando à agulha sua lição de egoísmo e individualismo ("Faze como eu, que não abro caminho para ninguém. Onde me espetam, fico") e oferecendo ao leitor uma lição amarga, no filme ele surge como voz claramente dissonante, elemento perturbador a ser neutralizado. Sua entrada em cena é precedida de uma gargalhada algo demoníaca, e sua caracterização, com monóculo (que denota a parcialidade de sua visão, em contraste com os óculos que produzirão a reunião da linha e da agulha), gravata borboleta e bengala, não deixa dúvida de que se trata de personagem afetada, acomodada e parasitária, antiexemplo, principalmente em relação ao escritor, que se constitui como figura exemplar, antípoda do sucesso obtido pela acomodação e exploração do outro. O alfinete torna-se, portanto, o contraponto da exemplaridade de Machado de Assis, que já havia sido afirmada com todas as letras por Roquette-Pinto na porção biobibliográfica do filme: "como homem e como artista, [Machado de Assis] representa para os brasileiros um alto e puro exemplo".

De fato, o filme apresenta Machado como alguém que descreve movimento ascendente a partir do trabalho, o que fica sugerido na enumeração das suas atividades e profissões – "Baleiro, coroinha, tipógrafo, revisor de provas, jornalista, funcionário público, tudo isto ele foi sucessivamente", diz o narrador. A justificativa dessa trajetória está na dedicação, na operosidade – características que a partir desse momento e até hoje estão associadas ao escritor, reiteradamente caracterizado, inclusive nos manuais escolares, como grande trabalhador, "grande operário das letras" e funcionário público exemplar. Se não são invenções, já que temos indícios e provas suficientes de que Machado de Assis foi bom funcionário e homem trabalhador, são reiterações inventadas durante o Estado Novo.

O escritor, ainda em vida transformado em medalhão, embora fosse recorrentemente tratado como figura de exceção, excêntrica e estrangeirada – grego, ático, francelho, inglês, gênio latino, tudo isso foi dito dele em vida e nas duas primeiras décadas do século XX –, era alçado na década de 1930, também por meio do cinema, à condição de figura exemplar, patrimônio e modelo da nacionalidade – um verdadeiro mito nacional.

Ao processo de consagração oficial então em curso, que o primeiro centenário da morte define e ao qual o filme dá expressão visual, não falta nem mesmo a exibição das relíquias, conservadas pela Academia Brasileira de Letras: a escrivaninha e a poltrona, o tinteiro e a pena, o *pince-nez* – instrumentos de trabalho aos quais é acrescido o ramo do carvalho de Tasso, presente que Joaquim Nabuco enviara da Itália para Machado de Assis.[101]

Constituía-se o "autor oficial", o ícone imobilizado nos retratos distribuídos nas escolas, cuja efígie passava a estampar as moedas que trazem no anverso o busto dele e no reverso os 500 réis circundados por um ornamento em estilo marajoara, numa associação inequívoca de Machado ao nacionalismo oficial do Estado Novo.

A eficiência da construção e da difusão do mito machadiano ao longo de todo o ano de 1939 é atestada pelo discurso de Arduino Burlini, presidente da União dos Trabalhadores do Livro e do Jornal, proferido em janeiro de 1940. Exaltando a trajetória de aprendiz de tipógrafo aos "supremos píncaros da luz", os gráficos reconheciam no escritor "um exemplo solitário para os que, sendo pobres, sem recursos para os estudos, desejam alcançar pela força disciplinada de vontade, e pelos imperativos da vocação, o primaciado da fama literária" e davam à homenagem uma superior finalidade: o "combate ao analfabetismo". Por esse motivo, fizeram uma tiragem especial da *Cartilha do Povo* para distribuição entre as crianças pobres que frequentavam as escolas municipais do Distrito Federal. Nessa edição da cartilha, constavam o retrato de Machado de Assis e o Hino Nacional.[102] Ao traço romântico do herói que enfrentou todas as adversidades para finalmente triunfar associa-se a missão cívica da alfabetização. A *Cartilha do Povo – Para*

---

101 Esses objetos, que compõem o conjunto das relíquias do escritor, estão em exibição permanente no Espaço Machado de Assis, criado em 1999 pela Academia Brasileira de Letras em sua sede no centro do Rio de Janeiro. Em *Literatura não é documento*, Ana Cristina César apreende bem o modo de apropriação do "literário" por esses filmes, em sua grande maioria dirigidos por Humberto Mauro, nos quais há preocupação em registrar os fetiches que marcam a presença do autor numa memória nacional. Cf. César, op. cit., p.11.

102 Cf. *Gazeta de Notícias*, 11 jan. 1940.

Fonte: Acervo de Hélio Guimarães.

As comemorações do centenário dão início ao aproveitamento da imagem do escritor em estampas para moedas, cédulas, selos e cartões reproduzidos nesta página, na anterior e na seguinte.

Fonte: Acervo de Hélio Guimarães.

Fonte: Fundação Casa de Rui Barbosa.

ensinar a ler rapidamente, primeiro livro didático publicado pelo educador *best-seller* Manoel Bergström Lourenço Filho,[103] reafirmava o caráter exemplar do escritor e o incluía como agente do combate ao analfabetismo. A tópica de Machado de Assis como patrono da alfabetização popular retornaria na adaptação de *Helena* para a telenovela de 1975, em que a liberdade do escravo Vicente, pajem da protagonista, está associada à sua alfabetização por Helena. Na telenovela, Vicente se torna livre quando aprende a ler e escrever, o que sequer é mencionado no romance

---

103 Essa foi uma das cartilhas escolares mais bem-sucedidas do século XX, baseada nos processos de soletração e silabação ("Este ca-va-lo é do Vi-ta-li-no. / Vi-ta-li-no é o meu ti-o. / Ele vi-ve na vi-la. / O ca-va-lo tem o no-me de Vu-vu." etc.). Lançada em 1928, a cartilha teve pelo menos 116 edições, mantendo-se em catálogo até 1995. Sobre a *Cartilha do Povo* de Lourenço Filho, ver Bertoletti, *Lourenço Filho e a alfabetização: um estudo da* Cartilha do Povo *e da cartilha* Upa, Cavalinho!

de 1876. A figura de Machado de Assis é usada como veículo de propaganda da campanha nacional de alfabetização empreendida pelo Mobral, um dos principais projetos educacionais do governo militar.[104]

Note-se que todas as atribuições feitas a Machado de Assis – a ênfase na origem pobre, a afirmação de que foi dolorosa sua ascensão social e de que enfrentou muitas dificuldades e hostilidades – são ideias que se cristalizaram na década de 1930, especialmente a partir da biografia de Lúcia Miguel Pereira, mas que carecem de fundamento documental. Para o processo oficial de canonização, à semelhança do que ocorre no gênero hagiográfico, importa menos o que de fato ocorreu, o dado histórico, e mais o caráter exemplar dos elementos escolhidos para a composição da figura.

Decorrido exatamente um ano da comoção provocada pelo despacho do secretário da Educação de Porto Alegre, a figura machadiana estava completamente purgada da imagem do "fascinante inoculador de venenos sutis", neutralizada em sua malignidade e transformada em exemplo para as crianças. Machado era um homem movido pela "força disciplinada de vontade", um brasileiro exemplar.

A investida oficial teve tanto efeito e capilaridade que, segundo levantamento feito pelo INL, ao final de 1939, quarenta ruas, praças, escolas e bibliotecas receberam o nome Machado de Assis.

Na cadência do samba

Machado de Assis descreveu na década de 1930 trajetória parecida com aquela do samba, como mostra Hermano Viana no seu estudo sobre a nacionalização do ritmo.[105] Até então visto

---

104 Cf. Guimarães, *Literatura em televisão – uma história das adaptações de textos literários para programas de TV*.

105 Cf. Vianna, *O mistério do samba*. Sobre a instrumentalização do samba pelo Estado Novo, e especialmente sobre sua higienização pelo elogio ao trabalho

MACHADO DE ASSIS, O ESCRITOR QUE NOS LÊ   153

como escritor que renegara suas origens humildes, que teria sido ingrato com a madrasta Maria Inês, a qual lhe lembraria a pobreza da sua origem, Machado torna-se símbolo também da conciliação entre as classes sociais, na medida em que, como vimos, percorrera um intervalo social cujos extremos eram o morro do Livramento e a Academia Brasileira de Letras. Constituía-se, assim, um percurso que se tornaria clichê para a caracterização da ascensão social de Machado – e também para a possibilidade de ascensão social num país profundamente estratificado e desigual como era, e ainda é, o Brasil. Para tornar ainda mais espetacular a escalada, os biógrafos e críticos enfatizavam a pobreza da origem de Machado, apoiando-se em biografemas criados por Alfredo Pujol e Lúcia Miguel Pereira (o vendedor de balas, o moleque descalço do morro, o aprendiz de tipógrafo, o menino órfão, o autodidata que lutou para ter acesso às letras e aos livros etc.). Essa biografia ganharia sua versão mais sintética e hiperbólica na escrita de Monteiro Lobato:

> Joaquim Maria veio ao mundo misturado. E pobre, paupérrimo, humílimo. Um zero. O mais absoluto dos zeros. Perfeito nada social.
> Mas recebera a marca divina. Iria subir sempre. Talvez que o Destino o fizesse nascer no degrau último justamente para que ele pudesse ter a intuição perfeita de tudo. Quem nasce em degrau do meio só adquire experiência daí para cima – e jamais será um completo.
> E o moleque Machadinho foi crescendo na rua e foi subindo o morro social. E foi estudando como e onde podia, ao acaso dos encontros e dos livros, sem mestres, sem protetores, apenas guiado pelas forças internas. E vendeu balas em tabuleiros, e ajudou missas como coroinha, e fez-se tipógrafo – meio de ainda no trabalho manual ir aperfeiçoando a sua cultura nascente.[106]

---

e à disciplina, ver também Napolitano, *A síncope das ideias – A questão da tradição na música popular brasileira.*

106 Lobato, Machado de Assis, *Jornal do Commercio*, 21 jun. 1939.

Gradação, evolução, escalada – todo o texto reforça o percurso social ascendente do menino "misturado", alargando até o limite a distância entre o "nada" de sua origem e os píncaros da perfeição, procedimento coincidente com o do filme de Humberto Mauro e subjacente ao culto ao escritor realizado nas escolas públicas fluminenses por determinação do doutor Costa Senna, diretor-geral do Departamento de Educação do Estado do Rio.[107]

Diferentemente do samba, que descia diretamente do morro para a cidade, a movimentação de Machado era mais complexa. O escritor primeiro foi deslocado por seus biógrafos e críticos do lugar de exceção, da torre de marfim e da posição ática a que esteve associado no final da vida, sobretudo pelo papel que cumpriu na Academia, para ser reconduzido ao morro do Livramento de origem, a partir de onde refaria a trajetória ascensional exemplar, de modo a tornar-se bem cultural passível de ser usufruído, ou pelo menos cultuado, por todas as classes. "O moleque do morro virou figura nacional" – são palavras de José Lins do Rego reveladoras de todo o processo.[108] Até mesmo a condição mestiça de Machado de Assis parecia sob medida para o processo de construção de novos ícones da nacionalidade promovido pelo Estado Novo.

A mulatice passa a ser muito referida, quase sempre de maneira positiva, embora com frequência repontem palavras e expressões indicativas da dificuldade de enfrentar a questão. O desconforto irrompe aqui e ali, no silêncio ao mesmo tempo discreto e eloquente de Austregésilo de Ataíde a respeito dessa questão; na qualificação do escritor como "misturado", feita por Lobato; na referência ao "*puro* exemplo", de Roquette-Pinto, o mesmo que declarará ser o escritor "a maior expressão das possibilidades dos mestiços brasilianos".[109] Apesar de todo o desconforto, a trajetória do escritor torna-se argumento para refutação das profecias

---

107 Sem assinatura, Machado de Assis – a homenagem do Centro Carioca diante da estátua do imortal romancista, A *Noite*, s/d.

108 Rego, A "Revista do Brasil" e Machado de Assis, O *Jornal*, 18 jun. 1939.

109 Roquette-Pinto, Depoimento ao *Correio da Noite*, 6 jul. 1939.

racistas: "Trata-se de um mestiço, filho do povo, sem nome, sem fortuna, sem saúde, sem aconchegos nem revelações, sombrio, discreto, solitário, condenado ao protocolo e à burocracia. E, apesar de tudo, foi Machado de Assis. Ah! Gobineau!".[110]

Desde o *Estudo crítico e biográfico* de Lúcia Miguel Pereira operava-se uma clara inversão de sinais: o que até então era tido como fator negativo, associado à estranheza e tibieza da obra (como se lê na crítica de um doutor Fausto e de um Sílvio Romero) ou apenas reforçava o caráter e o talento excepcionais do escritor, passava a ser tratado como algo positivo, que ganhava estatuto exemplar, possível de repetir ou ser imitado por outros homens "misturados". O que se dava com a figura de Machado estava em consonância com o que se fazia com o samba, que também passava a sintetizar uma identidade nacional brasileira baseada na miscigenação. Essa associação entre Machado e o samba estava no ar, como se depreende deste trecho de Benjamin Costallat:

> Não podemos esperar que, dos nossos morros, como o samba, desçam, constantemente, gênios literários como Machado de Assis...
>
> Precisamos criar uma atmosfera própria para a germinação dessas flores delicadas de estufa que são os espíritos supremos.
>
> E essa atmosfera é criada justamente pelo culto ao talento e o respeito pelas suas manifestações.
>
> Glorificando Machado de Assis, estamos servindo à sua memória, mas estamos também preparando melhores destinos para a inteligência e a cultura do Brasil.[111]

A admiração individual pelo escritor singular dos anos 1910 dera lugar à estátua silenciosa da década de 1920, reconfigurada nos anos 1930 em monumento nacional. A figura machadiana construída em torno das comemorações de 1939, a do mito

---

110 Lyra, Depoimento ao *Correio da Noite*, 6 jul. 1939.

111 Costallat, A nota – O milagre de Machado de Assis, *Jornal do Brasil*, 1 jun. 1939.

nacional, em grande medida ainda vigente, seria aperfeiçoada até o final da década de 1950, com a celebração do centenário da sua morte, em 1958. Nesse processo, apenas alguns poucos espíritos mais críticos e livres perceberam o alcance do que viam e se manifestaram publicamente.

Em maio de 1939, ouviu-se a voz dissonante de Oswald de Andrade. Num longo artigo, que trata da relação entre o artista e o Estado, Oswald enalteceu a renovação que a Semana de 22 produziu no cenário literário, ameaçado de retrocesso pelo "clima de intimidação e terror": "Só falta o horizonte tenebroso e heroico dos campos de concentração, para desiludir os que querem dar tudo ao Brasil, pela força de seu cérebro, pela riqueza de sua experiência, pela sensibilidade de seus nervos". Quando chega finalmente ao assunto Machado de Assis, com ironia diz que não basta instituir prêmios, pois cabe ao Estado a responsabilidade de amparar a vida intelectual.

Muito independente, lúcida e abrangente é a visão de Graciliano Ramos sobre o processo, ainda em 1939. Em "Os amigos de Machado de Assis", publicado no mês de junho, ele capta o movimento e flagra os mecanismos de consagração de Machado de Assis patrocinados pelos "poderes públicos", que erigiam um mito sem promover de fato o contato com a escrita e as questões cruciais que ela coloca aos seus leitores. Eis a síntese do processo: "Visto a distância, desumanizado, o velho mestre se torna um símbolo, uma espécie de mito nacional".[112]

A invenção do mito nacional, guardadas as devidas proporções, descreve percurso semelhante àquele da consagração de Shakespeare, descrita por Roger Chartier:

No jubileu de Stratford de 1769, nenhuma obra de Shakespeare foi representada ou sequer citada. A "invenção" de Shakespeare no século XVIII dá início ao processo que transforma um autor, morto (como Shakespeare) ou vivo (como Rousseau), numa referência e

---

112 Ramos, Os amigos de Machado de Assis. In: _____, *Linhas tortas*, p.147-51.

MACHADO DE ASSIS, O ESCRITOR QUE NOS LÊ   157

autoridade cuja vida exemplar ou significação nacional passa a ser considerada mais fundamental do que os seus textos mesmos.[113]

Na outra ponta do processo de mitificação do escritor, já em torno das comemorações do centenário de sua morte, em 1958, Agripino Grieco, crítico de espírito polêmico e demolidor, publicou o livro *Machado de Assis*, com a intenção clara de intervir e criticar a canonização de Machado, a quem ele chamou de "deus das letras nacionais", em torno do qual se reunia uma legião de fanáticos, chamados por ele de "machadólatras".[114] Conhecedor da obra machadiana em seu conjunto, dotado de enorme capacidade de criticar, emendar, retificar e pontificar sobre tudo o que todos os outros estudiosos de Machado haviam dito até então, Grieco provocou muitos protestos acalorados na imprensa, lembrando um pouco as reações de 1939 à polêmica decisão do secretário gaúcho. Como sintetizou Carlos Maul, Grieco foi "o advogado do diabo que faltava a uma canonização",[115] despertando com o seu livro a animosidade dos "machadólatras", que imediatamente o colocaram na posição de inimigo do escritor.

Assim, até o final da década de 1950, o olhar para a dimensão crítica da obra seria em grande parte suplantado pela celebração do mito nacional. Entretanto, faz parte das contradições do Estado Novo que, em meio a um contexto político-cultural marcado pelo nacionalismo exacerbado, se registrasse, além da nacionalização do escritor, uma forte tendência à inserção da obra machadiana no panorama da literatura universal desse período. Ao mesmo tempo que Lúcia Miguel Pereira enfatizava a inserção de Machado na tradição literária brasileira e Astrojildo Pereira ressaltava a atenção do escritor à vida social do Segundo

---

113 Chartier, Trabajar con Foucault. Esbozo de una genealogía de la "función- -autor", p.115-34. Tradução minha.

114 Grieco, *Machado de Assis*.

115 Maul, O advogado do diabo que faltava a uma canonização, *O Dia*, 10 maio 1959.

Reinado, Augusto Meyer enveredava pelo comparatismo, procurando desvincular as razões do artista das razões do homem e das determinações biográficas. Em ensaios produzidos simultaneamente aos de Meyer, e também calcados nas comparações com escritores estrangeiros, Eugênio Gomes tratava de destrinçar as muito mencionadas, embora até então pouco estudadas, "fontes inglesas" de Machado de Assis, além de apontar convergências entre a obra dele e algumas ideias e conceitos de Schopenhauer. Suas pesquisas das fontes estrangeiras, juntamente com as de Augusto Meyer, formaram a base de uma linha até hoje muito profícua de leitura, que examina os processos intertextuais na composição da obra, com desdobramentos importantes nos estudos de Helen Caldwell, José Guilherme Merquior, Enylton de Sá Rego e, mais recentemente, Gilberto Pinheiro Passos, Sergio Paulo Rouanet e Marta de Senna.

A construção da figura nacional e edificante, entretanto, relegou a segundo plano as leituras que enfatizaram a dimensão internacional da obra e deve ter contribuído para que um dos achados críticos que reorientariam a leitura da obra machadiana feita nesse período tenha permanecido em estado de latência até a década de 1960. Trata-se da questão da consumação ou não do adultério em *Dom Casmurro* e dos julgamentos de Capitu e Bento Santiago, assuntos do próximo capítulo.

3

O SHAKESPEARE BRASILEIRO

A leitura da obra machadiana, até meados do século XX, frequentemente se concentrou em trechos isolados, frases inteligentes, máximas filosóficas, desprendendo das narrativas páginas e capítulos antológicos, atestados incontestes do bem escrever. No caso de *Dom Casmurro*, até a década de 1950 as leituras valorizaram os episódios amorosos, de tom emotivo e sentimental, que predominam na primeira parte do romance, na qual se concentram as reminiscências que o narrador guarda do idílio amoroso vivido ao lado de Capitu na juventude e no início do casamento. "O penteado", um dos capítulos destacados por José Veríssimo na crítica que escreveu por ocasião do lançamento do romance, em 1900, tornou-se exemplo da prosa elegante de Machado de Assis.[1] Embora os contemporâneos não tenham deixado registro disso, o parágrafo final desse capítulo contém referências a Des Grieux e a Manon Lescaut, personagens do famoso romance *Manon Lescaut*, do abade Prévost. Essas referências, feitas *en passant*, seriam

---

1 Cf. Veríssimo, Um irmão de Brás Cubas. In: *Estudos de literatura brasileira, 3ª série.*

suficientes para turvar o tom sentimental e idílico do episódio, na medida em que já àquela altura fica subsumida uma interpretação das posições ocupadas por Capitu e Bentinho. Este é implicitamente identificado ao bom e puro cavaleiro Des Grieux; aquela, à insinuante e libertina Manon Lescaut – papéis nos quais o narrador Dom Casmurro vai insistir no decorrer do romance. Assim, o principal capítulo do idílio amoroso já traz implícita a condenação de Capitu, preparando a comprovação da tese final do narrador: a de que a Capitu menina já abrigava dentro de si a Capitu adúltera. A tese, caucionada pelo narrador e amparada nos papéis construídos para os amantes a partir da referência a Des Grieux, teria longa vigência entre os leitores do romance.

Um livro publicado nos Estados Unidos em 1960, o primeiro na história das leituras de Machado de Assis inteiramente dedicado a uma obra sua, produziria uma reviravolta no entendimento do romance, ao deslocar o foco de análise para a matriz shakespeariana presente em *Dom Casmurro*. Com *The Brazilian Othello of Machado de Assis*, Helen Caldwell tomava um caminho interpretativo diferente e inédito. Observava que Bento Santiago, logo depois de assistir a *Otelo*, deturpava os fatos e os sentidos da história, para culpabilizar ainda mais Capitu, aproveitando-se da inocência de Desdêmona, explícita na peça de Shakespeare. Com isso, chamava a atenção para o caráter não confiável do narrador, pondo seu relato sob suspeita e defendendo Capitu das acusações dele.

A *scholar* norte-americana não apenas sugeria, mas defendia com todas as letras que a traição de Capitu, dada como certa por várias gerações de leitores e leitoras, não passava de calúnia de um homem enlouquecido pelo ciúme. Sua crítica produzia uma mudança de paradigma para a leitura do romance: do paradigma francês de *Manon Lescaut* para o paradigma inglês de *Otelo*. A Capitu tradicionalmente entendida como descendente da libertina e pérfida Manon passava a ser comparada com a ingênua e inocente Desdêmona, submetida à perfídia de Bento Santiago, o Otelo brasileiro.

MACHADO DE ASSIS, O ESCRITOR QUE NOS LÊ

Vale notar que a conjunção desses dois paradigmas de narrativas em torno do ciúme já estava indicada em *Quincas Borba*, publicado anos antes de *Dom Casmurro*. No capítulo LXXVII, na cena em que Sofia não consegue pronunciar o nome de Rubião como potencial noivo de Maria Benedita, surge o seguinte comentário do narrador: "Ciúmes? Seria singular que esta mulher, que não tinha amor àquele homem, não quisesse dá-lo de noivo à prima, mas a natureza é capaz de tudo, amigo e senhor. Inventou o ciúme de Otelo e o do cavaleiro Des Grieux, podia inventar este outro de uma pessoa que não quer ceder o que não quer possuir".[2] Nem em relação a *Quincas Borba*, nem a *Dom Casmurro* foi anotada a alternativa shakespeariana para o entendimento do ciúme, associado ao homem ciumento, e não às atitudes da mulher pérfida.

Helen Caldwell foi a primeira a elencar, com minúcia, os muitos elementos comuns às narrativas de Machado e Shakespeare, ambas centradas no ciúme e na triangulação amorosa, para defender que Dom Casmurro é o Otelo brasileiro, que também calunia e culpa sua mulher, baseando-se em ciúmes infundados. Nas palavras de Caldwell: "Machado de Assis transforma o mouro de Veneza no Casmurro do Engenho Novo".[3]

Para além das menções explícitas à peça de Shakespeare, Caldwell traça muitos outros paralelismos para fundamentar sua argumentação. Por exemplo, Capitu para Dom Casmurro, assim como Desdêmona para Otelo, fora capaz de enganar o pai e, portanto, seria capaz de enganar a ele também. Michael Cassio servira de intermediário da correspondência entre Otelo e Desdêmona, assim como Escobar, o que faria deste uma espécie de Cassio. Até os nomes das personagens são cuidadosamente escrutinados por Caldwell, que os relaciona ao universo shakespeariano, chamando a atenção para o fato de que a disputa entre o bem e o mal, entre

---

2 Cf. Machado de Assis, *Quincas Borba*, p.167.

3 Caldwell, *O Otelo brasileiro de Machado de Assis*, p.186.

Otelo e Iago, se dá dentro do mesmo homem, Santiago, fusão de Santo + Iago.[4]

Na interpretação de Caldwell, há notas que soam forçadas e argumentos questionáveis, tais como o de que Capitu não podia ser tão independente e atrevida por ter sido "uma mulher criada na tradição portuguesa, o que inclui fortes elementos orientais, provenientes dos mouros";[5] ou que Capitu encarnava a "pura feminilidade portuguesa";[6] ou que "a verdadeira motivação de todos os atos de Capitu é o seu amor, seu ilimitado amor por Santiago, e o orgulho que tem desse amor".[7] São argumentos pouco convincentes, talvez tão improváveis quanto todos os argumentos alegados pelo narrador para provar a tese contrária à de Helen Caldwell.

Entretanto, sua leitura deslocou a ênfase da interpretação, retirando o foco de Capitu e dirigindo-o para o narrador. Este passa a ser caracterizado como não confiável, tendencioso, o que o transforma num réu, e Capitu, em vítima do seu ciúme doentio. Apesar da desconfiança com relação ao narrador e da atenção à ambiguidade do romance, o interesse de Caldwell ainda está relacionado ao adultério, na medida em que lhe interessa provar a "inocência" de Capitu, o que faz por meio da exposição do processo de condenação a que ela é submetida pelo narrador Casmurro, o único a dispor da palavra no romance. Embora afirme de início que Machado deixou a decisão final para o leitor,[8] Caldwell acredita ser possível "chegar à verdade",[9] pressupondo que a verdade esteja no texto, e não no leitor, ou na interação entre leitor e texto.

Escrevendo na mesma época em que Wayne Booth publicava sua *Rethoric of Fiction*, livro no qual apresentava a noção do "*unreliable narrator*", Caldwell convoca para sua interpretação do

---

4 Ibid., p.41.
5 Ibid., p.106.
6 Ibid., p.125.
7 Ibid., p.107.
8 Ibid., p.13.
9 Ibid., p.195.

MACHADO DE ASSIS, O ESCRITOR QUE NOS LÊ   163

romance o que ela chama de "a crítica moderna de Shakespeare". Citando textos de T. S. Eliot e John Money, nos quais esses críticos chamam a atenção para o bovarismo das personagens shakespearianas, que distorcem o que veem, ou veem o que não há, Caldwell procura aplicar essas observações ao caso de Bento Santiago, trazendo o prestígio de Shakespeare e da crítica shakespeariana para o âmbito dos estudos machadianos.

A ênfase na referência a Shakespeare, no entanto, soa ambivalente. Ao mesmo tempo que significa uma deferência ao escritor brasileiro, implica uma espécie de subordinação de sua obra a esse outro paradigma, como se a obra machadiana não pudesse falar por si mesma, dependendo da autoridade de Shakespeare para expressar plenamente sua voz e seu sentido. Assim, Casmurro é uma espécie de Otelo brasileiro, e o Engenho Novo é uma espécie de Veneza. Não é preciso levar longe as comparações e o raciocínio subsumido nelas para concluir que, na leitura de Caldwell, Machado e *Dom Casmurro* talvez não existissem sem Shakespeare.

Desde seus primeiros escritos sobre Machado, Caldwell enfatizou bastante essa dívida para com Shakespeare, apresentando o brasileiro como um imitador. Em "Our American cousin, Machado de Assis", texto publicado em 1952, mas lido por Helen Caldwell em 1951 num congresso da Modern Languages Association (MLA), ela escreve:

> Machado de Assis não só admirava Shakespeare. Ele o copiava, ele o adaptava, ele o absorveu num tal nível que, assim como nós, ele o tinha no seu sangue. Provavelmente por essa razão Machado fala mais diretamente ao nosso espírito do que qualquer outro autor brasileiro. Nós também "falamos Shakespeare".[10]

---

10 Caldwell, Our American cousin, Machado de Assis. *The Modern Language Forum*, v.XXXVII, n. 3-4, p.121-2, set.-dez. 1952. Há tradução, com o título: Nosso primo americano, Machado de Assis. *Machado de Assis em Linha*, v.6, n.11, p.1-13, jun. 2013.

Também é nesse sentido que podemos entender sua afirmação de que a grandeza de Machado está associada ao uso que faz da literatura estrangeira, especialmente de Shakespeare, de modo a tornar seus "cinco últimos romances menos brasileiros que [e ao que tudo indica superiores a] os quatro primeiros"; ou então sua defesa do lugar especial ocupado por *Dom Casmurro*, "a estrela mais brilhante na galáxia da literatura brasileira", sustentando-a na ideia de que o romance tem sua referência e seu modelo em Shakespeare, para Machado sinônimo de "poesia universal", "real e legítima humanidade", "alma humana".[11] Assim, na crítica de Caldwell, Machado tornava-se tanto melhor quanto mais se embebia da fonte estrangeira e se afastava das referências brasileiras.

A questão da pertença e da apropriação é recorrente nos escritos de Caldwell sobre Machado – "em sua grandeza, pertence não só ao Brasil, mas ao mundo" – e reaparece no fecho do texto: "Para nós, norte-americanos, sua obra é um verdadeiro abre-te-sésamo para a vasta e muito apreciada riqueza do Brasil".[12] Caldwell apresenta Machado como uma espécie de mapa da mina, instrumento de acesso a um lugar cobiçado em termos comerciais, mas negligenciado no âmbito cultural. A obra do escritor é reiteradamente referida como algo que contém o *"Brazilian treasure"* [tesouro brasileiro].

Na abertura de *The Brazilian Othello*, Machado é descrito como "um verdadeiro Kohinoor", referência ao diamante indiano pertencente a várias gerações de governantes do Oriente e que foi tomado pela Coroa Britânica no século XIX, tornando-se parte das joias da coroa quando a rainha Vitória foi proclamada imperatriz da Índia, em 1877, e símbolo do colonialismo britânico. Caldwell chega a insinuar que os brasileiros não são capazes de apreciar algo de tanto valor, uma prerrogativa de "nós, do mundo

---

11 Caldwell, *O Otelo brasileiro de Machado de Assis*, p.215.

12 Caldwell, Our American cousin, Machado de Assis, op. cit., p.121-2. Tradução minha.

anglófono", entendidos por ela como "os únicos verdadeiramente aptos a apreciar esse grande brasileiro".[13]

No prefácio que escreveu para a segunda edição da tradução de *Dom Casmurro*, publicada na Califórnia em 1966, Caldwell assume posição mais amena em relação às dívidas de Machado para com Shakespeare e também à primazia dos anglófonos na compreensão da obra machadiana, defendida no prefácio da primeira edição. Nesse novo prefácio, que substitui o da edição anterior, de 1953, assinado por Waldo Frank, Caldwell volta a enfatizar a dimensão trágica do romance, reafirma a necessidade de distinguir o autor Machado de Assis do narrador Casmurro e atenua bastante sua posição de superioridade em relação aos leitores e críticos brasileiros, procurando retirar da sua figuração do escritor os traços de exotismo que lhe atribuíra anteriormente:

> Alguns expressaram surpresa ao descobrirem Machado de Assis – como Remy de Gourmont, que ficou "espantado que um gênio tão sutil tivesse surgido das selvas da América". O escritor francês estava enganado: Machado de Assis não é nenhuma flor selvagem. Suas raízes vão fundo em quatro séculos de cultura brasileira, e mais fundo em mais de dois milênios de cultura ocidental.[14]

Caldwell claramente busca um maior equilíbrio entre as dívidas de Machado com a cultura brasileira e a cultura ocidental, ainda que a hierarquia fique clara na desproporção entre os séculos e os milênios.

Desta vez, dá ênfase à dimensão brasileira do romance, ainda que essa brasilidade seja afirmada de maneira bastante genérica e ampla, não historicizada, diluída numa língua humana e universal:

---

13 Caldwell, *O Otelo brasileiro de Machado de Assis*, p.11.

14 Caldwell, Translator's introduction to *Dom Casmurro*. In: Machado de Assis, *Dom Casmurro*, p.XI.

Machado de Assis, o mais brasileiro dos escritores brasileiros, nos familiariza com o Brasil eterno, e também com o Rio de Janeiro do tempo em que a história se passa; contudo, esses brasileiros não são estranhos, não mais estranhos que nós mesmos. Machado fala conosco a língua da nossa herança comum, uma língua que é universal – como ele mesmo disse de Shakespeare, na língua da alma humana.[15]

O que interessa à crítica de Helen Caldwell, devido talvez a sua formação em estudos clássicos, são os modelos narrativos, os símbolos e os gêneros narrativos clássicos, que fornecem os parâmetros para sua compreensão da obra machadiana, descarnada da história e desconectada do contexto mais imediato da sua produção no Brasil.

The Brazilian Othello lá e cá

Os estudos de Helen Caldwell suscitaram poucas reações imediatas no Brasil, sem chegar a provocar debates diretos entre críticos brasileiros e norte-americanos, o que indica a segmentação da atividade crítica e o seu fechamento nos âmbitos nacionais naquele momento.

Ao contrário do que ocorreu no Brasil, o livro foi relativamente bem acolhido no ambiente acadêmico anglófono logo depois do seu lançamento. Em janeiro de 1960, *The American Journal of Philology* já anunciava *The Brazilian Othello of Machado de Assis* entre os "*New books of scholarly interests*", descrevendo-o como "primeira investigação em língua inglesa sobre *Dom Casmurro*, obra-prima de Assis, apresentando novos *insights* sobre o método narrativo do romancista e seu uso do simbolismo".

---

15 Ibid., p.XI-XII. Tradução minha.

New Books on Scholarly Interests . . .

THE TRAGEDY OF ARTHUR

A Critical Study of the Middle-English
Alliterative Poem *Morte Arthure*

By William Matthews. Provides a comparative treatment of the poem and other medieval versions of the Death of Arthur theme. $5.00

THE ATHENIAN YEAR

By Benjamin D. Meritt. A searching review of literary, epigraphical, and numismatic evidence bearing on the three calendars used by the Athenians. $6.00

JOHN WEBSTER'S BORROWING

By Robert William Dent. Presents all that is known of Webster's borrowing, traces its sources in an appraisal of the artist's creative process. $5.50

SEVENTEENTH-CENTURY PROSE

By F. P. Wilson. Examines some of the most eloquent writing in English, analyzes and provides examples of prose for the pulpit and in biography of the period. $3.00

THE BRAZILIAN OTHELLO OF MACHADO DE ASSIS

By Helen Caldwell. First English-language inquiry into *Dom Casmurro*, Assis's masterpiece, presenting new insights into the novelist's narrative method and use of symbolism. $3.50

PERSONAL RELIGION AMONG THE GREEKS

By André-Jean Festugière. Discloses their desire to enter into direct, intimate, and personal contact with the divinity throughout Greek religious history.
Cloth, $3.75; paper, $1.50

At your bookseller or

UNIVERSITY OF CALIFORNIA PRESS, *Berkeley 4*

Important CALIFORNIA Press Hispanic Titles...

AMERICAN-SPANISH EUPHEMISMS

Charles E. Kany. Shows how linguistic needs may be satisfied by omission of an offensive word, by deformation, by substitution, by translation into another language. **$5.00**

AMERICAN-SPANISH SEMANTICS

Charles E. Kany. This first inclusive book goes far toward solving the difficulty of classifying semantic research material in this language area, using a wealth of newly collected phrases. **$6.50**

LOPE DE VEGA: "LA DOROTEA"

Edited by Edwin S. Morby. Entirely in Spanish, a thoroughly annotated edition, with critical introduction, of what is undoubtedly the masterpiece of one of the world's great writers. Explanatory notes covering obscure words, a list of the references, and an index. **$5.00**

COSTUMBRISMO Y NOVELA

Ensayo Sobre el Redescubrimiento de la Realidad Española

Jose F. Montesinos. Entirely in Spanish, a lucid study of nine-teenth-century literary portraits of Spanish regional customs which created the *Costumbrista* movement and the great novel of Spanish realism. **$2.75**

THE BRAZILIAN OTHELLO OF MACHADO DE ASSIS

Helen Caldwell. The first English-language inquiry into the problems of *Dom Casmurro*—the novel many consider Assis' masterpiece—gives new insights into the novelist's narrative method and use of symbolism. **$3.50**

At your bookseller or

UNIVERSITY OF CALIFORNIA PRESS / Berkeley #4

Anúncios do livro *The Brazilian Othello of Machado de Assis* publicados no *The American Journal of Philology* (v.81, n.1, jan. 1960) e na *Hispanic Review* (v.29, n.1, jan. 1961).

MACHADO DE ASSIS, O ESCRITOR QUE NOS LÊ

Pelo menos oito resenhas foram publicadas sobre o livro de Caldwell nos Estados Unidos. Em geral, recensões positivas, bem informadas sobre o estado da crítica machadiana e as novidades trazidas pela interpretação de Caldwell para o romance.

Clotilde Wilson, da University of Washington, que traduzira a edição de *Quincas Borba* publicada nos Estados Unidos em 1954, foi a primeira a se pronunciar, em março de 1961, destacando o fato de Caldwell se contrapor à visão de três gerações de críticos que haviam sustentado a culpa de Capitu e chamando a atenção, talvez com alguma nota irônica, para a "imaginação deliciosamente rica" da colega da Universidade da Califórnia.[16] Fred Ellison considerava a interpretação "em si mesma dramática, especialmente na defesa de Capitu", e expressava um desejo que antecipava a relativa indiferença da crítica brasileira em relação ao estudo de Caldwell: "Os críticos brasileiros deveriam receber bem esta interpretação que mostra novas facetas da arte de Machado e eleva um romance que vinha sendo considerado apenas como um excelente estudo psicológico ao nível da verdadeira tragédia".[17]

Gerald M. Moser, da Pennsylvania State University, dedicou resenha mais longa ao livro, salientando que Caldwell "maneja às maravilhas os métodos analíticos modernos". Ainda assim, não se mostra inteiramente convencido da tese e conclui seu texto com a seguinte afirmação: "A dúvida que subsiste é o que para mim faz o encanto do romance".[18] William C. Atkinson, então professor de estudos hispânicos na Universidade de Glasgow, Escócia, tece elogios ao estudo de Caldwell, com a ressalva de que talvez haja

---

16 Wilson, The Brazilian Othello of Machado de Assis: A study of *Dom Casmurro*. *Modern Language Quarterly*, v.22, n.1, p.100-1, mar. 1961.

17 Ellison, The Brazilian Othello of Machado de Assis: A study of *Dom Casmurro*. *Hispanic Review*, 29, 1961, p.84.

18 Moser, Helen Caldwell, The Brazilian Othello of Machado de Assis: A study of *Dom Casmurro*. *Revista Iberoamericana*, v.26, n.51, p.199-201, jan.-jun. 1961.

algum excesso de ingenuidade na procura de simbolismo para o nome de cada personagem do romance.[19]

John M. Fein, da Duke University, encampa totalmente a tese principal de Caldwell, embora apresente ressalvas quanto à pouca sensibilidade da autora para o humor: "A fraqueza notável deste estudo crítico é a determinação de interpretar todos os acontecimentos do romance e todas as ideias do autor com o mesmo nível de seriedade", o que resultaria, segundo Fein, na perda de percepção do que há de humorismo no romance.[20]

Quase dois anos depois do lançamento de *The Brazilian Othello*, Keith Ellis publicou um longo ensaio, "Technique and ambiguity in 'Dom Casmurro'", no qual discute com mais vagar e profundidade as teses de Caldwell. Ellis destaca o ineditismo do estudo, até aquela data o mais detalhado a respeito de um romance de Machado de Assis, distinguindo-se também por divergir dos antecessores na sua visão de Capitu. Entretanto, o crítico também observa que tanto Caldwell como os críticos que a antecederam estavam igualmente preocupados com o julgamento de Capitu. Para Ellis, por mais que seja possível traçar paralelos entre *Dom Casmurro* e *Otelo*, esse paralelismo constitui base frágil para uma interpretação crítica e objetiva do romance, que no seu interior nada contém que permita afirmar mais do que a *possibilidade* de Capitu não ter traído o marido: "Admitindo-se a possibilidade de Capitu não ser culpada não podemos concluir que ela seja inocente." E vai além: "Os leitores de *Dom Casmurro* não precisam fazer um julgamento de Capitu. Parece que, em *Dom Casmurro*, Machado desacreditou a eficácia tanto da culpa provável como da inocência provável de Capitu, e enfatizou indelevelmente esse aspecto do romance com a marca da ambiguidade." Ellis conclui sua resenha afirmando que a determinação, nos seus termos, da

---

19 Atkinson, The Brazilian Othello of Machado de Assis: A study of *Dom Casmurro*. *Bulletin of Hispanic Studies*, 39:3, p.193, jul. 1962.

20 Fein, The Brazilian Othello of Machado de Assis: A study of *Dom Casmurro*. *Modern Philology*, v.60, n.2, p.154-5, nov. 1962.

MACHADO DE ASSIS, O ESCRITOR QUE NOS LÊ

culpa ou da inocência pouco tem a ver com a avaliação literária do romance, interessando sobretudo sua ambiguidade, um artifício deliberadamente literário que contribui para o efeito principal da obra.[21]

O brasilianista Raymond Sayers escreve longa resenha sobre o livro em 1963, na qual leva em conta a dedicação da autora ao estudo da obra de Machado de Assis, mas chama a atenção, talvez por sua maior familiaridade e inserção no ambiente crítico brasileiro, para o fato de Helen Caldwell fazer pouco uso da imensa bibliografia sobre Machado, "especialmente ensaios recentes produzidos no Brasil, tais como aqueles de Eugênio Gomes".[22] O autor sinaliza para a possibilidade, muito provável, de Caldwell ter ferido suscetibilidades, uma vez que Eugênio Gomes se dedicara por mais de duas décadas a destrinçar as relações da obra de Machado de Assis com a literatura inglesa.

De fato, em seu livro Caldwell não faz menção a nenhum dos críticos brasileiros vivos, apenas uma referência a uma proposição de José Veríssimo sobre a divisão da obra em duas fases, com a qual concorda, atribuindo à segunda fase superioridade pelo fato de Machado adotar a partir daí modelos da literatura universal, e não ficar restrito à experiência brasileira. Era talvez uma forma de minimizar os vínculos de Machado, e também os seus enquanto crítica, com o Brasil, o que permitia a ela, como estrangeira, oferecer uma interpretação original ao romance, que na sua visão pertencia mais à tradição ocidental do que ao Brasil. O silêncio em relação à crítica brasileira não parecia acidental, mas condição de possibilidade e originalidade da interpretação que propunha.

A reação de Eugênio Gomes foi imediata, instaurando um diálogo indireto e em surdina, eloquente das tensões e disputas

---

21 Ellis, Technique and ambiguity in *Dom Casmurro*. *Hispania*, v.45, n.3, p.436-40, set. 1962.

22 Sayers, Helen Caldwell, The Brazilian Othello of Machado de Assis: A study of *Dom Casmurro*. *Romanic Review*, 54:1, fev. 1963, p.73.

internacionais que começavam a tomar corpo àquela altura em torno da obra de Machado de Assis, traduzida para várias línguas.

No Brasil, Gomes foi o primeiro a reagir a *The Brazilian Othello of Machado de Assis*, lançado nos Estados Unidos em janeiro de 1960, numa série de três artigos publicados no *Correio da Manhã* entre junho e julho do mesmo ano: "A simbologia de *Dom Casmurro*", "Que há num nome?" e "Absolvição de Capitu".[23]

Um dos pioneiros na explicitação das relações entre Machado e os autores ingleses, assunto que o ocupara desde 1939, quando publicou na Bahia a primeira edição de *Influências inglesas em Machado de Assis*, Eugênio Gomes deve ter ficado abalado com a interpretação da *scholar* norte-americana. Seu desconforto é sugerido não só por ele ter dedicado nada menos que três artigos para resenhar o livro, um fato por si só pouco usual, mas também pelo tom defensivo que adota em todos eles.

Tendo declarado em 1958 que encerrara o ciclo dos seus estudos machadianos, iniciado então havia quase vinte anos, Gomes se viu instado a voltar a campo para se contrapor à interpretação de Caldwell, o que culminaria na publicação de *O enigma de Capitu*, em 1967, livro definido, com razão, como "desastrado" por uma estudiosa da obra de Eugênio Gomes.[24] Esse livro será abordado adiante, depois da análise das resenhas publicadas em 1960.

Em primeiro lugar, vale destacar que já no terceiro parágrafo da primeira resenha, "A simbologia de *Dom Casmurro*", depois de saudar a iniciativa da crítica estrangeira e celebrar a "penetração do nosso escritor máximo no mundo intelectual norte-americano", Gomes afirma a primazia e a prioridade da crítica brasileira

---

23 Gomes, A simbologia de Dom Casmurro, *Correio da Manhã*, 25 jun. 1960; Que há num nome?, *Correio da Manhã*, 9. jul. 1960; Absolvição de Capitu, *Correio da Manhã*, 23. jul. 1960.

24 Para uma descrição bastante completa da trajetória de Eugênio Gomes como crítico, e crítico de Machado de Assis, veja-se o estudo de Alves, *Visões de espelhos – O percurso da crítica de Eugênio Gomes*.

sobre a estrangeira, numa clara delimitação de territórios, postos em antagonismo:

> O ensaio de Miss H. Caldwell enquadra-se entre as mais árduas tentativas já empreendidas para a fixação do impulso metafísico sob que teria operado o pensamento artístico do criador de Brás Cubas em seus principais romances. Aliás, cabe à crítica brasileira a prioridade da percepção e também da análise específica desse fenômeno, relativamente à ficção machadiana, o qual não escapara à perspicácia de Araripe Júnior. De fato, já em 1892 deixava o crítico entrever a superdimensão interior do "Quincas Borba", proveniente de um simbolismo matizado por subtilíssimo espírito satírico.

Autor de textos importantes, como "O testamento estético de Machado de Assis", no qual busca desentranhar dimensões filosóficas e metafísicas da obra do escritor, Gomes não reivindica diretamente para si essa primazia, mas sim a um patrono da crítica machadiana, Araripe Júnior. Assim, ao referir-se a este, Gomes recorre a uma autoridade do passado para referir-se um pouco a si mesmo e atenuar o ineditismo da análise de Caldwell, que enfatiza o caráter simbólico de *Dom Casmurro* ao buscar identificar o sentido primeiro ou arquetípico de cada personagem e situação.

No conjunto, as três resenhas dedicadas a *The Brazilian Othello* deixam claro o incômodo com a entrada de um estrangeiro, e especialmente de uma estrangeira, na seara machadiana, fato notável pela repetição do pronome de tratamento "Miss" para se referir a Caldwell, marcando sua condição de mulher solteira.

O desconforto manifesta-se também em relação ao método analítico de Caldwell, visto por Gomes como uma conjunção entre o *close-reading* (referido como "instrumento de precisão científica") e uma leitura treinada pela busca, no texto de Machado, do simbolismo cristão, o que resultaria numa visão das personagens como abstrações (Capitu, assim como Desdêmona, encarnaria Cristo; José Dias e parte de Bento Santiago, assim como Iago, representariam o Demônio etc.).

O crítico destaca as várias associações mecânicas, por vezes até mesmo arbitrárias, feitas por Caldwell, que reduz o romance machadiano primeiro às matrizes shakespearianas para, em seguida, enquadrá-lo nas matrizes bíblicas, procurando extrair dele uma espécie de arcano teológico. Para Gomes, Caldwell busca vislumbrar nesse romance "um Machado tocado da graça de uma iluminação mística", o que seria insustentável pelo fato de as numerosas referências bíblicas em Machado serem feitas pelas suas "belezas literárias", destituídas de qualquer marca doutrinária.

No entanto, os argumentos de Gomes giram em falso quando se trata de desqualificar a proposta de Caldwell de que o *Otelo* de Shakespeare seja tomado como uma chave de leitura do romance. Depois de afirmar que a influência de *Otelo* na composição de *Dom Casmurro* "salta às vistas de qualquer leitor" – ainda que Gomes não houvesse apontado essa relação em nenhum dos seus trabalhos anteriores –, ele recorre a uma curiosa contabilidade:

> […] feitas as contas, o romance deve tanto a Shakespeare quanto a Dickens. A história de Bentinho, que é afinal a do bisonho e ridículo Dom Casmurro, enleado por um ciúme crônico, reflete antes o "humour" entre divertido e acerbo do criador de Micawber que as negras tintas da tragédia shakespeariana. O Iago desse Otelo – José Dias – é justamente a réplica humorística a um personagem de "David Copperfield", o grave mordomo Littemer [*sic*], que sistematicamente jamais empregava o superlativo.

Ao defender seu percurso como estudioso das influências inglesas em Machado, Gomes nota que Caldwell menciona nominalmente apenas Fielding e Sterne em seu estudo (além de Shakespeare, é claro), quando, na sua opinião, Dickens, cujo *Oliver Twist* Machado traduzira, deveria ser o autor mais lembrado, por motivos que não ficam bem explicados pelo crítico.

A reação de Eugênio Gomes ao livro de Caldwell dramatiza um aspecto da dificuldade do trabalho crítico, no qual o óbvio, o mais visível, aquilo que "salta às vistas de qualquer leitor" pode ser o mais difícil de desentranhar de um texto. Estamos diante de um caso em que o modo como o crítico recebeu uma obra literária ou crítica é mais esclarecedor sobre ele e seu ambiente cultural do que sobre a obra propriamente dita. A veemência e a maneira tortuosa com que reage à crítica norte-americana fazem pensar quão doloroso deve ter sido ver explicitado por outrem algo que ficara velado para si. Para alguém que se dedicara por tanto tempo a assunto correlato e que descrevera uma trajetória de atualização da sua crítica, do biografismo e do psicologismo em direção à estilística e ao New Criticism, ou seja, que adotara um método imanentista, também correlato ao de Caldwell, a leitura de *The Brazilian Othello of Machado de Assis* deve ter sido um duro golpe.

O impacto da publicação dessa obra seria sentido por boa parte da crítica brasileira, para a qual a hipótese da não consumação do adultério também ficara velada ou, quando aventada, caíra no vazio.

Muitos anos antes do livro de Caldwell, em 1939, F. de Paula Azzi, dentista do exército, com interesse diletante pela literatura, escreveu um artigo sobre *Dom Casmurro* publicado no *Correio da Manhã* do Rio de Janeiro. Nesse que provavelmente foi o único artigo que Azzi escreveu sobre Machado de Assis, ele fez uma pergunta atrevida a respeito de Capitu: "Foi ela adúltera ou inocente?".[25] Em poucos parágrafos, o crítico bissexto chegava a uma constatação inédita:

> [...] veremos que falta no livro prova incontestável de adultério. Não se deve esquecer que as suspeitas de Casmurro começaram após a morte do amigo [Escobar], já então muito tarde para permitir segura comprovação. O certo é que o autor soube dispor tudo

---

25 Azzi, Capitu, o enigma de *Dom Casmurro*, *Correio da Manhã*, 30 jul. 1939 (cf. Machado, *Dicionário de Machado de Assis*); O eterno enigma de Capitu, *Mensagem*, 15 dez. 1939 (cf. Coleção de Plínio Doyle, Fundação Casa de Rui Barbosa, Rio de Janeiro).

calculadamente, com o fito de implantar a dúvida no espírito dos leitores, evitando deixar vestígios positivos de culpabilidade.

O artigo de Azzi, publicado em 30 de julho de 1939, com o título "Capitu, o enigma de *Dom Casmurro*", saiu novamente em 15 de dezembro do mesmo ano, com o título "O eterno enigma de Capitu", no jornal *Mensagem*, de Belo Horizonte. Apesar da razoabilidade das hipóteses e argumentos de Azzi, a versão do narrador sobre o comportamento de Capitu continuaria a ser tomada como favas contadas. O artigo foi por muitos anos solenemente ignorado, pelo menos pelas vertentes mais importantes da crítica.[26]

Em 1952, o primeiro tradutor de *Memórias póstumas de Brás Cubas* para a língua inglesa, William Grossman, também afirmou em entrevista que o editor, Cecil Hemley, não acreditava na infidelidade de Capitu: "O Hemley acha que Capitu não foi infiel ao marido, mas, segundo me foi dado ver no Brasil, não há um só crítico brasileiro que duvide de tal." Ao que Hemley emenda: "Creio que *Dom Casmurro* é o maior exemplo de ciúme que a literatura mundial conhece: maior mesmo que Otelo. Aconteceu apenas que esse ciúme assumiu, no livro de Machado, um aspecto de irônico pudor, tornando-o dificilmente reconhecível".[27]

Em 1953, o escritor, historiador e crítico literário Waldo Frank (1889-1967), num ensaio datado de 1952 que serviu de introdução à primeira tradução de *Dom Casmurro* para o inglês, feita por Helen Caldwell, também havia colocado com todas as letras a possibilidade da "inocência" de Capitu:

---

26 Embora tivesse sido mencionado por outros críticos e constasse da bibliografia que acompanha o *Catálogo da Exposição Machado de Assis*, de 1939, foi o pesquisador Ubiratan Machado quem trouxe o artigo do *Correio da Manhã* novamente à tona no seu *Dicionário de Machado de Assis*, de 2008, reproduzindo-o na íntegra. Na coleção de Plínio Doyle, que está na Fundação Casa de Rui Barbosa, Rio de Janeiro, encontrei o recorte do mesmo artigo publicado com título diferente no jornal mineiro.

27 Cf. Olinto, Machado de Assis conquista os Estados Unidos. *O Globo*, 9 dez. 1952, p.1-2.

MACHADO DE ASSIS, O ESCRITOR QUE NOS LÊ   177

Desejava poder ter a certeza de que esta Introdução não será lida (destino usual, me dizem, das introduções), ou de que só será lida depois da leitura do livro. Assim eu ficaria à vontade para discutir a ambiguidade central de *Dom Casmurro*: a inocência ou culpa de Capitu, sem prejudicar a inocência do leitor no seu percurso de capítulo a capítulo.

No mesmo prefácio, infelizmente retirado das edições posteriores da tradução de *Dom Casmurro*, Frank defende e sustenta a ambiguidade radical do romance, afirmando que a verdadeira resposta de Machado é que ele não tem qualquer resposta, pois o que sabe é a ambiguidade, e "a ambiguidade é a textura e a visão da vida presentes no livro".[28] A introdução de Frank parece ter tido o destino usual das introduções, já que há pouquíssimas referências a ela na crítica machadiana posterior. Nem mesmo a tradutora Helen Caldwell, que sete anos mais tarde publicaria o estudo *The Brazilian Othello of Machado de Assis*, fez menção ao ensaio de Frank, escritor muito conhecido em meados do século passado, grande estudioso da literatura produzida nas Américas.

No âmbito da crítica brasileira, Lúcia Miguel Pereira chegou a cogitar *en passant* que "fosse inocente Capitu". Num artigo de 1958, um ano antes de sua morte e dois anos antes da publicação de *The Brazilian Othello*, ela escreveu que "talvez, a despeito do jeito oblíquo, fosse inocente Capitu, e toda a tragédia existisse apenas na cabeça de Bentinho, cuja timidez se transforma, sob a ação do ciúme, em impulsos sadomasoquistas".[29] A hipótese de Lúcia Miguel Pereira, assim como ocorreu com outras conjecturas lançadas aqui e ali, caiu em terreno árido e não teve consequências imediatas na crítica brasileira.

---

28 Machado de Assis. *Dom Casmurro*. Translated by Helen Caldwell, with an introduction by Waldo Frank, p.5-13.

29 Cf. Pereira, O defunto autor. In: *Escritos da maturidade: seleta de textos publicados em periódicos (1944-1959)*, p.44.

Em 1959, Aloysio de Carvalho Filho publicou "O processo penal de Capitu", ensaio no qual passa em revista a crítica do romance até aquele momento, aventa a possibilidade de inocência da personagem e concorda com a ideia de não haver "prova provada" do adultério, afirmando a perturbadora incerteza sustentada pelo romance. Nesse ensaio, Carvalho Filho menciona o artigo de Azzi e outro, de Breno Pinheiro, também datado de 1939, que chamava a atenção para a ausência da tal "prova provada" do adultério. De novo, a hipótese não prosperou.[30]

Apesar das observações de Azzi, Hemley, Frank, Lúcia Miguel Pereira e Carvalho Filho, o conjunto dos leitores do romance continuaria a endossar ainda por muitos anos a versão do narrador Dom Casmurro, que chega ao final do livro concluindo que a mulher e o melhor amigo o traíram: "uma cousa fica, e é a suma das sumas, o resto dos restos, a saber, que a minha primeira amiga e o meu maior amigo, tão extremosos ambos e tão queridos também, quis o destino que acabassem juntando-se e enganando-me... A terra lhes seja leve!".

Interessante que todos os leitores desconfiados do narrador estivessem fora dos círculos machadianos, à exceção de Lúcia Miguel Pereira, ela mesma uma grande exceção, já que foi a primeira mulher estudiosa de Machado de Assis, num circuito até então dominado por homens.

Assim, se não foi Helen Caldwell quem pela primeira vez cogitou, em público, que Capitu não teria cometido adultério, foi ela quem levou adiante e às últimas consequências a defesa de Capitu levantada como possibilidade pelos seus conterrâneos Cecil Hemley e Waldo Frank alguns anos antes da publicação do livro sobre *Dom Casmurro*.

Na história das leituras de *Dom Casmurro*, interessa menos a primazia da hipótese sobre a inocência de Capitu do que a sugestão

---

30 Cf. Carvalho Filho, O processo penal de Capitu. In: *Machado de Assis na palavra de Peregrino Junior, Candido Mota Filho, Eugenio Gomes, Aloysio de Carvalho Filho*, p.89-121.

MACHADO DE ASSIS, O ESCRITOR QUE NOS LÊ

aí contida de que a crítica depende tanto da "descoberta" individual como da disposição coletiva para legitimar qualquer novidade interpretativa. Por que em 1939, 1952 e 1959 a hipótese não "pegou" (como se diz no Brasil de certas leis), e os críticos F. de Paula Azzi, Waldo Frank e Carvalho Filho ficaram falando sozinhos? Talvez porque apenas a partir da década de 1960, com todos os movimentos de contestação que eclodiram no Ocidente, a desconfiança em relação à autoridade do narrador e a hipótese de que Capitu não tivesse traído puderam ter alguma ressonância entre leitores que passaram a questionar os papéis tradicionais de homens e mulheres, as relações de gênero e o autoritarismo das estruturas sociais no Brasil e no mundo. Ou seja, a efetividade de um achado crítico tem tanto a ver com a ação individual do crítico quanto com as possibilidades de assimilação desse achado pela comunidade de leitores. *The Brazilian Othello* é um caso paradigmático, tendo sido recebido de maneiras muito diferentes nos Estados Unidos e no Brasil.

As reações de Eugênio Gomes, em particular, e dos leitores brasileiros de Machado de Assis, em geral, a *The Brazilian Othello* interessam porque marcam também o primeiro momento em que a projeção internacional do escritor provoca reações ambíguas e até agressivas por parte da crítica brasileira, que se sente ao mesmo tempo lisonjeada e "invadida" pela intervenção estrangeira sobre o domínio literário brasileiro. Agora não se tratava de mais um crítico estrangeiro a celebrar e divulgar Machado de Assis no exterior, mas de alguém que vinha participar da interpretação e da atribuição de sentido à obra, dedicando um tipo de atenção ao texto e mobilizando recursos críticos e metodológicos que começavam a ser manejados pela crítica no Brasil. A enorme quantidade de informações mobilizadas por Caldwell, que não só mostrava domínio da produção ficcional e cronística de Machado, como trazia informações documentais importantes e até então desconhecidas sobre o autor, provavelmente devido ao acesso a bibliotecas e arquivos norte-americanos, fazia que sua leitura fosse percebida desde o início como invasiva e estranha às "vivências brasileiras".

Essa expressão aparece no segundo artigo que Eugênio Gomes dedicou ao livro, no qual se refere mais de uma vez a ideias preconcebidas e preconceitos críticos, a certo automatismo conceitual por parte de Caldwell, que buscaria em dicionários as etimologias e simbologias contidas nos nomes dos personagens. Gomes lança mão de um argumento que parece pressupor a impossibilidade de se ler o romance e fazer uma interpretação satisfatória das atitudes dos personagens sem estar imerso na cultura brasileira:

> Quando o narrador-autobiográfico alude à alcunha Dom Casmurro, começa por advertir que o leitor não deve procurar esse nome nos dicionários. E o mesmo poder-se-ia afirmar relativamente a Capitu. Por isso, a assimilação psicológica de sua esquisita sedução requer antes entranhadas vivências brasileiras do que qualquer ciência, por melhor que seja.[31]

Ou seja, o sentido da sedução de Capitu não poderia ser compreendido por meio de dicionários, pois seu entendimento pressuporia as "entranhadas vivências brasileiras". Gomes, que aceita aí mais uma vez a autoridade do narrador Dom Casmurro, ao acatar sua ordem de não consultar dicionários rejeita a ciência estrangeira em favor do costume local. Esse costume legitimaria e, ao que parece, tornaria melhor e mais pertinente a leitura tradicional do romance, que o olhar externo e metódico de Caldwell vinha perturbar.

Helen Caldwell jamais respondeu publicamente aos textos de Eugênio Gomes, mas sabemos que tomou conhecimento da existência dos artigos, conforme carta datada de 6 de julho de 1960, escrita em português, enviada a Américo Jacobina Lacombe, na qual se lê:

---

31 Gomes, Que há num nome?, *Correio da Manhã*, 9 jul. 1960.

MACHADO DE ASSIS, O ESCRITOR QUE NOS LÊ

Estimado Sr. Américo Jacobina Lacombe
Muito e muito obrigada pela sua carta e pelas boas palavras que se dignou dedicar ao meu trabalho.
Também muito obrigada pela propaganda realizada entre os "Machadianos". Li detalhadamente o artigo do seu amigo Eugênio Gomes, e fiquei lisonjeada com a atenção que lhe merci [sic]. Vou por este correio dizer-lho. E calculará o interesse com que fico esperando a continuação dos artigos que me anuncia. Bem haja por tudo!
Também lhe agradeço a sugestão de envio de um exemplar à Academia Brasileira. E se quiser fazer-me mais o favor de amavelmente se encarregar de fazer chegar ao seu destino o exemplar que por êste correio lhe envio, muito obrigada!
Renovando-lhe os meus agradecimentos, aqui fico ao seu dispor.
Com a maior estima e consideração.
Helen Caldwell[32]

Depois de informar que leu com muito interesse o primeiro dos artigos de Eugênio Gomes, Helen Caldwell mostra-se bastante lacônica sobre esse assunto. Em carta de 27 de julho de 1960, acusa o recebimento do segundo artigo, que declara ter estimado muito, diz estar à espera do terceiro, sobre o qual nada foi possível encontrar na correspondência consultada, e mostra-se exultante com a notícia de que seu "modesto trabalho será apresentado oficialmente à Academia Brasileira".

Isso de fato parece ter ocorrido, já que em setembro de 1963 a Academia Brasileira de Letras enviou-lhe correspondência informando a concessão da Medalha Machado de Assis, por solicitação do acadêmico Raimundo Magalhães Júnior, em reconhecimento

---

32 Caldwell, Helen. Carta manuscrita a Américo Jacobina Lacombe, em papel timbrado da University of California, Los Angeles, 90024, California, com o seguinte cabeçalho manuscrito: Classics Dept. 6 de julho de 1960. As cartas de Caldwell a Lacombe se encontram no Arquivo Museu de Literatura Brasileira da Fundação Casa de Rui Barbosa, no Rio de Janeiro.

ao seu trabalho em prol da divulgação da literatura brasileira nos Estados Unidos.[33]

A resposta de Caldwell à Academia foi imediata. A crítica dizia-se surpresa e emocionada pelo reconhecimento e ficava no aguardo de mais informações.[34] Um ano e meio depois, escrevia para Américo Jacobina Lacombe pedindo notícias da medalha:

> Meu prezado amigo –
>
> Lembrada da sua muita amabilidade para comigo, venho com os meus melhores cumprimentos pedir-lhe que me dê notícias sobre assunto de meu interesse.
>
> Como poderá ver pelas duas "cartas cópias" juntas, mais uma vez o Brasil me distinguiu com honras que me lisonjeiam. Quiz [sic] a Academia Brasileira de Letras conceder-me a Medalha Machado de Assis, e tive informação do facto em 23 de setembro de 1963, como poderá observar. Sei que isto foi obra sua e não sei esquecê-lo: bem-haja! Mas agora vem o caso que não intendo [sic]: Havendo eu respondido imediatamente (como era meu dever), não tive até hoje qualquer informação mais. Esqueci-eu [sic] qualquer formalidade que se impusesse? Este é o favor que quero pedir-lhe – informar-me sobre o caminho a seguir nesta circunstância.
>
> Agora, julgando que como historiador lhe interessará "o caso", quero contar-lhe que a University of California Press está publicando Esaú e Jacob numa tradução minha. Deve estar fora entre maio e junho.
>
> Voltando à primeira parte da minha carta, espero que me desculpe dar-lhe taes trabalhos, mas é natural que eu queira a minha medalha, não lhe parece? Tambem, penso ser meu dever escrever ao escritor R. Magalhães Júnior, e estou um pouco confusa sem mais notícias.

---

33 Carta de Terezinha Marinho, chefe da Secretaria da Academia Brasileira de Letras, a Helen Caldwell, datada de Rio de Janeiro, 23 de setembro de 1963. Fundação Casa de Rui Barbosa.

34 Carta à Academia Brasileira de Letras, datada de 8 de outubro de 1963, em papel timbrado da University of California, Los Angeles.

Como está a Senhora de Lacombe? Peço-lhe que lhe faça as minhas lembranças.

Renovando os meus agradecimentos, peço-lhe que disponha sempre do fraco préstimo da sua amiga admiradora,

Helen Caldwell[35]

A resposta de Lacombe não foi encontrada. Em toda a coleção de recortes de jornais de Plínio Doyle e José Galante de Sousa consultada na Fundação Casa de Rui Barbosa, bem como na Hemeroteca Digital da Biblioteca Nacional, não há registro nem da concessão da medalha prometida nem da solenidade de sua entrega. Nas décadas de 1950 e 1960, os jornais costumavam noticiar as visitas de estudiosos estrangeiros de Machado de Assis ao Brasil, como fizeram com William Grossman e Jean-Michel Massa, que por longos anos se dedicaram ao escritor, e também com Jack Tomlins, professor do Novo México que veio ao Brasil em 1954 para realizar estudos que não se concretizaram. Entretanto, foi encontrado na imprensa apenas um registro lacônico da visita de Helen Caldwell ao Brasil, publicado na *Tribuna da Imprensa* em 1º de setembro de 1961: "Está no Rio a escritora norte-americana Helen Caldwell que se tem especializado no estudo da obra de Machado de Assis". Ela anunciara essa viagem em outra carta a Lacombe, datada de julho de 1961.

Nessa carta, informa que estaria acompanhada dos amigos sr. e sra. August Frugé. Este, então diretor da University of California Press, tinha interesse na literatura brasileira e provavelmente foi um dos responsáveis pela publicação de *The Brazilian Othello of Machado de Assis* e também pela tradução de *Esaú e Jacó*, lançados pela editora universitária em que Frugé trabalhou por várias décadas. A Ford Foundation financiou a vinda dele ao Brasil, mas não

---

35 Carta datilografada, com assinatura manuscrita, datada de 3 de fevereiro de 1965. Papel timbrado da University of California, Los Angeles, com os dizeres "Department of Classics / Los Angeles, California 90024" também impressos.

temos informações sobre o apoio financeiro recebido por Helen Caldwell de instituições norte-americanas ou brasileiras nem para a viagem anunciada, nem para sua longa pesquisa em torno de Machado. Pelo modo como termina a carta, sabemos que seria a sua primeira viagem ao país: "Calculará com que prazer vou finalmente ver se tudo o que penso do Brasil é ainda pouco comparado com a verdade."[36] A viagem efetivamente foi realizada, conforme conta August Frugé em seu livro de memórias, e incluiu visita ao Rio de Janeiro, São Paulo e Salvador.[37]

As cartas de Helen Caldwell a Américo Jacobina Lacombe, então presidente da Fundação Casa de Rui Barbosa, revelam insegurança na escrita em português, pois nelas aparecem usos pouco comuns na língua, tais como "patronizado" por "patrocinado", o emprego da expressão "imprensa escolástica" em vez de "imprensa acadêmica" e do termo "inusual", que a crítica e tradutora parece adotar como registro de coloquialidade: "em haja por tudo!". São esses os registros mais pessoais de Helen Caldwell encontrados em todos os arquivos pesquisados, incluindo a biblioteca e os arquivos da Universidade da Califórnia, em Los Angeles, onde ela lecionou por 28 anos, de 1942 a 1970. Ali, o silêncio em torno dela é impressionante: além dos livros que publicou, há apenas um necrológio escrito por ocasião de sua morte, em 1987.[38] Em nenhum arquivo foi possível encontrar registro nem vestígios do paradeiro da biblioteca e dos documentos pessoais dessa personagem tão importante quanto enigmática dos estudos machadianos, que deixou marcas e um incômodo duradouro não só em Eugênio Gomes, mas na crítica brasileira de maneira geral, como veremos adiante.

---

36 Carta de Helen Caldwell a Américo Jacobina Lacombe datada de Classics Dept. 24 de julho de 1961.

37 Frugé, *A skeptic among scholars*.

38 O necrológio de Helen Caldwell está disponível em: <http://texts.cdlib.org/view?docId=hb6z09p0jh&doc.view=frames&chunk.id=div00008&toc.depth=1&toc.id=>. Acesso em: 6 fev. 2016.

MACHADO DE ASSIS, O ESCRITOR QUE NOS LÊ

Gomes retomaria os assuntos tratados por Caldwell em *O enigma de Capitu*, publicado em 1967. Um tanto extemporâneo, o livro de Eugênio Gomes procura demonstrar a "inocência" de Capitu, sete anos depois da publicação do livro de Helen Caldwell, ao qual não faz nenhuma referência direta, embora, como vimos, em 1960 tivesse dedicado a ele três resenhas. O silêncio não passou despercebido por um machadiano atento e bem informado como Raimundo Magalhães Júnior em sua resenha do livro de Gomes:

> [...] o livro de Eugênio Gomes traz uma nova e valiosa contribuição, surpreendendo-nos, contudo, que nele não haja uma só referência ao trabalho de Helen Caldwell, o que só se explica por inteiro desconhecimento de tal obra. Desconhecimento que pode à primeira vista parecer indesculpável num especialista em letras de língua inglesa e em assuntos shakespearianos, como Eugênio Gomes, mas na verdade perdoável quando se leva em conta a quase nenhuma repercussão do livro de Helen Caldwell em nosso País, como o fato de ter vivido Eugênio Gomes estes últimos tempos, primeiro como redator de discursos e mensagens presidenciais e, por fim, ausente do País, como adido cultural na Espanha.[39]

O objetivo declarado por Eugênio Gomes é examinar os meios de que o romancista se valeu, na trama e no desenvolvimento da narrativa, para torná-la complexa a ponto de suscitar tantas controvérsias,[40] as quais de fato não são explicitadas no livro. Assim como fizera Caldwell, Gomes procura provar que Capitu não cometera adultério, agora para repor o enigma, enfatizando os mecanismos de construção do romance, considerado por ele "a narrativa mais ambígua da literatura nacional".[41]

---

39 Cf. Magalhães Júnior, Uma nova visão de *D. Casmurro. Jornal do Brasil*, 20 jan. 1968, p.4.

40 Gomes, *O enigma de Capitu – ensaio de interpretação*, p.XIV.

41 Ibid., p.XV.

Para isso, os aspectos mais variados do romance são abordados, em dezenas de pequenas seções, divididas por tópicos, às vezes fragilmente conectados entre si, com uma profusão de citações de trechos do romance nem sempre acompanhados de análise.

O autor busca demonstrar as razões para se desconfiar do narrador, como havia feito Helen Caldwell. Entretanto, em muitos momentos, parece não distinguir com clareza Bentinho, Dom Casmurro e o escritor Machado de Assis, o que se nota em trechos como estes:

> Em princípio deve desconfiar-se de todo contador de histórias que está sempre a interromper o fio da narração para advertir que só diz a verdade, e tal é precisamente o caso específico de Bentinho.[42]

> Por força da índole de sua imaginação, Machado de Assis não tinha como sair da fraseologia conceituosa, que prevaleceu geralmente sobre as suas ideias literárias.[43]

No primeiro trecho, Bentinho aparece no lugar de Bento Santiago ou Dom Casmurro, este o principal responsável pela narração; no segundo, a dicção da personagem é explicada pelo estilo do escritor, sugerindo que o crítico não considerava as falas dos narradores como construções de Machado, mas como expressão direta do escritor. Em outros momentos, no entanto, Gomes distingue perfeitamente os planos de autoria e de narração:

> [...] um fenômeno interessante de perspectivismo intelectual, que coloca o autor fictício [D. Casmurro] distintamente em dois planos: o da adolescência e o do homem maduro, identificáveis pelo tono que um e outro podiam dar convincentemente às suas reações ou reminiscências.[44]

---

42 Ibid., p.39.
43 Ibid., p.29.
44 Ibid., p.45.

MACHADO DE ASSIS, O ESCRITOR QUE NOS LÊ

Embora seja interessante a relação que Eugênio Gomes faz, no final do livro, entre o enredo de *Madeleine Férat*, de Zola, e *Dom Casmurro*, seu objetivo principal, mas velado, parece ser afirmar que nem Shakespeare nem Otelo seriam as referências principais ou decisivas para a composição e para a interpretação do romance. Talvez para diminuir a importância de *Otelo* como matriz narrativa e interpretativa, volta a proclamar *Dom Casmurro*, de maneira bastante peremptória, como "o romance machadiano que revela mais pronunciada impregnação dickensiana".[45]

The Brazilian Othello of Machado de Assis provocou um imbróglio crítico até então inédito no Brasil. A reação de Eugênio Gomes, em *O enigma de Capitu*, suscitou até mesmo a publicação de um livro de contracrítica. Trata-se de *Machado de Assis – Equívocos da crítica*, obra de 1974 em que Alfredo Jacques procura refutar as teses contidas nos ensaios de Eugênio Gomes, em especial em *O enigma de Capitu*, que segundo Jacques destilariam veneno e malevolência contra o escritor Machado de Assis. Jacques em nenhum momento se refere a Caldwell ou ao *Otelo brasileiro*, nem dá a entender que o livro de Gomes fosse uma resposta velada às teses da crítica norte-americana. Entretanto, cita outro crítico norte-americano estudioso de Machado de Assis, Benjamin Woodbridge Jr., para ao final do livro lançar o seguinte comentário:

> Qual a causa real da prevenção de Eugênio Gomes, espírito culto, calmo, comedido, para com um homem de letras que, pelo menos, podia ter sido seu professor de estilo e bom gosto? Terá sido um impulso irreprimível do instinto de competição, que entre os intelectuais é mais acerbo e mais fácil de acender-se do que entre os desportistas? Ou será o caso de amor-próprio ferido com a acolhida dos livros do romancista nos países de fala inglesa? É conhecida a grande predileção de Eugênio Gomes pela literatura britânica, e foram precisamente os anglo-saxões os primeiros a apreciar e a difundir os trabalhos de Machado de Assis. Não se deve descartar também

---

45 Ibid., p.99.

a hipótese de vaidade ferida. Eugênio Gomes é um letrado que prima em escrever elegantemente, e, ele próprio, citando Ortega y Gasset, afirma ser o estilista um incansável Narciso literário.[46]

Menos desfavorável, mais técnica mas igualmente presa à leitura tradicional do romance é a reação de Wilson Martins no artigo "O Otelo brasileiro", publicado em 1962. Ele reconhece o ineditismo do estudo de Caldwell, que analisa o romance linha a linha, quase palavra a palavra, buscando o significado da obra na própria obra e não em elementos externos a ela, o que aprova. Destaca também o seu pioneirismo, no sentido de que "a biografia e a psicologia do romancista são resolutamente deixadas de lado, em favor da psicologia e da biografia dos personagens", atitude pouco usual na crítica brasileira, até então bastante concentrada em explicar a obra a partir da biografia e da psicologia do homem Machado de Assis, como fizera Lúcia Miguel Pereira, ou do autor Machado de Assis, como propunha Augusto Meyer. Wilson Martins, no entanto, se diz surpreso com o fato de uma crítica de língua inglesa "ignorar as virtudes do *understatement* machadiano" e acusa a dificuldade de Caldwell em lidar com a ironia e as ambiguidades do escritor.

Martins, por sua vez, também demonstra dificuldade com a ironia machadiana, não distinguindo o romancista dos seus personagens. Ao refutar a interpretação de Caldwell, atribui a Machado as conclusões a que o narrador-personagem chega no final do romance: "O romancista não permite qualquer dúvida sobre o adultério, nem, por consequência, dá ao leitor qualquer liberdade de decidir em sentido contrário. Mais ainda, Machado de Assis apresenta Capitu de tal maneira, desde os dias da infância, que o adultério está, por assim dizer, necessariamente na sua psicologia".[47] Para refutar a observação de Caldwell de que as semelhanças entre Ezequiel e Escobar não conduzem necessariamente

---

46 Cf. Jacques, *Machado de Assis – equívocos da crítica*, p.114.
47 Martins, O Otelo brasileiro. *O Estado de S. Paulo*, 15 set. 1962, p.2.

à conclusão do narrador de que a criança fosse filha do amigo, Martins carrega nos advérbios, encampando e enfatizando as conclusões de Dom Casmurro: "O menos que se pode dizer a esse respeito é que Ezequiel parecia *excessivamente* com Escobar e que o conjunto dos demais indícios concorrem para tornar tal seme-lhança *significativamente* suspeita".[48]

Wilson Martins, então professor na Universidade do Kansas, nos Estados Unidos, assume postura menos territorialista do que Eugênio Gomes em relação à crítica norte-americana, sem deixar de ressaltar que uma de suas fraquezas estaria no fato de escapar--lhe "o que o romance possa ter de nacional". Isso teria impedido Caldwell de notar a ironia e o *understatement* machadianos. Sem explicitar o que seriam esses traços nacionais – que parecem impli-car a naturalização da visão do narrador, associada à autoridade do autor e chancelada pela visão de mundo de seus leitores brasi-leiros ou familiarizados com o Brasil –, chega à formulação de um "neutro" que teria sido criado por Machado:

> Na oscilação entre o nacional e o universal, Machado de Assis introduziu o elemento neutro da grande obra de arte, isto é, o con-vencional. Otelo, o Mouro de Veneza, não é Mouro nem Vene-ziano; Escobar e Bentinho, vivendo, um, a dissimulação da traição, e, outro, a dissimulação da vingança, pertencem mais ao universo do romance do que ao mundo de paixões imediatas e incontroláveis no qual os brasileiros geralmente se movem. Mas, como era preciso ser inglês para escrever *Otelo*, era indispensável ser brasileiro para escrever *Dom Casmurro*; é essa "marca" particular e indefinível que lhes permite acrescentar qualquer coisa de novo ao que poderíamos chamar, empregando uma imagem da sra. Helen Caldwell, a galáxia da literatura universal.[49]

Sem deixar claro o que seria a "marca particular e indefiní-vel", Wilson Martins termina por fazer uma defesa da pertença

---

48 Ibid. Grifos meus.
49 Ibid. Grifos meus.

universal de Machado de Assis, ainda que sua crítica se assente sobre preconceitos e prejuízos que a esta altura talvez possamos qualificar de "locais", por identificarem, sem mais, a posição do narrador com a do romancista, tornando-a inquestionável.

A "cegueira" atribuída a Helen Caldwell também vem discretamente associada a questões e sentidos "culturais" que para ela estariam velados, tais como a compreensão de todas as acepções da palavra "ponta" – um comentário de Martins que a sensibilidade feminista contemporânea qualificaria como sexista. Ao se referir à análise de Caldwell para o capítulo "Uma ponta de Iago", no qual a crítica norte-americana se restringiu a explorar a conotação diabólica do termo "ponta", sem considerar a potencial alusão ao termo "corno", Wilson Martins comenta:

> Contudo, já será correr sem governo pelos domínios da fantasia acrescentar que "ponta" também significa "corno", chifre de animal, e que, sem aludir necessariamente ao sentido que Caldas Aulete dizia dever-se banir da conversação polida (e que parece escapar à sra. Helen Caldwell, o que só pode honrá-la), o romancista estivesse, com isso, identificando o ciúme não somente com Iago mas, também, com o Demônio.

Ao retornar aos escritos de Helen Caldwell oito anos mais tarde, a propósito do lançamento, nos Estados Unidos, de *Machado de Assis – The Brazilian master and his novels*, livro no qual Caldwell passa em revista os nove romances machadianos, Wilson Martins mostra-se ainda mais refratário ao método crítico caldwelliano. Ele a acusa de tomar o escritor isoladamente, sem considerar sua inserção na tradição literária brasileira; qualifica-a como alguém que tem horror à ambiguidade e tacha o seu conhecimento da obra machadiana de "puramente lexológico". Martins desta vez não tem nenhum elogio à produção crítica de Helen Caldwell.[50]

---

50 Cf. Martins, Desleituras. *O Estado de S. Paulo*, 21 nov. 1970, p.4.

MACHADO DE ASSIS, O ESCRITOR QUE NOS LÊ   191

Assim como fizera Eugênio Gomes, Martins sequer aventa a hipótese de que a consulta aos dicionários, provocação feita no texto machadiano, possa revelar sentidos que, mesmo não baseados em "vivências entranhadas", sejam reveladores, legítimos e produtivos para a interpretação do romance. Por outro lado, a obediência de Wilson Martins à sugestão, que lera no dicionário, para que se evitasse o uso de determinado termo, é bastante significativa das superstições e preconceitos associados às palavras, lembrando-nos que os sentidos são instáveis, movediços e culturalmente construídos.

Para Gomes e Martins – e isto talvez possa ser pensado em relação à crítica de *Dom Casmurro*, e também à de Machado de Assis –, a ambiguidade radical da prosa machadiana, embora de uma forma geral reconhecida, parece servir apenas para o outro, para o que chega de fora (do país, ou de determinada perspectiva crítica), uma vez que o sentido "verdadeiro", escorado numa experiência coletiva qualquer (nacional, local, de grupo), seria capaz de dissolver a ambiguidade inicialmente reconhecida e afirmada.

A única reação pública francamente simpática ao livro de Caldwell no Brasil foi registrada no artigo "A reabilitação de Capitu", de Hélio Pólvora, que aceitou as teses principais do livro. Pólvora explicita tanto o que havia de novidade no estudo de Helen Caldwell como o que essa novidade significava para a crítica brasileira e para a história da recepção do romance. Ele não só menciona a aceitação passiva, por parte da crítica, do libelo sustentado por Bento Santiago contra sua mulher, como chama a atenção para a possibilidade de equívoco: "embalada" pelo discurso de Bento Santiago, a crítica machadiana aceitara suspeitas como "provas definitivas".[51]

Tratava-se de voz isolada em meio ao enorme silêncio em torno da possibilidade da leitura divergente explicitada pelo livro de Caldwell, que não por acaso permaneceu inédito em português por mais de quatro décadas, tendo sido publicado no Brasil apenas

---

51 Pólvora, A reabilitação de Capitu. *Jornal do Brasil*, 28 out. 1970, Caderno B, p.2.

em 2002, o que sugere a intensidade e a duração do incômodo por ele causado.

Silviano Santiago foi, no Brasil, o primeiro a entabular diálogo crítico mais fecundo e consequente com as ideias de Helen Caldwell, já no final da década de 1960. No ensaio "Retórica da verossimilhança", de 1969, cita *The Brazilian Othello* e descreve o principal efeito produzido por ele em quase uma década de existência:

> [...] dois partidos tomaram bandeira e começaram a se digladiar em jornais, revistas e até em livros: se condenava ou se absolvia Capitu. A disputa chegou a tal ponto, que um machadiano incansável, Eugênio Gomes, decidiu entrar em campo e apaziguar os ânimos e os grupos rivais, escrevendo duzentas páginas que levam o título infeliz de *O enigma de Capitu*.[52]

Silviano Santiago aproveita uma ideia lançada por Caldwell, que identificara a transversalidade do ciúme na obra machadiana, recenseando sua presença em sete dos nove romances e em dez contos, para escrever três ensaios nos quais investiga a presença do ciúme na poesia, no conto e no romance e propor uma leitura da obra de Machado de Assis como um todo coerentemente organizado, no qual estruturas primárias e primeiras são trabalhadas pelo autor obra a obra, atravessando os diversos gêneros que praticou.[53] Algumas das percepções de Caldwell sobre o romance ganham maior densidade crítica. Assim, o crítico lê *Dom Casmurro* dentro da economia da obra machadiana, como um romance em que

---

52 Santiago, Retórica da verossimilhança. In: _____. *Uma literatura nos trópicos: ensaios sobre dependência cultural*, p.29.

53 Os três ensaios são: Ode, conto, romance; Machado de Assis, 1872; e Retórica da verossimilhança. Os dois primeiros foram publicados em *O Estado de S. Paulo* em 4 e 18 de janeiro de 1969 e 18 de maio de 1969, depois reunidos com o título Jano, janeiro em *Teresa – Revista de Literatura Brasileira* (p.429-52); o terceiro ensaio saiu em: *Uma literatura nos trópicos*, p.27-46.

MACHADO DE ASSIS, O ESCRITOR QUE NOS LÊ

Machado alcançou a perfeição na estruturação do ciúme como tema e como discurso, algo que buscaria desde as primeiras peças e poemas que escreveu, ainda na década de 1870.

Santiago caracteriza com minúcia a posição histórico-social do narrador, buscando paralelismos e conexões entre a história que se passa no âmbito privado do romance e a história pública (política, social e cultural) brasileira. O ensaio está dividido em três partes: a primeira classifica o romance como drama moral, romance ético; a segunda define-o como peça oratória e explicita o que é a "retórica da verossimilhança"; e a terceira busca em Platão e Pascal as bases da retórica em operação no romance que, ao procurar desmascarar "certos hábitos e raciocínios, certos mecanismos de pensamento, certa benevolência retórica", faria uma crítica a dois dos principais pilares da cultura brasileira: a educação bacharelesca e o moralismo jesuítico.

O romance é lido como uma peça oratória, na qual o discurso do narrador em primeira pessoa assume um aspecto forense, na medida em que Bento Santiago utiliza seus conhecimentos jurídicos para criar um caso em torno da culpabilidade da mulher; no entanto, faz isso de maneira insidiosa e falaciosa, ao construir uma argumentação baseada no verossímil, e não na verdade. Outro aspecto destacado pelo crítico é o moral-religioso, e teria a ver com a formação religiosa de Bento, que vem da tradição familiar e da breve experiência no seminário. Aí a falácia consiste em sustentar o provável como verdadeiro, como fariam os jesuítas.

Em resumo, o discurso do narrador é lido como um discurso representativo, na medida em que adota ou faz referência a dois tipos de discursos fundadores da cultura brasileira, o que faria de Bento Santiago um legítimo representante do homem instruído brasileiro, tendo à mão todos os recursos retóricos que lhe permitem subjugar o outro.

Com a encenação do drama ético-moral do brasileiro que tem o poder nas mãos e com a crítica a duas instituições basilares da cultura nacional, Machado teria um objetivo e uma intenção: "desmascarar certos hábitos de raciocínio, certos mecanismos de pensamento, certa benevolência retórica – hábitos, mecanismos e benevolência que estão para sempre enraizados na cultura brasileira".[54] Com isso, seguindo o caminho inverso ao percorrido por Caldwell, Silviano Santiago finca o romance na experiência brasileira, sugerindo a existência de uma marca indelével na formação de um homem da elite brasileira, intencionalmente captada e representada por Machado de Assis em seu sétimo romance.

Em "Retórica da verossimilhança", Santiago enfatiza também a participação do leitor na compreensão do romance, indicando o deslocamento da iniciativa interpretativa para ele, o que em muitos momentos é explicitado pelo narrador. Ao mesmo tempo que é construído como uma espécie de cúmplice do narrador, preenchedor de suas lacunas, o leitor também é desafiado a ler o romance contra ele, como fizera Caldwell, na medida em que o narrador chama a atenção para o caráter falho e possivelmente falseador de sua narrativa.

Isso está implícito numa série de provocações feitas pelo narrador, como é o caso da insistência no "não procures dicionário" ou da afirmação de que ele não alcança o sentido daquelas figuras, referindo-se às pinturas de Nero e Massinissa. Por que o narrador diz não alcançar o sentido? Por que afirma a força de sua imaginação e a incompletude do seu relato? Se a intenção fosse apenas enganar o leitor, Machado teria recursos suficientes para construir uma narrativa sem frestas. Mas, não, propositadamente ele a faz falha, lacunar, equívoca, exigindo que o leitor preencha as lacunas e se posicione diante do que lê.

Para Silviano Santiago, o romance quer com isso despertar o leitor para a pessoa moral de Dom Casmurro, daí ser um "romance ético", que exige "reflexão moral" por parte do leitor, em alguma medida instado a julgar e condenar o narrador e os traços retrógrados e conservadores da cultura que ele representa. Para o crítico, trata-se de um discurso centrado não no discernimento do orador, que não o tem, porque sua posição restringe muito seu campo de

---

54 Santiago, Retórica da verossimilhança. In: *Uma literatura nos trópicos*, p.46.

MACHADO DE ASSIS, O ESCRITOR QUE NOS LÊ

visão, mas no discernimento de quem o lê, pois o romance exige a reflexão do leitor sobre o todo.[55]

A partir dos trabalhos de Caldwell e Santiago, as leituras do romance dirigiram-se primordialmente para a valorização do ciúme como força determinante – em contraposição ao possível adultério, que até então havia sido o foco de interesse. O ciúme passou a ser estudado do ponto de vista da psicologia ou da psicanálise, e também analisado em suas componentes sócio-históricas.

O Otelo brasileiro de Machado de Assis tornou-se também o marco inicial das leituras baseadas na não confiabilidade dos narradores machadianos, abrindo caminho para o aprofundamento da dimensão realista do romance. Esse é o caso da interpretação de John Gledson, que apresenta Bento Santiago como representativo do homem brasileiro num momento histórico específico, o da crise da ordem política e social do país no Segundo Reinado, de modo que o drama doméstico de Bento e Capitu é também uma alegoria das convulsões da crise imperial, incluindo comentários cifrados sobre a Guerra do Paraguai, a Lei do Ventre Livre, a mudança dos gabinetes etc.[56] É também o caso do ensaio "A poesia envenenada de *Dom Casmurro*", em que Roberto Schwarz[57] interpreta as atitudes do narrador e protagonista do romance como típicas do proprietário rentista à brasileira. Voltaremos a essas interpretações no próximo capítulo.

Por ora, vale observar que a partir da leitura de Caldwell se cristalizou a célebre alternativa entre culpar ou inocentar Capitu. Foram promovidos até mesmo julgamentos públicos da personagem e do narrador, com defesas e ataques ardorosos de ambos os lados. A disposição dualista e judicativa pressupõe que a leitura

---

55 Ibid., p.30.

56 O livro foi publicado em inglês com o título *The deceptive realism of Machado de Assis – a dissenting interpretation of* Dom Casmurro (Liverpool: Francis Cairns, 1984) e saiu em português com o título *Machado de Assis: impostura e realismo – Uma reinterpretação de* Dom Casmurro (São Paulo: Companhia das Letras, 1991).

57 Schwarz, A poesia envenenada de *Dom Casmurro*. In: *Duas meninas*.

do romance pode e deve levar a uma conclusão e, no limite, à condenação de alguém, resultando na restrição dos efeitos de um romance cuja grandeza talvez se deva principalmente ao fato de não se deixar reduzir a esta ou a quaisquer outras duas alternativas, como parece indicar o imbróglio que produziu entre seus leitores.[58]

Uma carreira internacional

O "caso Helen Caldwell" resulta e também faz parte do processo de internacionalização da obra de Machado de Assis, que ganhou amplitude inédita com as primeiras traduções de seus romances para o inglês. Esse movimento teve início com o lançamento, em 1952, nos Estados Unidos, de *Epitaph of a Small Winner* [Epitáfio de um pequeno vencedor], tradução de William Grossman para as *Memórias póstumas de Brás Cubas*.[59] Com o título

---

58 Em ensaio de 2009, Paulo Franchetti refaz a história da leitura do romance, dividindo-a em três momentos: o da culpabilização unânime de Capitu; o da sua absolvição, inaugurada com o estudo de Caldwell; e o da condenação do leitor que se deixa enganar pelo narrador, por compartilhar com ele certa visão de classe e certo gosto literário. Cf. Franchetti, No banco dos réus. Notas sobre a fortuna crítica recente de *Dom Casmurro*. *Estudos Avançados*, v.23, n.65, p.289-98, 2009.

59 William L. Grossman foi um dos fundadores do Instituto Tecnológico de Aeronáutica (ITA). Professor de Economia na Universidade de Nova York, especialista em transporte aéreo, Grossman veio para o Brasil em 1948 a convite do Ministério da Aeronáutica e permaneceu em São José dos Campos por quatro anos. Em entrevista, declarou que, diante do desafio de aprender português, achou que um bom método seria conhecer a fundo o texto de um grande escritor. Gostou tanto de Machado de Assis que decidiu traduzir as *Memórias póstumas de Brás Cubas*, o que fez em 1951 com a edição de *The posthumous memoirs of Braz Cubas*, que ele mesmo custeou e fez imprimir numa gráfica de São Paulo. Em 1959, lecionou na Universidade de Nova York um curso sobre Machado de Assis. Cf. Schneider, Machado de Assis em inglês. *A Manhã*, suplemento "Letras e Artes", 11 maio 1952, p.4; Olinto, Machado de Assis conquista os Estados Unidos. *O Globo*, 9 dez. 1952; Sem assinatura, Professor americano divulga literatura brasileira nos

The posthumous memoirs of Braz Cubas, a mesma tradução havia saído no Brasil no ano anterior, numa edição feita em papel de má qualidade e com baixa tiragem, que aparentemente circulou muito pouco no país, já que dela restaram pouquíssimos exemplares. Diante do relativo fracasso dessa primeira edição, Grossman não esmoreceu. No ano seguinte ao da sua primeira publicação no Brasil, numa viagem de férias aos Estados Unidos, conseguiu que uma pequena editora de Nova York, a Noonday Press, dirigida pelo poeta Cecil Hemley, lançasse a tradução nos Estados Unidos, onde saiu com novo título: *Epitaph of a small winner*.[60]

A mudança do título indica o empenho do editor e do tradutor em tornar o livro menos estranho e mais palatável para o leitor de língua inglesa. Se o Brás Cubas do título mantém, para certa parcela do público brasileiro, a sugestão – que a leitura do livro mostra ser enganosa – de tratar-se das memórias de um grande e verdadeiro fidalgo, ecoando o nome do fundador da cidade de Santos, para o leitor norte-americano o nome Brás Cubas poderia soar

---

EUA, *Diário da Tarde*, 26 fev. 1962. Grossman também foi responsável pela tradução de "Missa do galo" para o inglês, publicada no número 2 da revista *Noonday* em 1959. Ele escreveu vários livros sobre outros assuntos, entre eles *Air passenger traffic* (1947), *Fundamentals of transportation* (1959), *Ocean freight rates* (1956) e *The heart of jazz* (1956). Traduziu também escritos de Antonio Callado, Manuel Bandeira e Jorge Amado, com apoio do Programa Aliança pelo Progresso, lançado pelo presidente J. F. Kennedy.

60 A Noonday Press foi fundada em 1951 por Arthur Cohen e Cecil Hemley. No mesmo ano, saiu o primeiro livro, a coletânea de poemas *Porphyry's journey*, do próprio Hemley. *Epitaph of a small winner* foi o primeiro romance publicado pela editora. Cerca de sessenta títulos foram lançados entre sua fundação e 1960, quando a Farrar, Straus and Cudahy comprou a editora. Os autores lançados pela Noonday incluíam grandes nomes da literatura mundial, entre eles, Jean-Paul Sartre, Cesare Pavese, Robert Musil, Herman Hesse, Isaac Bashevis Singer, Tchékhov, José Martí e Siegfried Kracauer. A editora lançou, em 1963, *Cousin Bazílio*, de Eça de Queirós. Cf. Obituary Notes – Cecil Hemley. *Publisher's Weekly*, v.189, 21 mar. 1966; Noonday Press. In: Kurian, *The directory of American book publishing – from founding fathers to today's conglomerates*, 1975.

como um redondíssimo nada. A subversão radical que Machado fazia, desde o título, na tradição dos livros memorialísticos ficava atenuada com a escolha do novo título em inglês.

Desde a primeira publicação no Brasil, Grossman pôde sentir a dificuldade do seu projeto. Numa entrevista ao suplemento "Letras e Artes" do jornal A Manhã, em 1952, meses antes do lançamento de Brás Cubas nos Estados Unidos, o tradutor dava o seguinte depoimento sobre a recepção do romance entre seus conterrâneos:

> Sempre reparava na reação não só dos editores como também dos amigos que tinham lido minha tradução de Brás Cubas e pude observar, de cada vez, que o leitor ou tinha gostado muito, dizendo tratar-se de uma verdadeira obra-prima, ou, pelo contrário, não tinha gostado absolutamente nada, qualificando o romance de Machado de obra destituída de qualquer valor, completamente seca e sem interesse. Nunca, nem uma única vez um leitor o achou simplesmente um "bom livro". Quer dizer, ou havia sincero entusiasmo, ou então franca repulsa.[61]

Junto com a constatação, Grossman formulava uma hipótese que dá mostra da compreensão que tinha da obra machadiana:

> A meu ver, a explicação é a seguinte: Machado de Assis, nas Memórias póstumas de Brás Cubas, destrói impiedosamente quase todos os deuses falsos que, hoje em dia, adoramos. Ele é, nesse romance, iconoclasta sem dó nem piedade. E há a considerar mais o seguinte: no Brás Cubas, Machado destrói precisamente o homem médio que tanto adoramos. Ele o destrói meticulosamente, em todos os seus aspectos: no sexual, no político, nas manifestações de caridade, nas suas pretensões filosóficas, e assim por diante. Acontece então que, quando um homem médio lê esse romance, vê nele a sua própria

---

61 Machado de Assis em inglês. A Manhã, suplemento "Letras e Artes", 11 maio 1952, p.4.

MACHADO DE ASSIS, O ESCRITOR QUE NOS LÊ

destruição, e por isso mesmo dificilmente pode aceitar o livro. Repele-o instintivamente![62]

De fato, na euforia do pós-guerra, quando o sonho americano, em seu auge, podia ser facilmente confundido com a realidade, a prosa machadiana devia ser um remédio insuportável e amaríssimo, para falar como José Dias.

Apesar dos percalços iniciais, a tradução de Grossman sobreviveu à passagem das décadas e ainda hoje é reeditada nos Estados Unidos, mesmo depois de a tradução mais recente, feita por Gregory Rabassa, que ganhou fama internacional ao traduzir para o inglês *Cem anos de solidão*, de Gabriel García Márquez, ter sido publicada pela prestigiosa Oxford University Press. Foi à nova edição da tradução de Grossman que Susan Sontag associou o prestígio do seu nome, publicando nela um ensaio introdutório que a partir dos anos 1990 fez a obra de Machado circular em certas rodas intelectualizadas, tornando-se escritor dileto de um dos símbolos da *intelligentsia* nova-iorquina, o cineasta Woody Allen, como se verá adiante.

Quase simultaneamente a Grossman, na outra costa dos Estados Unidos, Helen Florence Caldwell, dez anos antes de publicar *The Brazilian Othello of Machado de Assis*, chegava ao escritor por caminhos ainda pouco conhecidos. Sabe-se que já em outubro de 1950, num colóquio de estudos luso-brasileiros realizado em Washington, ela apresentou propostas ambiciosas, tais como a publicação de uma bibliografia de Machado de Assis em dois volumes, a elaboração de um catálogo dos títulos que constavam da biblioteca dele e a publicação de dispersos e inéditos do escritor. Projetos até então inéditos, que seriam levados a cabo nas décadas seguintes por José Galante de Sousa e Jean-Michel Massa.[63]

---

62 Ibid.

63 Caldwell, Plea for tools of scholarship for Machado de Assis. *Proceedings of the International Colloquium on Luso-Brazilian Studies (Washington, D.C., 15-20 Oct. 1950)*, 1953, p.219.

Ex-bailarina, discípula do coreógrafo japonês Michio Ito (sobre quem também escreveu um livro), Caldwell acalentou por muitos anos o projeto de tradução e crítica da obra machadiana. Sua primeira tradução, *Dom Casmurro*, saiu também pela Noonday de Cecil Hemley em 1953. Nas quatro décadas seguintes, ela ainda traduziria os romances *Helena*, *Esaú e Jacó* e *Memorial de Aires*, além de vários contos. Esse projeto de tradução desdobrou-se no projeto crítico anteriormente discutido, cujos resultados consistiram na publicação de *The Brazilian Othello of Machado de Assis*, em 1960, e de *The Brazilian master and his novels*, em 1970.[64]

Até então, os registros da recepção crítica do romancista no exterior eram bastante tímidos e rarefeitos, consistindo apenas de artigos e resenhas publicados por críticos e escritores que em certo momento "descobriram" e se encantaram com algum livro de Machado de Assis, sem que a empolgação resultasse em trabalhos mais alentados e consistentes. *The Brazilian Othello* pode ser entendido também como ponto inaugural de uma linhagem de estudos importantes sobre Machado realizados por críticos estrangeiros fora do Brasil, entre os quais se destacam a melhor biografia intelectual do escritor, *A juventude de Machado de Assis*, publicada por Jean-Michel Massa no início dos anos 1970, as interpretações de John Gledson para *Casa velha* e *Dom Casmurro*, publicadas ao longo dos anos 1980, e, mais recentemente, os estudos de Abel Barros Baptista, marcos da internacionalização do interesse pela obra que ganhou fôlego apenas a partir da década de 1950.[65]

---

64 A tradução de *Esaú e Jacó* foi lançada em 1965, a do *Memorial de Aires* em 1972, a de *Helena* em 1983; as coletâneas de contos *The psychiatrist and other stories*, feita com William L. Grossman, e *What went on the baroness* foram publicadas em 1963. Embora tenha seguido carreira acadêmica, Caldwell desenvolveu seu longo percurso como tradutora e crítica da obra machadiana em paralelo à sua atuação como professora de grego e latim na Universidade da Califórnia, em Los Angeles, sem jamais ter atuado ou tido qualquer ligação institucional com o departamento de Espanhol e Português da UCLA.

65 A noção de crítica estrangeira, ou feita fora do Brasil, é problemática e tem sido questionada por vários críticos, entre eles Roberto Schwarz e Abel

MACHADO DE ASSIS, O ESCRITOR QUE NOS LÊ

As trajetórias de Grossman e Caldwell mostram que a difusão da obra machadiana no exterior dependeu muito de acasos e paixões, mas também das transformações geopolíticas ocorridas entre as décadas de 1940 e 1960, quando os Estados Unidos se tornaram potência mundial, emergiram como autoridade regional e procuraram conhecer melhor a América Latina e o que havia nos seus países, para além das riquezas agrícolas e minerais. Boa parte das traduções de livros brasileiros para o inglês no período foi viabilizada pelo apoio direto ou indireto do Departamento de Estado norte-americano, por meio de programas como Aliança para o Progresso e fundações como Ford e Rockfeller.

Nas universidades norte-americanas, foram criados os chamados Area Studies, que reforçavam os estudos sobre áreas estratégicas para os interesses norte-americanos nas várias regiões do globo, o que possibilitou, por exemplo, a realização dos primeiros cursos universitários sobre Machado de Assis, como o que William Grossman ministrou na Universidade de Nova York em 1959,[66] e, direta ou indiretamente, as publicações das traduções de seus livros. Em contrapartida, no bloco soviético também se realizavam conferências, inauguravam-se retratos e publicavam-se as primeiras traduções de Machado em russo, tcheco e polonês. Examinando a repercussão internacional da obra do escritor na

---

Barros Baptista, como veremos na última parte deste livro. O estrangeiro teria menos a ver com o lugar de nascimento ou de atuação acadêmica do que com o modo como a crítica procura ou não especificar as relações entre a obra machadiana e a experiência brasileira (seja associando-a ao âmbito local ou mundial). O caso de John Gledson é particularmente interessante: embora tenha tido formação acadêmica na Inglaterra e nos Estados Unidos e atuado sobretudo naquele país como professor e pesquisador, e ainda que os pressupostos teóricos e o tipo de disciplina crítica de Gledson sejam bastante distintos das práticas da academia brasileira, sua crítica alinha-se com as leituras nacionais, como afirma Roberto Schwarz, na medida em que busca especificar os nexos entre a obra e a história brasileira.

66 Universidade de N. Iorque realizará o primeiro curso sobre Machado de Assis, *Jornal do Brasil*, Rio de Janeiro, 23 ago. 1959.

imprensa brasileira dos anos 1950, são cada vez mais frequentes os registros de palestras, cursos e edições tanto nos países comunistas como nos Estados Unidos, sugerindo a sua inclusão como item das disputas da Guerra Fria, numa demonstração de que o interesse internacional acompanhou o acirramento das tensões crescentes entre o bloco soviético e os Estados Unidos.[67]

Essa ampliação considerável da recepção internacional teve consequências importantes para a interpretação da obra machadiana. Para além de vários ganhos interpretativos pontuais trazidos pela leitura de Helen Caldwell, a maior difusão e a circulação internacional da obra de Machado de Assis possibilitaram a formulação de uma crítica mais atenta ao texto e também permitiram olhar com mais clareza os condicionamentos culturais e históricos envolvidos na atividade crítica.

No final da década de 1960, também ganham força o lamento e a reivindicação por um maior conhecimento e internacionalização da figura do escritor. Isso é formulado simultaneamente por uma crítica estrangeira, Helen Caldwell, que inicia seu *Otelo brasileiro* declarando que o Brasil tem uma joia rara desconhecida pelo público anglófono, e por um crítico brasileiro, Antonio Candido, que na célebre conferência feita nos Estados Unidos, e que deu origem ao "Esquema de Machado de Assis", associa a parca circulação e a falta de conhecimento da obra machadiana fora do Brasil a questões geopolíticas e linguísticas.

---

67 Cf. Machado de Assis em Moscou, *Manchete*, Rio de Janeiro, s/d; Machado de Assis em polonês, *Novos Rumos*, Rio de Janeiro, 16 abr. 1959; Machado de Assis na URSS, *Novos Rumos*, Rio de Janeiro, 17 abr. 1959; Estudando Machado de Assis em Moscou, *A Tarde*, Salvador, 24 abr. 1959; Literatura brasileira em russo, *Jornal do Brasil*, Rio de Janeiro, 20 jun. 1959; Brasil e Estados Unidos: estudo dos pontos de contato cultural, *O Jornal*, Rio de Janeiro, 14 jul. 1959; Brasileiros na Polônia, 23 jul. 1959; Versão tcheca da obra de Machado, *Jornal do Commercio*, Rio de Janeiro, 26 ago. 1959; Machado de Assis traduzido para o checo, *O Estado de S. Paulo*, 30 ago. 1959; Autores brasileiros na URSS, *Novos Rumos*, 25 set. 1959.

MACHADO DE ASSIS, O ESCRITOR QUE NOS LÊ   203

Esse movimento cruzado – de um lado, uma crítica norte-americana passa a dedicar-se com constância e afinco ao estudo de um autor brasileiro e, de outro, um dos principais críticos literários brasileiros do século XX vai a uma universidade norte-americana apresentar Machado de Assis – é sintomático do trânsito inédito da literatura e da crítica literária entre os dois hemisférios da América que se verificou a partir da década de 1950.

Um lugar no mundo

Um marco mais recente do processo de internacionalização iniciado em meados do século XX é o já mencionado ensaio de Susan Sontag, "Vidas póstumas: o caso de Machado de Assis", originalmente publicado na *The New Yorker* e logo em seguida incluído como prefácio para uma nova edição da tradução de *Brás Cubas* por William Grossman.[68] No seu ensaio, Sontag destaca a originalidade do romance, único exemplar de uma autobiografia a cumprir seu ideal: abarcar toda uma vida, o que só se torna possível porque o autor já é defunto. Por motivos óbvios, chama a atenção para o sentido do póstumo na obra machadiana, salientando que a posteridade refere-se tanto à situação central de *Memórias póstumas de Brás Cubas*, romance em torno do qual gira o ensaio, no qual o defunto-autor dirige-se aos pósteros, como ao reconhecimento tardio dos méritos do escritor, que só muitas décadas depois de sua morte passou a existir para o público de língua inglesa.

De maneira muito perspicaz, Sontag nota que a ansiedade com a recepção da obra, que permanece viva e continua a ter desdobramentos mais de um século depois da escritura e publicação de *Brás Cubas*, está inscrita no próprio romance. Nele, o narrador-defunto,

---

68 Cf. Sontag, Vidas póstumas: o caso de Machado de Assis. In: *Questão de ênfase*, p.47-60. O ensaio foi publicado pela primeira vez na edição de 7 de maio de 1990 na *The New Yorker* e depois transformado em prefácio para a edição de *Epitaph of a small winner* publicada pela Farrar, Strauss and Giroux em Nova York, em 1990, uma republicação da tradução de William Grossman.

que pela sua condição devia estar completamente alheio a preocupações dessa ordem, gasta boa parte da sua escrita conjecturando sobre a posteridade:

> [...] escrever de além-túmulo não livrou esse narrador da necessidade de mostrar uma dose ostentosa de preocupação com a recepção de sua obra. Sua ansiedade debochada está corporificada na própria forma, na distintiva velocidade do livro.[69]

Parte dessa ansiedade pode ser atribuída também à ensaísta, que expressa surpresa com o fato de ter ignorado por tanto tempo um escritor do porte de Machado de Assis, o qual inclui entre suas influências retrospectivas, ao lado de Laurence Sterne, Natsume Soseki, Robert Walser, Italo Svevo e Samuel Beckett:

> Fico espantada de que um escritor de tamanha grandeza ainda não ocupe o lugar que merece. [...] Mais notável do que sua ausência no palco da literatura mundial é ter sido ele muito pouco conhecido e lido no resto da América Latina [...]. Com tempo bastante, vida póstuma bastante, um grande livro termina por encontrar o seu lugar de justiça.[70]

A inquietação traduz-se sempre em lugares hierarquizados: há o lugar de merecimento ou de justiça, que é o do palco da literatura mundial, em oposição ao lugar mais modesto correspondente à fração da América Latina na qual se insere o Brasil. Notável também, no que diz respeito aos lugares, este outro comentário: "O lugar de onde Brás Cubas escreve não é uma vida póstuma autêntica (não tem nenhuma geografia), mas apenas mais uma experiência com a noção de distanciamento autoral".[71]

---

69 Sontag, op. cit., p.51.
70 Ibid., p.58-9.
71 Ibid., p.57.

MACHADO DE ASSIS, O ESCRITOR QUE NOS LÊ

Aí aparece uma dupla negação do lugar geográfico, com a correspondente afirmação do distanciamento autoral. O gesto crítico destaca Brás Cubas, e Machado, da experiência local, brasileira, para associá-lo à questão técnica da situação narrativa, o que permite perfilá-lo aos autores já mencionados: Sterne, Soseki, Svevo etc.

Há também o tempo para que esse lugar de justiça seja encontrado, além da crença numa justiça literária, uma reparação que será feita – ou que está sendo feita no exato momento em que Sontag escreve e reconhece o lugar de um grande livro.

A perplexidade atravessa todo o ensaio: como alguém, vivendo em Nova York durante boa parte da segunda metade do século XX e com tanta informação à mão, pôde até aquele momento desconhecer esse escritor? Isso leva à reflexão final do ensaio, em forma de mea-culpa, sobre o possível provincianismo de quem está no centro e o potencial cosmopolitismo de quem está na margem. Machado de Assis exporia a instabilidade dessas posições. Ainda que as posições possam eventualmente estar trocadas, como sugere o ensaio, esse é um evidente caso de exceção, uma vez que a reparação da injustiça parece ser feita a partir do centro. Entretanto, Sontag desafia as noções cristalizadas sobre o que é provinciano e o que é cosmopolita, o que é centro e o que é periferia, pondo em termos mais contemporâneos o debate em torno da pertença problemática do escritor.

Por meio desse ensaio, que foi traduzido e publicado na Espanha, Itália e Tchecoslováquia ainda nos anos 1990, Susan Sontag pôs o nome e a obra de Machado para circular em meios intelectuais e editoriais influentes, assim como entre personalidades de apelo midiático, como o já mencionado Woody Allen, que se referiu ao escritor em entrevistas que tiveram ampla divulgação e repercussão no Brasil.[72]

---

72 Respondendo a enquete do jornal britânico *The Guardian* na edição de 6 de maio de 2011, Woody Allen incluiu *Memórias póstumas de Brás Cubas* entre seus cinco livros preferidos. Eis o que escreveu o autor, roteirista e diretor de

O interesse por Machado no mundo anglófono teve vários antecedentes. Até meados do século XX, Isaac Goldberg, Waldo Frank, Tony Tanner, V. S. Pritchett, entre outros, fizeram traduções ou escreveram artigos elogiosos sobre as traduções para o inglês, sem que esses textos tivessem repercussão significativa e força suficiente para ampliar a circulação da obra de Machado no ambiente anglófono.[73] Entretanto, como nota Roberto Schwarz, em ensaio que voltará a ser discutido mais à frente, foi sobretudo a partir dos anos 1980 que se formou um ambiente de "cumplicidades seletas" em torno do escritor.[74]

Antes de Sontag, Salman Rushdie, outro intelectual influente e de grande projeção internacional, havia citado Machado de Assis como um de seus pais literários, ao discutir a questão da

---

cinema a respeito de *Epitaph of a small winner*: "Um dia o livro chegou pelo correio. Alguém no Brasil enviou e escreveu: 'Você vai gostar disso'. Porque era um livro fino, eu o li. Se fosse grosso, eu teria me desfeito dele. Fiquei espantado de ser um livro tão encantador e interessante. Não acreditava que ele tinha vivido há tanto tempo. É uma obra muito, muito original. Fez acender algo em mim, da mesma maneira que ocorreu com *O apanhador no campo de centeio*. Era sobre um assunto de que gosto, e tratado com grande inteligência, grande originalidade e nenhum sentimentalismo." Em 2009, Allen produziu um filme, *Whatever works*, com um personagem-narrador, Boris (interpretado pelo ator Larry David), que se dirige ao telespectador, como faz Brás Cubas com os leitores, e com um tipo de humor que remete ao humorismo machadiano.

73 Isaac Goldberg traduziu e editou *Brazilian tales* (Four Seas, 1922), no qual incluiu dois contos e um diálogo de Machado, junto com textos de Medeiros e Albuquerque, Coelho Neto e Carmen Dolores; em 1953, Waldo Frank escreveu o texto de introdução para a primeira tradução de *Dom Casmurro* (Noonday Press, 1953) para o inglês, feita por Helen Caldwell; em fevereiro de 1966, V. S. Pritchett escreveu um ensaio sobre Machado, a propósito das traduções de *The psychiatrist and other stories* (Peter Owen, 1963) e *Esau and Jacob* (Peter Owen, 1966); em abril de 1966, Tony Tanner publicou um longo artigo na *The London Magazine* comentando a obra do escritor em geral, aproveitando a oportunidade da recente tradução de *Esaú e Jacó*.

74 Cf. Schwarz, Leituras em competição. *Novos Estudos Cebrap*, n.75, jul. 2006, p.62.

MACHADO DE ASSIS, O ESCRITOR QUE NOS LÊ   207

pertença nacional da literatura no famoso ensaio "Imaginary homelands", de 1981:

> [...] somos escritores inescapavelmente internacionais num tempo em que o romance não poderia ser uma forma mais internacional (um escritor como Borges fala da influência de Robert Louis Stevenson sobre sua obra; Heinrich Böll reconhece a influência da literatura irlandesa; a polinização por cruzamento está em toda parte); e talvez seja uma das liberdades mais prazerosas do migrante literário poder escolher seus pais. Os meus – escolhidos em parte conscientemente, em parte não – incluem Gógol, Cervantes, Melville, Machado de Assis; uma árvore genealógica poliglota, pela qual eu me meço, e à qual eu ficaria honrado de pertencer.[75]

Nascido na Índia e radicado na Inglaterra, Rushdie discute justamente as possibilidades de um escritor exilado, migrante, tratar do seu lugar de origem, do qual muitas vezes está afastado por muito tempo, e defende a existência de uma Índia imaginária, alegando que as terras natais são antes imaginárias do que marcadas por algum traço essencial: "em resumo, criaremos ficções, não cidades e vilarejos reais, mas terras natais invisíveis, imaginárias, Índias da imaginação".[76] É nesse sentido que sua família literária pode incluir escritores de vários tempos e lugares, entre os quais Machado de Assis, ao mesmo tempo que a lista dos seus antecessores não inclui – fato notável e que merece reflexão – qualquer outro autor indiano. O texto de Rushdie, que também pode ser lido como reivindicação de um lugar legítimo para si mesmo como um escritor nascido na Índia e que, a partir de Londres, tem acesso a qualquer circuito intelectual e literário, desloca mais uma vez a noção de pertença do âmbito territorial e nacional para uma questão de afinidades literárias, que atravessam séculos e continentes. Entretanto, a construção desse lugar

---

75 Rushdie, Imaginary homelands. In: *Imaginary homelands: Essays and criticism 1981-1991*, p.20-1. Tradução minha.
76 Rushdie, op. cit., p.10. Tradução minha.

internacional passa pela exclusão de qualquer conterrâneo, o que faz pensar sobre o sentido da internacionalização, que parece excluir ou pelo menos apagar o lugar de origem, pressupondo uma desvinculação do escritor internacional de qualquer traço local ou nacional, como se o internacional não se constituísse de nacionais.[77]

Interessante, no texto de Rushdie, é que a sua desvinculação das questões indianas do presente – que ele justifica pela sua distância temporal e física do país – vem acompanhada, ato contínuo, por uma proposta de desvinculação da literatura de maneira geral das questões políticas e sociais. Proclama-se uma universalidade e uma autossuficiência da literatura difíceis de comprovar pela observação sobre como funcionam os diferentes circuitos literários nacionais e sobre como os escritores periféricos se situam nos circuitos ditos internacionais, com seus mecanismos muito estritos de consagração.

Não deixa de ser irônico que Machado seja convocado a sentar-se à mesa familiar de Rushdie, seu exato antípoda no que diz respeito às possibilidades de circulação internacional. Rushdie tem o mundo à sua disposição, e seus escritos circularam pelos quatro cantos do globo. Machado esteve restrito durante toda a vida a um raio de menos de duzentos quilômetros do Rio de Janeiro, e sabemos que, a despeito de seu empenho e de seus esforços, sua obra circulou pouquíssimo fora do Brasil.[78] Também é notável que

---

77 Em outro texto e outro contexto, Rushdie localiza as referências do personagem Saleem Sinai, de *Midnight's children*, em textos de Günther Grass, Laurence Sterne e García Márquez. Essa linhagem ocidental, expurgada de qualquer referência indiana, tornaria fácil incluir Rushdie nos departamentos de inglês voltados para os estudos pós-coloniais, como observa de maneira bastante crítica Dipesh Chakrabarty em: *Provincializing Europe – Postcolonial thought and historical difference*, p.28.

78 Durante a vida, Machado teve alguns contos e uns poucos capítulos das *Memórias póstumas de Brás Cubas* publicados em jornais de Portugal, para onde enviou exemplares de seus livros que circularam por lá principalmente por intermediação de pessoas conhecidas. Em espanhol, saíram traduções das

Machado apareça como o último nome de uma enumeração dos internacionalmente mais conhecidos Gógol, Cervantes, Kafka e Melville. O fato de ser precedido pelos outros não lhe confere menos importância, pelo contrário, aparece como elemento surpresa, índice da abrangência dos antecessores de Rushdie, que lança na arena internacional, de chofre, o nome de um escritor pouco conhecido, mas da estatura dos maiores produzidos fora do circuito anglófono.

Rushdie e Sontag reafirmam-se como escritores e intelectuais com visão de amplo alcance geográfico e histórico, a ponto de conhecerem um grande autor que durante mais de século passou despercebido da grande maioria dos escritores e intelectuais do Ocidente. Ambos criam linhagens de escritores, nas quais eles mesmos se inserem e nas quais Machado comparece como elemento inesperado, índice dos vastos conhecimentos e interesses literários desses críticos-escritores plenamente globalizados, que contribuem para criar uma figura também globalizada do escritor.

Vale notar a contemporaneidade entre as leituras de Sontag e Rushdie e a concomitância perfeita entre o ensaio de Sontag e a publicação de *Um mestre na periferia do capitalismo*, de Roberto Schwarz, ambos de 1990. Nos três casos, e ainda que em perspectivas críticas e ideológicas muito diferentes, a questão central tem a ver com a relação da literatura com o lugar, o que talvez seja um sintoma da desestabilização produzida no sentido dos lugares pela aceleração do processo de globalização da década de 1990. Também nos três casos, e a partir de posições diferentes dos críticos no contexto mundial, trata-se de compreender o alcance de Machado de Assis. Para Rushdie, interessa especialmente explorar

---

Memórias póstumas no Uruguai, em 1902, e de *Esaú e Jacó* na Argentina, em 1905. As traduções de seus livros para o francês e o inglês são todas póstumas. Sobre a circulação de Machado em Portugal, cf. Guimarães, Um leitor de Machado de Assis. X *Congresso da Associação Internacional de Lusitanistas*, 2012; Faro, *Avanços em literatura e cultura brasileiras – séculos XV a XIX*, p.77-100.

as tensões existentes entre a produção literária e o local de origem do escritor, buscando desvinculá-las, ao passo que para Sontag e Schwarz, adotando perspectivas simetricamente opostas, o que ressalta são os modos como a produção literária de um escritor como Machado de Assis dá conta de problematizar as posições relativas entre lugares que pertencem a um mesmo sistema, que se proclama universal, mas está baseado em relativizações e profundas desigualdades.

Em Schwarz, isso se traduz no estudo das relações entre centro e periferia, sobre as quais Machado de Assis produziria uma inversão, na medida em que sua obra periférica revela e denuncia as falácias produzidas e difundidas a partir do centro. Nesse sentido, Machado assumiria, ainda que tardiamente, uma posição central, pela lucidez e capacidade de síntese até então esperáveis e encontradas principalmente e apenas nos escritores nascidos ou provenientes dos países centrais. Para Sontag, o escritor provoca um efeito póstumo – talvez tardio demais – de inversão, na medida em que expõe o caráter provinciano dos segmentos mais cosmopolitas da *intelligentsia* nova-iorquina (e, portanto, mundial), alienada em seu cosmopolitismo provinciano.

As leituras de Sontag e Rushdie e a repercussão que tiveram no Brasil são indicativos da abertura do país para o mundo, que se ampliou com o fim da ditadura militar, a partir da década de 1980. Muito citados como provas do crescente prestígio de Machado no exterior, os textos desses críticos foram pouco debatidos no Brasil, como de maneira geral ocorreu com as leituras realizadas fora das fronteiras nacionais. Até meados dos anos 1990 não se estabeleceu nenhuma discussão aberta em torno da obra de Machado de Assis envolvendo a crítica produzida no Brasil e no exterior. As leituras lá e cá se desenvolveram de forma mais ou menos paralela e independente, com preocupações comuns e intersecções, mas sem nenhum registro de diálogo direto entre os críticos. De fato, desde o século XIX e até quase o final do XX, o debate em torno de Machado de Assis envolveu apenas críticos e personalidades locais.

Mesmo a leitura de Helen Caldwell, produzida nos anos 1960 e 1970, que teve forte impacto sobre a crítica brasileira, não chegou a fomentar nenhum diálogo ou debate direto entre a crítica norte-americana e os críticos brasileiros. Conforme se viu, Caldwell jamais respondeu publicamente a Eugênio Gomes e Wilson Martins, que também não se dirigiram a ela diretamente nem debateram publicamente entre si. A assimilação do livro de Caldwell, o primeiro dedicado por completo à análise de um romance de Machado de Assis, foi feita de maneira oblíqua e lenta, tendo demorado 42 anos sua tradução para o português.

O debate internacional em torno de Machado de Assis só se estabeleceria a partir da década de 1990, quando Abel Barros Baptista explicitou suas restrições à crítica de Silviano Santiago, John Gledson e Roberto Schwarz em "O legado Caldwell, ou o paradigma do pé atrás". Mais recentemente, o debate se intensificou com a publicação de uma série de textos em que Michael Wood, Roberto Schwarz e Abel Barros Baptista discutem os sentidos e o alcance da figura machadiana.

4

EM TORNO DO AUTOR REALISTA

As décadas de 1970 e 1980 foram marcadas por um adensamento das leituras de Machado de Assis no âmbito acadêmico. Os nexos entre o escritor e a realidade brasileira, que permaneceram incertos aos olhos da crítica até os anos 1930, quando começaram a ser afirmados com mais vigor e a ganhar especificação, principalmente com os trabalhos de Astrojildo Pereira e Lúcia Miguel Pereira, passaram a ocupar o centro do debate. Embora o realismo de Machado de Assis tenha sempre permanecido no horizonte, algumas das interpretações mais importantes das décadas seguintes, como as de Helen Caldwell e Eugênio Gomes, passaram ao largo das relações entre a obra machadiana e o contexto brasileiro. Algo semelhante se verificou em boa parte da melhor crítica produzida no Brasil entre as décadas de 1950 e 1970, período em que se destacaram os estudos estilísticos de Wilton Cardoso, *Tempo e memória em Machado de Assis* (1958), e Dirce Côrtes Riedel, *O tempo no romance machadiano* (1959), dois ótimos ensaios de Hélcio Martins, "A litotes em Machado de Assis" (sem data, mas escrito na primeira metade dos anos 1960) e "Sobre o realismo de Machado de Assis" (1966), além de estudos marcados pela voga do estruturalismo, que dominou o ambiente acadêmico brasileiro nos anos 1970 e teve pouco rendimento no âmbito dos estudos machadianos.[1]

Entretanto, já ao longo dos anos 1970, e em reação aos estudos formalistas e estruturalistas, críticos com formações diversas buscaram na literatura machadiana marcas dos modos de organização da vida social e da história brasileira, formando-se uma espécie de consenso em torno da ênfase realista da obra. Essas ligações, até certo momento consideradas inexistentes ou insatisfatórias, e depois vistas como secundárias, tornaram-se canônicas, passando a integrar até mesmo os manuais escolares, nos quais Machado começou a ser apresentado sistematicamente como iniciador do realismo no Brasil.[2]

Um ponto de inflexão na constituição do Machado realista está na publicação de *A pirâmide e o trapézio*, de Raymundo Faoro. No livro de 1974, o autor de um clássico sobre a formação social e política brasileira, *Os donos do poder*, percorre praticamente toda a obra para mostrar que todos os segmentos e tipos sociais

---

1 Um dos poucos estudos estruturalistas sobre uma obra machadiana que permaneceram é o ensaio de Affonso Romano de Sant'Anna sobre *Esaú e Jacó*, incluído em *Análise estrutural de romances brasileiros*.

2 Nos principais manuais escolares e histórias literárias, verifica-se, até a década de 1970, uma oscilação grande na classificação da obra machadiana. José Veríssimo, em sua *História da literatura brasileira*, de 1916, hesita em chamar Machado de realista. Não obstante, considera-o um "realista superior": "todas as vezes que a sua rica imaginação se deu largas para fora da realidade vulgar, sob os artifícios e os mesmos desmandos da fantasia, sentimos a verdade essencial e profunda das cousas, poderíamos chamar-lhe um realista superior, se em literatura o realismo não tivesse sentido definido". Na *Pequena história da literatura brasileira*, de Ronald de Carvalho, certamente a mais influente publicada na primeira metade do século XX, Machado de Assis aparece no capítulo dedicado ao naturalismo, qualificado como "o psicólogo", com a ressalva de que "não pertence, propriamente, ao movimento naturalista que se iniciou, aqui, entre os anos de 1875 a 80, e se firmou em 1881, com o *Mulato* [sic], de Aluísio Azevedo". Ainda está por ser feito um estudo exaustivo das classificações, caracterizações e dos modos de apresentação de Machado de Assis nas publicações voltadas para o público escolar.

do Brasil oitocentista estão ali presentes. Faoro propõe também que a obra em seu conjunto representa um mundo em mutação, da organização social em estamentos (representada pelo trapézio) para a constituição das classes (a imagem da pirâmide). Mediante a observação precisa dos costumes da sociedade, Machado flagraria em sua obra o desaparecimento de um mundo e a emergência de outro, marcado pela ascensão do dinheiro, pela promiscuidade entre capital e poder político, transição que, na visão de Faoro, o escritor reprovaria e não compreenderia muito bem. A ideia do escritor de exceção, indiferente aos assuntos do seu tempo e do seu país, que fora questionada nos anos 1930 com a crítica de Astrojildo Pereira, ficava bastante abalada com a publicação de *A pirâmide e o trapézio*, na medida em que o livro, fartamente documentado, mostrava a presença ostensiva e extensiva da sociedade brasileira nos contos, romances e crônicas.

O estudo de Faoro pode ser considerado a reta de Euler por onde passam as leituras díspares de Roberto Schwarz, John Gledson e Alfredo Bosi, que a partir da década de 1980 catalisaram as discussões em torno da obra de Machado de Assis e reorientaram o debate sobre o autor e a obra.

Assim, com a análise enciclopédica empreendida por Raymundo Faoro, a leitura de Roberto Schwarz compartilha o interesse pela pulsação, na obra machadiana, das questões relativas à peculiar divisão da sociedade brasileira em classes, ou arremedos delas.[3] Em seu primeiro livro dedicado a Machado, *Ao vencedor as batatas*, de 1977, o crítico propõe a noção de "ideias fora do lugar", segundo a qual os conceitos, preceitos e postulados do mundo burguês apareceriam deslocados no ambiente brasileiro, onde tinham uso completamente diferente do europeu, não raro servindo para justificar atitudes em tudo contraditórias com aquilo que professavam:

---

3 Para um estudo minucioso dos pontos comuns e divergentes das críticas de Raymundo Faoro e de Roberto Schwarz, com revelações notáveis sobre a relação de ambos com leituras de Trotsky, Lukács, Auerbach e Adorno, veja-se Waizbort, *A passagem do três ao um*, 2007.

"adotadas as ideias e razões europeias, elas podiam servir e muitas vezes serviram de justificação, nominalmente 'objetiva', para o momento de arbítrio que é da natureza do favor".[4] Ou seja, no contexto social brasileiro, a objetividade dos princípios servia à subjetividade daqueles que agiam de acordo não com os princípios "universais" burgueses, mas sim conforme sua própria vontade, o que convenientemente se revestia de isenção e civilidade. Nesse primeiro estudo, é fundamental o isolamento da instituição do favor como elemento basilar e distintivo da sociedade brasileira. Dividida entre senhores, escravos e uma multidão de homens e mulheres livres que não tinham a possibilidade de viver do trabalho remunerado, parte importante da vida ideológica brasileira se dava na relação entre os homens livres e os proprietários, uma vez que os escravos estariam, na leitura de Schwarz, em grande medida submetidos à condição de não pessoas e subjugados pela força bruta.

Nos seus primeiros livros, por exemplo, o romancista teria procurado uma saída para mulheres nascidas pobres e livres, porém sem a possibilidade de sobreviver e viver de seus próprios talentos, o que as tornava dependentes de uma família senhorial que as protegesse. Por meio de Guiomar, Helena e Estela, as heroínas talentosas e pobres de *A mão e a luva*, *Helena* e *Iaiá Garcia*, Machado expunha os mecanismos de cooptação vigentes numa sociedade em que os valores burgueses eram uma prenda de sala, não valiam de fato na organização da sociedade, baseada, no princípio e no final das contas, no trabalho escravo. Aproveitando as observações de Lúcia Miguel Pereira sobre o ciclo da ambição, que daria coesão aos primeiros romances, com suas heroínas às voltas com a ascensão social, Roberto Schwarz deslocava a questão do âmbito biográfico, central no projeto crítico de Lúcia Miguel Pereira, segundo o qual Machado teria cifrado em suas heroínas sua própria ambição e seu próprio percurso ascensional, para a questão social, na qual Machado, talvez também por questões biográficas, que na crítica de Schwarz não vêm ao caso, estava compenetrado.

---

4 Schwarz, *Ao vencedor as batatas*, p.17.

MACHADO DE ASSIS, O ESCRITOR QUE NOS LÊ

John Gledson, marcado pela leitura de Faoro e Schwarz, passou a desentranhar da ficção do autor, a partir dos anos 1980, uma interpretação sistemática e consequente da história brasileira, que Machado teria intencionalmente cifrado em sua prosa. Tanto em *Impostura e realismo*, como em *Ficção e história* e, mais recentemente, em *Por um novo Machado de Assis*, Gledson procura, um pouco à maneira de Schwarz, mas sem a conceituação e os pressupostos da crítica marxista, problematizar e recaracterizar os narradores machadianos, enfatizando suas posições na hierarquia social e suas facetas tipicamente brasileiras. Um pouco à maneira de Faoro, Gledson faz uma leitura transversal da obra, atravessando as fronteiras entre os gêneros, buscando no seu conhecimento ímpar das crônicas machadianas uma espécie de lastro e baliza para o estudo das intenções do autor com sua obra ficcional, assunto que será tratado adiante.

Com visões bastante compreensivas da produção machadiana, Schwarz e Gledson aprofundaram, nas últimas décadas, o estudo das conexões entre a obra de Machado e os processos sociais e históricos do Brasil, enfatizando os traços realistas da figura do autor. Para isso, Roberto Schwarz analisou em minúcias boa parte dos seus romances, incluindo três do início de carreira, em geral ignorados pela crítica. Gledson, além de estudar os romances e contos, tratou amplamente da crônica, da poesia e da biografia do autor.

No outro vértice da crítica mais recente está Alfredo Bosi. Sem desconsiderar o contexto histórico-social, e afirmando o realismo de Machado de Assis, ele enfatiza as implicações filosóficas, psicológicas e existenciais da obra, inscrevendo-se numa linhagem que tem seus pontos altos nas leituras de Alcides Maya e Augusto Meyer. Da leitura de Faoro, autor pelo qual demonstrou grande admiração,[5] Bosi ressalta o lado *moralista* de Machado, escritor

---

5 Bosi, Raymundo Faoro leitor de Machado de Assis. *Estudos Avançados*, v.18, n.51, p.355-76, 2004.

interessado principalmente nos comportamentos humanos que imprime aos seus personagens, com os quais mantém uma relação também de simpatia, e não só de julgamento e crítica, que são a tônica das leituras de Gledson e Schwarz.

Se para os três críticos não parece haver dúvida das conexões entre a obra e o contexto social brasileiro, nem das referências dela a esse contexto, as divergências recaem sobre a natureza do realismo machadiano, o peso que as ligações com o contexto têm no conjunto da obra e o quanto são decisivas para sua interpretação.

Aqui, em vez de fazer uma apresentação de cada um dos projetos críticos, para depois contrastá-los, serão caracterizados os problemas críticos e interpretativos que as divergências entre eles trazem à tona, com suas implicações para a construção da figura do autor, a partir do estudo contrastivo de dois pontos nodais: a especificação do realismo machadiano e as relações entre as instâncias autorais e narrativas na prosa de Machado de Assis.

Variações do realismo

A primeira formulação mais enfática e consequente do realismo machadiano foi feita por Lúcia Miguel Pereira em *Prosa de ficção*, ensaio de 1950 no qual defende Machado da acusação de ser pouco brasileiro. A crítica busca uma solução de compromisso entre a abordagem psicológica, que privilegiara no seu *Estudo crítico e biográfico* (1936), e a visão social, que fora enfatizada por Astrojildo Pereira a partir do final da década de 1930. Assim, a certa altura do seu estudo, afirma que Machado, por meio do comportamento de seus personagens, traça o perfil psicológico de classes sociais inteiras. Com isso, as trajetórias das personagens machadianas descolam-se um pouco da trajetória pessoal e social do homem, base da ideia que defendeu em 1936, tornando-se representativas também de estratos sociais. Desse modo, Lúcia Miguel Pereira afirma que Machado é realista porque observou

MACHADO DE ASSIS, O ESCRITOR QUE NOS LÊ   219

como ninguém as criaturas em toda a sua realidade, tendo sido capaz de "captar toda a realidade, a visível e a invisível":

> É preciso não esquecer que Machado de Assis foi, no melhor sentido, um realista, e que tirou as suas figuras quase sempre da sociedade escravocrata e burguesa, da qual, precisamente por não lhe pertencer pelo nascimento e por tê-la mirado como um ideal, desvendaria com mais nitidez as fraquezas. Mesmo quando essencialmente criador, e portanto livre, o artista se deixa sulcar pelas experiências que vive, pelos encontros que o impressionam.[6]

A crítica procura desvincular o termo "realista" de suas conotações político-partidárias, frisando tratar do realismo "no melhor sentido", associando-o principalmente a uma extraordinária capacidade de observação e apego ao real no sentido amplo, entendido como dimensão exterior, social, e também interior, psicológica. Astrojildo Pereira, que em "Romancista do Segundo Reinado" (1939) se empenhara em estabelecer as pontes entre a ficção e esse período da história brasileira, às vezes de maneira um tanto mecânica, num estudo posterior, "Crítica política e social" (provavelmente de 1958), também enfatiza a dimensão realista da obra, afastando-se do realismo de escola para chegar ao entendimento político do termo:

> Nem romântico, nem parnasiano, nem naturalista, nem realista, conforme já o notara Labieno. Todavia, liberto de esquemas ou fórmulas de escola, inclusive do "realismo" enquanto escola, foi Machado de Assis um escritor propriamente realista, no sentido lato e independente da palavra, como já o ressaltamos acima. E realista, não é demais que o lembremos, ainda quando imbuído de romantismo, porque o senso realista era nele inato, uma exigência íntima, uma condição sem a qual não poderia jamais alcançar o equilíbrio

---

6 Pereira, Machado de Assis. In: _____. *Prosa de ficção (De 1870 a 1920)*. op. cit., p.98.

necessário à plena expressão do seu gênio. Era o realismo puro e simples, o genuíno realismo da realidade humana e social, o realismo a que se referia Engels, e que se expressa, não só pela exatidão dos pormenores, mas também pela "representação exata dos caracteres típicos em circunstâncias típicas".[7]

No trecho, é notável o deslizamento do sentido lato – relacionado ao interesse pelas coisas ao redor, à curiosidade e à capacidade de observação – para o sentido proposto por Engels, que associa o realismo à capacidade de representar caracteres e circunstâncias típicas, o que lhe permitia afirmar que a obra conteria também um depoimento sobre a sociedade. Numa atitude muito recorrente na sua crítica militante, em que são frequentes os saltos entre acepções e planos de sentido muito diferentes, Astrojildo sintetiza nesse parágrafo um percurso das leituras machadianas até aquele momento, no qual tem importante papel: o que vai do sentimento de inadequação diante de todas as categorias conhecidas até a sugestão do espelhamento entre obra e realidade humana e social.[8] Na sua construção do escritor realista, Astrojildo insiste na tipificação dos personagens e situações, projetando sua concepção de realismo sobre Machado de Assis, tão refratário aos traços puros, simples e exatos que o crítico emprega na sua figuração do escritor.

Outro passo importante para a caracterização do realismo machadiano foi dado por Raymundo Faoro, em estudo já citado. Além de depreender da obra uma enorme massa de dados que remetem à organização da sociedade brasileira do século XIX, Faoro associou ao escritor um "realismo desencantado e profético, casado ao ceticismo das transformações sociais e políticas

---

7 Pereira, Crítica política e social. In: *Machado de Assis: ensaios e apontamentos avulsos*. 2.ed., p.94; 3.ed., p.94.

8 Remeto o leitor novamente ao artigo "Questão de meio e de tempo": a dialética na crítica machadiana de Astrojildo Pereira, de Gabriela Manduca Ferreira. Cf. *Machado de Assis em Linha*, ano 2, n.3, p.101-13, jun. 2009.

MACHADO DE ASSIS, O ESCRITOR QUE NOS LÊ

desvinculadas da secular verdade brasileira".[9] Ele sugere que Machado não só teria uma visão crítica do processo histórico brasileiro, mas uma visão pessimista e de alguma maneira nostálgica em relação ao passado, tudo mediado pela sua arte:

> Entre a cópia imitativa e o capricho está a criação artística. Aqui, entre os polos, está a realidade. Conscientemente, coerentemente, um realista, o realista Machado de Assis, desafeto do realismo escola, partiu na caça de suas personagens e na aventura da obra literária. A perspectiva é da *mimesis*, liberta do copismo e da imitação dos fatos, que se representam passivamente no espelho.[10]

Ou seja, Raymundo Faoro, de formação weberiana, afasta-se da teoria do reflexo, em grande medida encampada por Astrojildo, de formação marxista, e defende que, na obra literária, a realidade está filtrada pela imaginação do artista, pelo processo de criação, necessariamente transformador do real.

Esses dois trabalhos preparam terreno para o maior investimento crítico em busca da especificação do realismo machadiano, levado a cabo por Roberto Schwarz, que ocupa o centro do debate em torno do autor a partir da publicação de *Ao vencedor as batatas*, em 1977, voltado para o estudo dos primeiros romances, e depois com a publicação de *Um mestre na periferia do capitalismo* (1990), dedicado às *Memórias póstumas de Brás Cubas*. A esses dois livros juntaram-se alguns ensaios, entre os quais se destaca "A poesia envenenada de *Dom Casmurro*", publicado pela primeira vez em 1991 e recolhido no livro *Duas meninas*, de 1997.

Para Roberto Schwarz, o problema de qualquer romance é constituir um princípio formal, capaz de acolher a empiria. Assim, todo o projeto machadiano é lido a partir do pressuposto de que seu vetor implícito, ou subterrâneo, é o realismo. Para Schwarz, Machado buscava o romance realista à brasileira, e um

---

9 Faoro, *Machado de Assis: a pirâmide e o trapézio*, p.68.
10 Ibid., p.483.

dos principais problemas literários que enfrentou desde os primeiros livros foi encontrar uma forma literária que desse conta do processo social brasileiro, ou seja, que fosse capaz de imitar em profundidade as peculiaridades da organização do país.[11]

Nas suas primeiras obras, Machado de Assis teria procurado ajustar o foco de interesse do romance brasileiro aos modos da sociabilidade local, tratando de questões locais. Assim, o interesse recaiu no estudo dos comportamentos de heroínas pobres colocadas de súbito em ambientes senhoriais, deixando implícitas perguntas como: Qual a margem de manobra dessas moças inteligentes e cheias de talentos diante dos homens e mulheres poderosos, de que elas dependem? Quais os mecanismos de cooptação do homem/mulher pobre e inteligente, num ambiente social em que são poucas ou nulas as possibilidades de sobrevivência digna fora dos círculos de proteção senhorial?

Ao buscar acomodar em sua ficção os pobres talentosos no seio das famílias patriarcais, Machado tentaria conciliar os antagonismos numa ânsia de reforma do paternalismo brasileiro. O escritor teria acreditado na possibilidade dessa reforma, tentada nos enredos dos seus primeiros romances, até aproximadamente o momento em que se pôs a escrever as *Memórias póstumas*, que marcariam a sua guinada ideológica e artística.

Enquanto José de Alencar procurava transpor as questões do mundo contemporâneo europeu à realidade brasileira, como fez em *Senhora*, romance no qual as relações entre amor e dinheiro estão pensadas numa perspectiva burguesa que não correspondia aos modos de vida locais, Machado, segundo Schwarz, dava um passo atrás, ao retirar do centro desses primeiros romances grandes questões contemporâneas, tais como o poder da ciência e do dinheiro. Ao mesmo tempo, avançava na notação realista, uma vez que a situação dos dependentes tinha muito mais a dizer sobre as singularidades da sociedade brasileira, à qual os valores

---

11 Schwarz, *Ao vencedor as batatas*, p.69.

MACHADO DE ASSIS, O ESCRITOR QUE NOS LÊ

da burguesia europeia, que se professavam universais, não podiam ser aplicados sem muitas mediações e relativizações.

A forma capaz de dar conta dessa experiência social, que falhou nos primeiros romances, os quais fariam muitas concessões ao sentimentalismo e ao pensamento reformista, teria sido encontrada nas *Memórias póstumas*, por meio da construção de um narrador cujo comportamento volúvel constituía tanto um princípio formal como a estilização do comportamento de um tipo social – o homem da elite brasileira – que mudava de princípios e de conduta, dependendo da situação e dos interesses de momento. Assim, o modo de funcionamento do narrador do romance não só imitava como era potencialmente revelador dos *modi operandi* da elite brasileira, ao mesmo tempo burguesa e escravocrata, atravessada por contradições que diziam respeito não só à sociedade brasileira, mas à ideologia burguesa e ao sistema capitalista de maneira geral, do qual a elite brasileira era sócia, ainda que numa condição periférica.

Nos estudos de Roberto Schwarz, tributários do projeto crítico de Antonio Candido, mas informados também pela leitura de Lukács e Adorno, a forma dos grandes romances machadianos rompe a estreiteza localista, na medida em que as contradições vividas na periferia do capitalismo e conformadas nos narradores são entendidas como a expressão talvez mais desconjuntada das contradições e falsas promessas do capital. Assim, tanto Brás Cubas como Dom Casmurro carregam em suas dicções, marcadas tanto pelo tom distinto e ilustrado quanto pelo capricho e pela volubilidade, traços das suas posições de classe, em que a superfície polida, feita de encomenda para impressionar e enganar, serve para encobrir mecanismos violentos de dominação e exploração, que esses narradores, representantes da elite escravocrata brasileira, manipulam segundo sua vontade e seu arbítrio.

Dessa forma, diferentemente do que ocorria em outras leituras do realismo machadiano, na interpretação de Schwarz o alcance crítico e social da obra machadiana não se esgota na denúncia de tipos e vícios locais, mas tem alcance internacional, na medida em que os modos de (mau) funcionamento da sociedade brasileira, revelados por Machado, exporiam as falácias do mundo liberal e burguês, denunciando a dimensão ideológica da suposta universalidade dos valores burgueses.

O contraste entre o ambiente burguês europeu, assentado em princípios de autonomia do indivíduo e igualdade entre os homens, e o brasileiro, baseado na instituição do favor e na escravidão, é assim sintetizado por Roberto Schwarz:

> No processo de sua afirmação histórica, a civilização burguesa postulara a autonomia da pessoa, a universalidade da lei, a cultura desinteressada, a remuneração objetiva, a ética do trabalho etc. – contra as prerrogativas do *Ancien Régime*. O favor, ponto por ponto, pratica a dependência da pessoa, a exceção à regra, a cultura interessada, remuneração e serviços pessoais.[12]

Assim, no Brasil, o surgimento de certa burguesia e a circulação de valores burgueses não superavam uma ordem anterior, como o capitalismo fizera na Europa em relação ao feudalismo, uma vez que aqui os pressupostos burgueses e as práticas do favor se revezavam, numa "coexistência estabilizada".[13]

A captação dessa coexistência – decorrente do movimento desigual e combinado do capitalismo, segundo a proposição de Leon Trotsky – na forma do romance machadiano constitui para Schwarz uma crítica de longo alcance, mais bem observada a partir da percepção das contradições geradas na periferia do sistema. Dessa maneira, a dialética do local e do "universal", apontada por Lúcia Miguel Pereira em meados do século XX, encontra muitos desdobramentos e especificações na crítica de Roberto Schwarz, que enfatiza os vínculos entre a vida brasileira e, se não o universo, pelo menos o Ocidente capitalista.

---

12 Schwarz, *Ao vencedor as batatas*, p.16.
13 Ibid., p.17.

MACHADO DE ASSIS, O ESCRITOR QUE NOS LÊ

O realismo machadiano, lastreado na volubilidade e na hiper-subjetividade do narrador, tomava assim a contramão do objetivismo e da isenção praticados pelos narradores de Zola e Flaubert. Isso resultaria numa expressão original do realismo, menos mistificador que suas versões europeias, na medida em que expunha a natureza interessada de qualquer ponto de vista ao explorar desde dentro (ou seja, a partir da revelação dos modos de funcionamento mental de narradores como Brás Cubas e Dom Casmurro, tipos da elite brasileira) as ilusões de objetividade e isenção pressupostas no realismo praticado pelos maiores escritores realistas europeus.

Na mesma direção de Roberto Schwarz, mas sem a ênfase na dinâmica entre as classes sociais e a dimensão internacional do capitalismo, John Gledson, em *Impostura e realismo*, vincula o realismo machadiano à intenção de crítica social por parte do autor: "se entendemos por realismo a intenção do romancista de revelar, através da ficção, a verdadeira natureza da sociedade que está retratando, *Dom Casmurro* é romance realista, não apenas em termos genéricos, mas em seus detalhes, tanto na forma como no conteúdo".[14] Em *Ficção e história*, ao se referir a *Casa velha* e *Iaiá Garcia*, Gledson afirma que "os objetivos de Machado iam além do realismo social",[15] sugerindo que as tramas machadianas constituem uma alegoria do processo político, em seus grandes e pequenos momentos, dizendo respeito não apenas às relações assimétricas entre as personagens. Gledson defende – e este é, segundo ele mesmo, o argumento central do seu livro – "que os objetivos de Machado eram e permaneceram sempre realistas, num sentido ambicioso: ele queria retratar, em seus romances, a verdadeira natureza de toda uma sociedade".[16]

Ao tratar de *Quincas Borba*, comparando as transformações sofridas por Rubião de uma versão a outra do romance (publicado

---

14 Gledson, *Machado de Assis: impostura e realismo – uma reinterpretação de* Dom Casmurro, p.13.

15 Gledson, *Machado de Assis: ficção e história*, p.80.

16 Ibid., p.125.

226 HÉLIO DE SEIXAS GUIMARÃES

primeiro em partes, depois refundidas em livro), Gledson observa
que "tudo se soma na direção de uma mudança que vai da tentativa de realismo psicológico até chegar à sátira".[17] Ou seja, o
realismo *sui generis* de Machado de Assis comportaria a dimensão social, psicológica, e até satírica, e Gledson procura dar conta
desse espectro amplo com o recurso à expressão "realismo enganoso" ("*deceptive realism*", no original). Assim, no seu projeto crítico, a ficção *revelaria encobrindo* o funcionamento da sociedade,
exigindo que o crítico, entendido como um leitor privilegiado,
decifre o "método alegórico" empregado por Machado. Tratando
de *Dom Casmurro*, mas num procedimento que pode ser estendido
para a obra de maneira geral, a decifração do método alegórico
"requer que o leitor enxergue o paralelismo entre o âmbito privado
do romance (cuja ação é limitada a duas ou três famílias) e a história pública do Segundo Reinado".[18] Dessa maneira, sob a intriga
e o desastre amoroso de *Dom Casmurro* está "o retrato da história
brasileira" num período marcado pelas convulsões do patriarcalismo, alegorizada pelo percurso do narrador-personagem.[19]

Tanto a leitura de Gledson como a de Schwarz, nas quais o realismo é afirmado com muita ênfase e de maneira mais sistemática,
fazem a ressalva da virtualidade das relações entre o texto literário
e o quadro histórico-social, que de fato jamais são explicitamente
declaradas ou confirmadas pelo texto machadiano. Por mais que se
acumulem dados e evidências das relações entre o texto literário
e o mundo empírico, o realismo machadiano resulta de um gesto
interpretativo, que depende da visão ou da percepção do leitor.
A participação decisiva dele na decifração do sentido do texto é
apontada num dos capítulos finais de *Um mestre na periferia do
capitalismo*, no qual Schwarz escreve: "em nenhum momento a
correspondência entre comportamento narrativo e quadro social
está afirmada. A relação é virtual, e depende exclusivamente da

---

17 Ibid., p.93.
18 Ibid., p.13.
19 Ibid., p.135.

MACHADO DE ASSIS, O ESCRITOR QUE NOS LÊ

percepção do leitor, e mesmo de seu ânimo de contrapor o próprio juízo ao do narrador".[20]

Esse posicionamento do leitor diante do texto, que é também um posicionamento político, tem relação direta com a história política do país e da formulação do projeto crítico de Roberto Schwarz, cuja força se mede não só pela coerência entre os métodos de análise e os resultados interpretativos, mas também pela sua capacidade de reposicionar ideologicamente o escritor e sua obra na contracorrente do processo político-cultural iniciado no pós--1964. Segundo seu próprio depoimento, num momento anterior ao golpe militar de 1964 Schwarz intuíra que o escritor, celebrado como mito nacional, principalmente por setores conservadores, tinha um depoimento que poderia contar para a esquerda, o que o fez se lançar no projeto de reposicionamento de Machado:

> Eu defini o assunto antes de 1964, quer dizer, antes da grande virada na história do Brasil. Foi um momento de radicalização política e nessa época Machado, ao mesmo tempo em que era reconhecido como grande escritor brasileiro, era contabilizado como escritor dos conservadores, porque ele é elegante, ele põe o pronome nos lugares certos, porque não fala palavrão; quer dizer, é um escritor conservador. E eu tinha a convicção de que a ironia dele dizia coisas fortes sobre o Brasil, coisas duras sobre o Brasil, que valia a pena esmiuçar. E havia uma espécie de desígnio político secreto de dizer "o depoimento de Machado de Assis, que em geral conta do lado conservador, na verdade é um depoimento crítico, quer dizer, é um depoimento que conta do lado da esquerda". E eu me meti então a fuçar esse aspecto das coisas, a estudar em particular a ironia dele. Nessa época também, no pré-64, a vida cultural brasileira, ou pelo menos do Rio e em São Paulo, se dividia muito entre formalistas e conteudistas. A esquerda era conteudista, e os apolíticos ou antipolíticos ou à direita eram formalistas e sofisticados, digamos. Eu na época era brechtiano e queria ser contabilizado entre os formalistas

---

20 Schwarz, *Um mestre na periferia do capitalismo*, p.162-3.

ao mesmo tempo que sendo de esquerda. Noutras palavras, eu estava muito interessado em dizer, em mostrar em que sentido o trabalho formal ambicioso, o trabalho formal de qualidade, conta à esquerda, porque ele tem um depoimento social profundo. A ideia de que a organização formal das obras tem um depoimento social profundo, e esse depoimento é verdadeiro e, portanto, conta do lado da crítica. Esse foi, digamos, o meu impulso teórico para fazer o tipo de trabalho que eu fiz. E foi por aí que eu fiquei um bom tempo ruminando esses assuntos e acabei saindo com uma leitura social do Machado de Assis. Porque as leituras de Machado de Assis, salvo uma ou outra exceção de pouca força, eram muito pouco sociais. Acho que aí é um ponto interessante: vale a pena fazer a história das leituras do Machado de Assis.[21]

É, portanto, a partir da intuição de que a ironia machadiana continha uma visão crítica da sociedade brasileira e também de um desígnio político que Schwarz constrói o principal edifício interpretativo a sustentar o Machado realista, tendo como base os quatro primeiros romances e como paradigma interpretativo fundamental a caracterização do narrador Brás Cubas – cujas características serão posteriormente estendidas para a leitura do narrador de *Dom Casmurro*.

A visão de Alfredo Bosi do realismo machadiano caminha em direção diversa. Embora tenha definido a ficção de Machado de Assis como "o ponto mais alto e mais equilibrado da prosa realista brasileira" na sua *História concisa da literatura brasileira*, cuja primeira edição é de 1970, Bosi especificou seu entendimento do realismo machadiano em estudos posteriores, alguns deles escritos em resposta às interpretações de Schwarz e Gledson, nos quais defende a noção de um *realismo aberto, que não decrete a priori* a exclusão de qualquer aspecto do real.[22]

---

21 Entrevista a José Miguel Wisnik. TV-PUC São Paulo, 2002.
22 Bosi, O enigma do olhar. In: _____. *Machado de Assis – O enigma do olhar*, p.26.

MACHADO DE ASSIS, O ESCRITOR QUE NOS LÊ

Para Bosi, esse realismo aberto acomoda outras dimensões do real que não apenas a organização da sociedade em classes ou uma visão coerente e distanciada, por parte do escritor, do processo político e social. O realismo aberto estaria relacionado ao olhar bastante oscilante dos narradores e do próprio autor, que não teria uma visão apriorística a respeito de nada, sendo impossível atribuir a ele uma posição ideológica precisa. Dessa maneira, o social seria apenas uma das dimensões do realismo machadiano:

> Assim, o romance é o lugar da intersecção dos dois modelos narrativos, o realista convencional e o realista resistente ou estoico. A intersecção adensa até o limite do enigma o sentido do olhar do autor, que é sempre um problema e requer uma interpretação. Pascal, jansenista, e os moralistas céticos dos Seiscentos, como La Rochefoucauld e La Bruyère, também admitiam, ao elaborar a sua fenomenologia ética, a existência de almas raras que resistem a si próprias e ao "mundo" (por obra da graça ou por íntimo orgulho), ao lado da maioria absoluta que verga ao peso da condição comum dos mortais feita de egoísmo e com toda a sua sequela de trampas e vilanias.
>
> O fato de os primeiros interagirem com os últimos na mesma sociedade e até no mesmo círculo familiar dá ao realismo de Machado uma amplitude e uma diversidade de modulações psicológicas que tornam problemática qualquer definição unitária e cortante da sua perspectiva. Talvez seja viável afirmar que a visada universalizante de Machado, tão aguda no exercício de desnudar o *moi haïssable*, consiga superar dialeticamente (conservando em outro nível a matéria superada) os grandes esquemas tipológicos pelos quais só haveria duas personagens em cena: o paternalismo brasileiro e o liberalismo europeu. Estas figuras do entendimento, abstratas e necessárias, resultam insuficientes para captar a riqueza concreta dos indivíduos ficcionais.[23]

---

23 Ibid., p.58-9.

Deriva das concepções diferentes de realismo o tratamento diverso que cada um dos críticos dá às personagens. Schwarz divide-as de acordo com seu lugar social (senhores, escravos, homens livres, ricos, pobres, categorias que organizam os capítulos em *Um mestre na periferia do capitalismo*), procurando estudar as relações assimétricas que se estabelecem entre elas e os modos como se comportam nos romances a partir dessas relações de poder, que remetem a uma configuração social específica. Nesse sentido, a busca é pela identificação de tipos sociais, capazes de dar representação a estratos sociais inteiros. No caso de Bosi, ainda que se admita a existência de tipos na obra machadiana, a ênfase recai sobre a singularidade das personagens, que não remeteriam a tipos sociais, mas à complexidade psicológica e existencial que as aproximaria das pessoas humanas. Para Schwarz, o personagem será tanto melhor quanto melhor encarnar o tipo social em toda a sua complexidade, imitando e revelando mecanismos de dominação presentes na sociedade. Para Bosi, o personagem será tanto melhor quanto mais se aproximar de uma pessoa, no que há nela de singular, inefável e indefinível.

Ao se contrapor à interpretação de Roberto Schwarz, Bosi argumenta que na obra machadiana as personagens de mesmo estrato social não se comportam de maneiras semelhantes e cita as diferentes heroínas dos primeiros romances de Machado – Guiomar, Helena, Estela –, todas pobres, mas com reações e comportamentos bastante diversos em relação aos mais ricos e às possibilidades de ascensão social que a elas se apresentam. Da mesma forma, e isso aparece bastante enfatizado tanto em "O enigma do olhar" como em "Brás Cubas em três versões", Brás Cubas e Bento Santiago são personagens muito distintos entre si, embora ambos sejam homens da elite.

Os textos mais recentes de Bosi podem ser considerados textos de resistência – palavra tão cara ao crítico – às interpretações de Roberto Schwarz e John Gledson, que há três décadas ocupam posição central nas leituras de Machado de Assis. A partir do final dos anos 1990, Alfredo Bosi publicou *O enigma do olhar* e *Brás*

Cubas em três versões, livros nos quais retoma ideias formuladas em ensaios do final dos anos 1970, tais como "A máscara e a fenda", propondo a relativização das interpretações sociais, que considera produzirem uma tipificação, e talvez certo achatamento, de narradores e personagens. Isso implicaria limitação do alcance universal das questões e dos temas tratados na obra, que ficaria restrita à história local ou a um recorte internacional, porém sobredeterminado por razões socioeconômicas.

Bosi considera as leituras de Schwarz e Gledson limitadoras em relação ao texto machadiano, por sobrevalorizarem a dimensão mimética da obra, concentrando-se nas suas relações com a vida social brasileira do Segundo Reinado e no confronto de forças associadas ao paternalismo e às ideologias liberais europeias. Buscando um olhar hermenêutico para as "três versões" dos textos literários – as dimensões de representação, de expressão e de construção –, Bosi entende que, dialeticamente, o adensamento crítico em cada uma dessas vertentes, pelo viés sociológico, ou psicológico/existencial, ou formal/intertextual, sempre será insuficiente, demandando os outros vieses.

Diferentemente de Schwarz e Gledson, que identificam um tom predominantemente satírico no romance machadiano, o que implicaria uma intenção denunciadora e acusatória em relação à formação social brasileira, Bosi ressalta o tom humorístico do texto do escritor, defendendo que há nele também aceitação e compreensão do que é objeto de crítica.

Assim, a relação do autor (que ora coincide, ora diverge do homem Machado de Assis) com seus narradores não é uma relação dissociada, ou sempre igualmente distanciada, que estaria pressuposta na visão de Schwarz, para quem Brás Cubas e Dom Casmurro servem à denúncia dos procedimentos abjetos da elite brasileira do século XIX, da qual seriam tipos representativos, habilmente construídos pelo escritor como inimigos de classe. Para Bosi, a relação do autor com esses narradores está marcada pela circunspecção, o que implica afastamento e compreensão, crítica e também compaixão.

Bosi enfatiza a oscilação, propondo que o autor faz movimentos de distanciamento e aproximação em relação ao narrador, assim como este se aproxima e se distancia de si mesmo enquanto personagem, refletindo sobre sua própria experiência.[24]

Aproximamo-nos com isso de outra divergência fundamental das leituras de Bosi, Schwarz e Gledson, que diz respeito às relações entre as instâncias de autoria e narração, e também com as relações entre o resultado da prosa e a intenção autoral. A problemática foi sintetizada por John Gledson a propósito de *Dom Casmurro*:

> A maior parte das discordâncias sobre *Dom Casmurro* provém do debate acerca das relações entre narrador e autor. [...] É característico do uso que Machado faz do narrador em primeira pessoa, seja ele Brás Cubas, o conselheiro Aires, ou o padre de *Casa velha*, que Machado está, de fato, bem distante do ponto de vista deles: o fato de todos serem, em graus diversos, convincentes e simpáticos como personagens é parte essencial desse distanciamento – foram *intencionalmente* concebidos para agradar o leitor, aliciá-lo no sentido de aceitar o ponto de vista do narrador. Em grande medida o fazem não simplesmente com argumentos sutis ou apresentando os fatos de modo convincente: a arma fundamental de que dispõem é o preconceito social. Concordamos com eles porque compartilhamos

---

24 Mais recentemente, no capítulo final *de Ideologia e contraideologia*, intitulado "Um nó ideológico", Alfredo Bosi recapitula os estudos sobre o liberalismo da primeira metade do século XIX em suas relações estruturais com a escravidão, base da sua divergência com a tese das ideias fora de lugar, de Schwarz. Nesse capítulo, Bosi procura entender as oscilações da consciência de Brás Cubas diante da personagem Eugênia, que não se restringiriam às assimetrias de classe. Para Bosi, são oscilações existenciais e morais que incorporam mas transcendem a tipologia social do narrador-protagonista no seu papel de rentista ocioso e ficam mais nítidas se considerada a arqueologia cultural de Machado, que inclui o moralismo francês e a linhagem humorística inglesa. Cf. Bosi, Um nó ideológico – sobre o enlace de perspectivas em Machado de Assis. In: _____. *Ideologia e contraideologia*, p.398-421.

MACHADO DE ASSIS, O ESCRITOR QUE NOS LÊ

suas atitudes – é por isso que a (possível) inocência de Capitu levou tanto tempo para ser descoberta e, talvez, também por isso, foi descoberta por uma mulher. Brás Cubas, Bento e Aires possuem todos uma espécie de sofisticação, um conhecimento dos caminhos do mundo, que pode facilmente passar por sabedoria. Uma das intuições mais profundas de Machado foi a de que não há contradição alguma entre semelhante sofisticação (que está mais ligada a um fenômeno social do que gostaríamos de admitir) e a estupidez. Machado foi capaz de iludir o leitor por ter sido capaz de lisonjear seus preconceitos. Segue-se que – dentro de certos limites, é claro – quanto mais nos afastamos da sociedade em que ele viveu, e para a qual escreveu, tanto mais chances temos de nos afastar desses preconceitos e de compreender o que ele pretendia – o que nos leva à conclusão, saudavelmente modesta, de que o que nos permite enxergar a verdade é menos nosso talento do que a boa sorte.[25]

Nesse trecho, Gledson propõe a existência de uma grande distância entre as posições e os valores de Machado de Assis, homem e autor, e as posições de seus personagens. Estes seriam instrumentalizados pelo escritor para agradar e aliciar os leitores, ou grande parte deles, induzindo-os a uma interpretação equivocada, favorável aos narradores-personagens, mas contrária à verdadeira intenção do escritor, que seria a de expor criticamente os comportamentos e valores em cena. Dessa maneira, para John Gledson, a interpretação correta da obra, que revelaria sua verdade, dependeria da disposição do leitor para manter certo distanciamento em relação às atitudes e aos valores das personagens. Só assim ele não se deixará ludibriar pelo dispositivo enganoso do realismo machadiano.

A interpretação de Gledson pressupõe a possibilidade de se definirem valores e posições mais ou menos fixas para o escritor e o homem Machado de Assis. Por isso, em muitos dos seus escritos, dedica-se a recompor a figura machadiana, retirando dela os traços

---

25 Gledson, *Machado de Assis: impostura e realismo*, p.8.

absenteístas, apolíticos, pudicos, escapistas, de homem avesso às questões sociais e habitante de uma torre de marfim, para investir na figura do autor realista, ainda que de um realismo oblíquo e enganoso.

O "novo Machado de Assis" proposto por John Gledson é um escritor dotado de "um pensamento histórico", com ideias próprias sobre a história brasileira, fascinado com a questão problemática da unidade de uma nação fraturada, e que a certa altura passou a enxergar o Brasil como um país incapaz de uma verdadeira organização, adotando uma postura política pessimista, mas que, mesmo nos momentos de franco desespero, nunca deixou de se interessar pela sorte dele. Patriota e nacionalista discreto, menos um ideólogo do que um homem curioso pelo movimento da história, no fundo indiferente às denominações partidárias e aos regimes, dos quais lhe interessavam principalmente as raízes históricas e sociais. Um escritor que odiava a escravidão e, a seu modo, fez tudo para combatê-la, mas que também tinha a convicção de que os efeitos do escravismo eram profundos demais para serem eliminados por meio de uma lei. Daí ter-se mantido monarquista, fiel a dom Pedro II, favorável ao centralismo do Império, simpático ao sistema parlamentar, descrente da República. Um escritor que compreendeu as mulheres e suas limitações não como inerentes ao gênero feminino, mas às restrições a elas impostas pela sociedade conservadora, o que permite chamá-lo de feminista. Ao mesmo tempo, um homem que encarou o sexo não no seu aspecto fisiológico, segundo a voga naturalista, mas com a importância específica que pode assumir nas relações entre as pessoas, e também como instrumento de opressão e poder.

O estabelecimento desse novo perfil ideológico para Machado de Assis permitirá a Gledson afirmar que ele cria personagens como Brás Cubas, Dom Casmurro e Aires com distância e deles mantém distância – disfarçada pela primeira pessoa, que sugere intimidade e aproxima os leitores desses personagens –, com a intenção de criticar os seus comportamentos e valores, ainda que o faça de maneira bastante cifrada.

Para Gledson, as crônicas seriam o lugar em que, apesar da grande oscilação de tom e de opiniões, seria possível uma maior aproximação do pensamento e das convicções do intelectual, escritor e homem político Machado de Assis. Ainda que não constituam exatamente um repositório de ideias fixas, porque as ideias e a posição do escritor mudaram ao longo do tempo, elas seriam a expressão das suas referências mais estáveis, algo como um estágio primeiro da estilização da matéria histórica em direção ao processo de ficcionalização cada vez mais enganoso que se observa nos contos e romances.

Isso não significa que nos textos produzidos ao correr da pena, marcados pela efemeridade do jornal, o escritor tenha dado de barato suas opiniões e posições políticas. Também ali estão cifradas as referências e alusões, por meio de recursos os mais engenhosos, que John Gledson procura decifrar. Exemplar disso, tanto em termos do procedimento de Machado como do tipo de análise empreendida por Gledson, é a crônica de 26 de novembro de 1893, publicada na *Gazeta de Notícias*. Nela, o cronista faz referência a um telegrama publicado em outro jornal, *O Tempo*, que trata da situação política na Grécia, onde deputados haviam sido presos "por fazerem parte de uma quadrilha de salteadores". Gledson mostra que Machado, por meio do telegrama e da referência a realidades aparentemente remotas, fazia comentários precisos sobre os tempos bicudos da ditadura de Floriano Peixoto, dando conta, com esse deslocamento, e para quem se dispusesse a entender, da violência e dos descalabros em curso naqueles dias da publicação da crônica, em que o Rio de Janeiro era palco de uma revolta naval e da repressão florianista.

Em relação ao estatuto do "narrador" das crônicas, Gledson pergunta: em que medida o "narrador" das crônicas seria comparável a um narrador ficcional, como Brás Cubas e Dom Casmurro? E em que medida essa voz narrativa pode ser identificada com o escritor Machado de Assis? Para Gledson, nesses textos de jornal, o acesso ao pensamento do escritor seria significativamente mais direto do que nos contos e romances, em que o contato com a matéria narrada vem refratado – ou deformado – por narradores tendenciosos, não confiáveis, enganosos.[26]

Para John Gledson, é na crônica que se pode perceber o interesse com que o escritor acompanhou as notícias e as questões do seu tempo, sistematicamente comentadas ali, ainda que às vezes isso tenha sido feito de maneira tão oblíqua como o olhar de Capitu. A partir da pesquisa do noticiário que servia de matéria--prima para o cronista, e também da pesquisa detalhada da história e da crônica política brasileira, Gledson indica o corpo a corpo de Machado com os costumes, as instituições e as questões sociais e políticas de seu tempo. Essa constatação do interesse do escritor/cronista pelas coisas grandes e miúdas do seu entorno sustenta a proposição de Gledson de que a produção ficcional de Machado é eminentemente realista. Um realismo peculiar, não pautado pelo ilusionismo nem pelo objetivismo, mas um realismo alegórico, dissimulado, enganoso, que contém, de maneira às vezes bastante cifrada, uma interpretação crítica e abrangente do processo histórico-social brasileiro, intencionalmente inscrita por Machado em sua ficção. Esse "realismo historicamente consciente e detalhado" abrange desde o período colonial até o início da República, concentrando-se sobretudo no Segundo Reinado (1840-1889), período que se estendeu por 49 dos 69 anos vividos por Machado e que dá o enquadramento temporal para boa parte de sua obra.

Diante do terreno instável da ficção (instabilidade que o texto de Machado de Assis leva às últimas consequências, multiplicando os filtros narrativos que nos separam, a nós, leitores, daquilo que é narrado), Gledson foi o primeiro a buscar no estudo sistemático da

---

26 John Gledson diverge do historiador Sidney Chalhoub, que defende a existência, nas diferentes séries de crônicas, de narradores que funcionam como filtros narrativos, à semelhança do que ocorre nos contos e nos romances. Para conhecer a posição do historiador, cf. Chalhoub, A crônica machadiana: problemas de interpretação, temas de pesquisa. *Remate de Males*, 29 (2), jul.-dez. 2009, p.231-46.

MACHADO DE ASSIS, O ESCRITOR QUE NOS LÊ

crônica uma baliza segura e um terreno relativamente mais estável, do qual seria possível extrair as possíveis inclinações e posições do ser empírico Machado de Assis. Ou seja, na crítica de John Gledson, o grau de convergência entre a posição do cronista e a do escritor é inversamente proporcional à distância e à falta de empatia do escritor com os narradores e protagonistas de seus romances.

A suposição de um grande distanciamento entre autor e narradores também é fundamental na crítica de Roberto Schwarz, para quem o autor/romancista tinha uma visão de mundo em grande parte oposta à dos seus narradores-personagens, construídos de maneira também dúbia e enganosa. Em *Brás Cubas*, por exemplo, o narrador em primeira pessoa seria marcado pela inconstância e volubilidade, entretanto essa mesma inconstância e volubilidade, tão reiterada e programática, serviria para expor de maneira metódica e consistente um modo de ser. Com isso, Schwarz chega à constatação paradoxal de que o narrador é volúvel e não é volúvel, na medida em que seus comportamentos e atitudes erráticos estão ordenados por um padrão constante. Tanto Brás Cubas como Dom Casmurro seriam construídos sobre essa dubiedade, de maneira que, à medida que eles se expõem e se justificam, depõem contra si mesmos e contra as classes a que pertencem e que representam.

Como resolver esse paradoxo da construção narrativa machadiana, em que a volubilidade resulta em constância e na qual os narradores buscam a empatia dos leitores, ao mesmo tempo que denunciam sua abjeção?

Na análise das *Memórias póstumas*, Schwarz propõe a existência de um narrador (constante) por trás do narrador (volúvel), que acaba dando "um depoimento inesperado" sobre si mesmo e também sobre sua posição de classe:

> Um enredo portanto que serve à exposição metódica de um modo de ser, mais que ao desenvolvimento de uma ação, e que faz supor um narrador atrás do narrador, um narrador interessado em consequências, o oposto enfim de um narrador volúvel. Trata-se de fazer que a narrativa percorra um conjunto discriminado de

relações, o que supõe a distância e a visão de totalidade próprias ao romance realista.[27]

Algo semelhante se passaria em *Dom Casmurro*, romance lido por Schwarz "como um enorme trocadilho socialmente pautado, uma fórmula narrativa audaz e de execução dificílima", no qual "as duas fisionomias do narrador, tão discrepantes, têm de ser alimentadas por uma escrita sistematicamente equívoca, passível de ser lida como expressão viva de uma como de outra, do marido ingênuo e traído bem como do patriarca prepotente".[28]

Em ambos os casos, a visão distanciada, que contribui para o realismo dos romances, apesar dos recursos pouco ortodoxos mobilizados pelo escritor para produzir o seu realismo (o que teria a ver com o modo também muito pouco ortodoxo da organização social que ele mimetiza), implica a suposição de uma finalidade última para ambos os romances, lidos por Schwarz como uma denúncia devastadora que, novamente, deverá ser percebida pelo leitor:

> cabe ao leitor descobrir que não está diante de um exemplo de autoexame e requintada franqueza, mas de uma denúncia devastadora. A julgar pelas reações da crítica, o disfarce prevaleceu quase inteiramente, o que não invalida a leitura social, embora faça refletir sobre a eficácia de uma forma tão enganosa.[29]

Como se vê, Schwarz examina as hipóteses contidas na sua leitura até o limite do paradoxo, chegando mais uma vez à afirmação de que ela depende do leitor, de um gesto interpretativo diante do que caracteriza como "uma escrita sistematicamente equívoca", expressão que apreende um dispositivo fundamental do texto machadiano. A ideia da denúncia, enfatizada por Schwarz, pressupõe a existência de um denunciante, ou de uma instância que, a

---

27 Schwarz, *Um mestre na periferia do capitalismo*, p.79.
28 Schwarz, A poesia envenenada de *Dom Casmurro*. In: *Duas meninas*, p.35.
29 Schwarz, *Um mestre na periferia do capitalismo*, p.178.

MACHADO DE ASSIS, O ESCRITOR QUE NOS LÊ

partir de uma posição relativamente estável, formule a denúncia. Assim, numa posição ainda mais recuada em relação ao narrador por trás do narrador, Schwarz propõe a existência de um "arquiteto das situações narrativas",[30] que seria essa instância responsável pela construção da escrita dobrada, equívoca, marcada pela dubiedade e pela ambivalência sistemáticas. Entretanto, como não se trata de denúncia pontual nem circunstancial, mas socialmente pautada, de grande amplitude, que envolve a posição social e ideológica dos narradores e tudo o que ela representa em termos histórico-sociais, Schwarz propõe que a crítica implícita nos romances esteja associada ao "discernimento social-histórico do romancista".[31]

A leitura de Roberto Schwarz postula, portanto, a existência de várias instâncias de distanciamento entre a matéria narrada, a posição do narrador e a esfera autoral, bem como supõe o discernimento social e histórico do escritor, fatores de estabilização das oscilações dos narradores (que se traduzem nas mudanças de assunto, desconversas, atenuações, relativizações etc.) e que permitirão a afirmação da crítica social, da denúncia e da predominância do tom satírico como decisivo para a compreensão dos romances. Ou seja, a interpretação depende de fazer parar o moto-contínuo irônico da prosa machadiana, estancar seu efeito equívoco, a partir da produção de alguns parâmetros fixos (o narrador atrás do narrador, o arquiteto das situações narrativas, o discernimento do romancista) e do reposicionamento da figura do escritor. Por outro lado, depende de um leitor disposto a avaliá-la nos termos que o crítico propõe.

A leitura de Alfredo Bosi, tanto em "O enigma do olhar" como em "Brás Cubas em três versões", se contrapõe a essas postulações de distância feitas por Schwarz e Gledson, especialmente quando se trata de Dom Casmurro:

> No caso de Dom Casmurro a ideia de divisão autor-narrador envolve outra ordem de dificuldades. O romance tem a sua lógica

---

30 Ibid., p.120.
31 Ibid., p.79.

própria: Bentinho não é uma réplica de Brás Cubas, sendo necessário refletir sobre a diferença para não julgar o narrador de sobrevoo atendendo-se apenas à sua tipicidade de classe.

Machado timbrou em reconstituir, aprofundar e tonalizar a história interna da voz narrativa, o que dá um Bentinho vacilante, vulnerável, temeroso, se não tímido, desde o início das suas relações familiares, impressionável ao extremo e, por longo tempo, apaixonado pela mocinha de origem modesta com quem deseja casar e de fato se casa desfrutando alguns anos de felicidade conjugal. Trata-se de uma história de amor, suspeita, ciúmes, e desejos de vingança, e não de uma crônica de casos sensuais e saciedades entremeada de comentários cínicos, como a de Brás Cubas. Ignorar ou desqualificar o tom com que o drama é narrado, e supor que o autor tenha forjado, o tempo todo, um narrador desprezivelmente caviloso ao qual se deve recusar todo crédito, é levar a extremos problemáticos a hipótese da dissociação.[32]

Ao propor uma distinção entre *olhar* e *ponto de vista* (o primeiro entendido como categoria móvel, maleável, que reúne inteligência e sentimento; o segundo, como algo marcado pela fixidez e racionalidade), Bosi procura caracterizar os modos do olhar machadiano a partir da descrição de como o autor lida de maneira ambivalente (na medida em que critica, mas também compreende) e variada com os narradores e personagens que constrói. Estes não seriam instrumentalizados pelo autor para a denúncia de posições ideológicas formuladas a partir de uma posição relativamente fixa, que Bosi acredita jamais ter sido assumida nem pelo homem nem pelo autor, cujo olhar para o mundo seria marcado pela circunspecção, pelo senso do relativo, sem qualquer tipo de julgamento peremptório ou definitivo.

De modo geral, Bosi busca em sua crítica um deslocamento de ênfase: do objeto do olhar para o modo de ver. O que se privilegia não é o resultado, a objetivação na forma, como propõe Schwarz,

---

32 Bosi, O enigma do olhar. In: *Machado de Assis: O enigma do olhar*, p.40.

MACHADO DE ASSIS, O ESCRITOR QUE NOS LÊ

nem a definição de uma intenção autoral, como faz Gledson, mas a apreensão de uma fenomenologia, a descrição de um olhar em movimento, que seria o de Machado, o do crítico, e deveria ser também aquele adotado pelo leitor. Seu interesse crítico oscila entre a instância autoral, pensada como variável, incongruente, múltipla, humana, e o leitor, que deveria ser capaz de compreender e aceitar essa oscilação, sem querer produzir uma explicação ou determinar um sentido para o texto.

Subjacente a essa visada crítica está a categoria da intuição, que vem de Benedetto Croce (1866-1952), para quem "arte é intuição", "a poesia é emoção, uma expressão da alma no momento da intuição". Com Croce, Bosi compartilha uma posição radicalmente antipositivista, o que contrasta com as leituras de fundo sociológico, que lidam com a ideia de "forma objetiva", que se encontra na tradição marxista. A intuição é um dos fundamentos da crítica de Bosi, que aponta uma dimensão da experiência humana (autoral também) que foge à pura objetividade e racionalidade, abrindo uma possibilidade de entendimento subjetivo e, no limite, até irracional. Na sua crítica, como referência ainda anterior a Croce, estão presentes formulações de Francesco de Sanctis, para quem a forma artística é irredutível a ideias gerais ou alegorias. Essas filiações hermenêuticas situam a crítica de Bosi em terreno oposto à de Schwarz e Gledson, que privilegiam, no texto machadiano, sua dimensão representativa e mimética.

Bosi considera controversa a hipótese de que existiria um foco narrativo explícito, associado ao narrador, e uma consciência autoral funcionando de alguma maneira contra esse narrador, ou crítica à sua posição (de classe). Isso pressuporia um autor idealista que teria criado um narrador realista para "melhor condená-lo à luz de uma visão moral exemplar pela qual os maus devem ser e serão escarmentados pela sua conduta".[33] Para Bosi, essas entidades não são dissociáveis, e ele acredita que o lugar ideológico de

---

33 Ibid.

onde Machado viu e julgou as relações interpessoais não era assim tão marcado ou determinado, mas amplo, ambivalente e ambíguo.

Em última análise, Bosi define o modo de ler contra os narradores, em certa medida derivado do estudo feito por Helen Caldwell, como uma leitura que tipifica, julga.[34] Para ele, Machado de Assis, tanto o homem como o romancista, de certa maneira tinha em si Brás Cubas e o próprio Bento Santiago. Não os via a distância, como execráveis e a serem execrados pelos leitores. Nesse sentido, a crítica de Bosi concorda com a de Augusto Meyer, para quem Brás Cubas seria a expressão do lado demoníaco de Machado, ou seu *daimon*, "o homem subterrâneo", e não algo ou alguém externo a ele, que encararia apenas com distância e crítica.

A denúncia devastadora que Schwarz e também em alguma medida Gledson identificam no texto machadiano parece subsumir uma ideia de superação do estado de coisas denunciado. Para Bosi, Machado foi um cético, que em nada acreditava e nada esperava, não vislumbrando qualquer superação ou redenção. O "étimo", tão crucial para Bosi na interpretação hermenêutica, supõe uma raiz comum, algo como uma essência, comum a todas as manifestações do escritor, que está por trás e governa todos os personagens e também todos os gêneros, de modo que essa disposição, essa visão de mundo cética fundamenta o modo como ele, Machado, lida com a matéria objetiva tanto nas crônicas como na produção ficcional.

As interpretações recentes e as divergências entre elas evidenciam, de maneira muito aguda, a necessidade da construção de figuras machadianas cada vez mais complexas e nuançadas, para caucionarem a interpretação da obra. Na crítica de Roberto Schwarz, postula-se um Machado de Assis politicamente esclarecido e crítico do processo sócio-histórico brasileiro, para lastrear a interpretação que enfatiza as contradições ideológicas na formação social brasileira, capazes de expor e denunciar os falseamentos produzidos pelo mundo burguês e pelo capitalismo. John

---

34 Ibid., p.36.

MACHADO DE ASSIS, O ESCRITOR QUE NOS LÊ

Gledson constrói, por meio da leitura das crônicas, um Machado de Assis compenetrado da história brasileira e dos rumos políticos do país, a partir do qual deriva sua interpretação da obra machadiana como alegoria do processo histórico brasileiro, tratado desde a minúcia até a constituição de um painel completo, que compreende todo o Segundo Reinado. Alfredo Bosi, por sua vez, delineia um Machado de Assis compreensivo e compassivo, observador agudo do seu entorno, ao qual dá representação sem nenhum tipo de julgamento peremptório, o que confere à obra do escritor uma rara capacidade de apreensão da realidade em seus mais diferentes aspectos e dimensões, sem *parti pris* político ou ideológico definível.

Apesar das divergências, nas últimas décadas do século XX o lastro da obra machadiana na experiência brasileira torna-se pela primeira vez um consenso entre todos os principais críticos em atuação. O debate passou a se referir ao modo como essa relação se dá e à natureza dos problemas que abarca, numa escala que vai da referência a detalhes históricos e comportamentos típicos até a compreensão dos comportamentos dos personagens locais, determinados por sua imitação da condição humana. Embora haja concordância em relação ao substrato brasileiro da obra, o que também parece estar em jogo são concepções diferentes do sentido da literatura, como representação de uma realidade social palpável ou como tentativa de apreensão de uma realidade humana, no limite insondável.

As divergências entre essa primeira geração de críticos machadianos formados na disciplina acadêmica mostram o nível de aprofundamento e especialização permitidos pela crítica universitária, com seus balizamentos e pressupostos teóricos claros e reconhecíveis. Nesse sentido, as divergências emergem com força justamente pela possibilidade de se firmarem e de se reconhecerem posições críticas mais consistentes. Por mais dolorosas (e tediosas) que as controvérsias possam ser para os indivíduos nelas envolvidos, no âmbito coletivo – se não se cristalizam posições e não se tomam posições apriorísticas e inamovíveis –, elas podem resultar em aprofundamento analítico-interpretativo e mudança de patamar na atividade crítica. Isso parece ter ocorrido nos estudos machadianos, que ao longo do século XX se tornaram o campo crítico mais complexo e diverso em torno de um único autor, mobilizando questões de ordem literária, artística, cultural, social, antropológica, histórica, política, filosófica, psicológica, abrindo caminho e servindo de referência para estudos futuros sobre outros autores e também oferecendo matéria de reflexão para as mais diversas áreas do conhecimento.

As polêmicas recentes também mostram como Machado de Assis é capaz de suscitar, responder e acolher interpretações diversas e até opostas, indicando que, diante de um texto complexo, a adoção de pressupostos variados implica resultados críticos diferentes. Isso fica ainda mais evidente com a entrada em campo de críticos formados em outros ambientes acadêmicos e intelectuais, associada à ampliação do alcance internacional da obra verificada a partir dos anos 1990. A diversificação das miradas críticas permitiu o estabelecimento dos primeiros debates efetivamente internacionais em torno de Machado de Assis, que questionam suas ligações com a circunstância brasileira, pondo em xeque o realismo machadiano.

O "paradigma do pé atrás"

O ensaio de Abel Barros Baptista, "O legado Caldwell, ou o paradigma do pé atrás", publicado em 1994, analisa as leituras da obra machadiana realizadas a partir do livro *The Brazilian Othello of Machado de Assis*, de Helen Caldwell, publicado pela primeira vez em inglês, em 1960. Para Baptista, o livro da professora, tradutora e crítica norte-americana institui, a despeito mesmo das suas intenções e dos seus propósitos confessos, um verdadeiro paradigma de interpretação, ou de reinterpretação, não só de *Dom Casmurro*, mas de parte da obra de Machado de Assis. Esse novo paradigma, batizado de "paradigma do pé atrás", está fundado numa leitura dos romances que contraria aquilo que é dito explicitamente pelos seus narradores ou autores ficcionais. São as chamadas leituras a contrapelo, que põem sob suspeita os narradores.

A grande contribuição da leitura de Helen Caldwell, para Abel Barros Baptista, estaria em aventar a *possibilidade* de Capitu ter sido vítima do ciúme de Bento Santiago. O problema, para ele, está no fato de que, a partir dessa possibilidade, Caldwell constrói uma certeza, num procedimento semelhante ao que Dom Casmurro adota no romance, no qual a possibilidade da traição é entendida como prova da traição. Trata-se, portanto, apenas de uma inversão de sinais, já que agora a possibilidade de Capitu *não* ter sido adúltera é tomada como certeza.

Para Baptista, a crítica de Helen Caldwell e de seus legatários produz uma restauração da autoridade autoral – aos olhos dele, radicalmente relativizada pelo texto machadiano, sobretudo por meio da criação de autores ficcionais como Brás Cubas, Dom Casmurro e Aires –, autoridade que em algum momento acaba sendo evocada em socorro à leitura de cada um dos críticos.

Fariam parte dessa linhagem as leituras de Silviano Santiago, Roberto Schwarz e John Gledson. Nelas, de maneiras diversas mas à semelhança do que se nota na interpretação de Caldwell, há uma espécie de deslizamento de intenções: ao mesmo tempo que todos reconhecem a radical ambiguidade do texto e a possibilidade do sentido aberto, para o qual seria fundamental a decisão interpretativa do leitor, todos decidem por uma leitura verdadeira, lastreada numa suposta intenção autoral, que nos três casos aponta na direção do realismo, ou seja, dos vínculos entre a obra e a realidade sócio-histórica brasileira.

No seu livro, Helen Caldwell cria a metáfora do julgamento para afirmar, ao fim, que a única possibilidade de julgamento razoável e cabível ao leitor é o reconhecimento da inocência de Capitu e da culpa de Dom Casmurro. Também adotando a metáfora do júri, Silviano Santiago afirma que Machado teria pretendido pôr em ação o que chama de dois equívocos da cultura brasileira, quais sejam, o bacharelismo e o jesuitismo, armando com isso uma espécie de denúncia de uma condição cultural, que cabe ao leitor, tomando uma decisão ética, reconhecer ou não. Para Barros Baptista, Silviano Santiago "reduz todo o livro de Dom Casmurro à homogeneidade de um querer dizer, ao domínio apertado e sem falhas de uma retórica e de uma intenção".[35]

A crítica de Barros Baptista é mais veemente em relação a Schwarz, que entenderia as sucessivas leituras da obra de Machado como "fases da progressão da leitura",[36] como "um progresso, que produz a libertação".[37] Para Baptista, Schwarz reconheceria a abertura de sentido constitutiva do texto de Machado de Assis, mas sugere que o leitor só compreenderá a verdadeira intenção do escritor – a de denunciar os mecanismos de dominação adotados pela elite brasileira, representada na ficção por Brás Cubas e Bento Santiago – se não compactuar com o conservadorismo dos narradores. Ou seja, cabe ao leitor esclarecido posicionar-se ideologicamente diante do texto, para reconhecer, ou admitir, que Machado se posicionava contra seus narradores e, por conseguinte, contra os homens da elite brasileira – não só os do seu tempo, mas também os contemporâneos do leitor.

A interpretação de Schwarz, centrada na questão da forma, no resultado do texto, que daria objetividade às questões sociais, supõe ao mesmo tempo uma intenção realista por parte do escritor: "havia da parte de Machado uma intenção realista neste antirrealismo conservador, se o considerarmos expressão de experiência e ceticismo", afirma em *Um mestre*.[38] Ou seja, para além, ou aquém, da forma literária, haveria uma intenção, consciente ou inconsciente, não importa, determinante para aquele resultado.

---

35 Baptista, O legado Caldwell, ou o paradigma do pé atrás. *Santa Barbara Portuguese Studies*, v.1, p.161, 1994.

36 Ibid., p.164.

37 Ibid., p.163.

38 Schwarz, *Um mestre na periferia do capitalismo*, p.65.

MACHADO DE ASSIS, O ESCRITOR QUE NOS LÊ 247

Para Abel Barros Baptista, mais clara e mais aberta seria a postura adotada por John Gledson, que explicita seu objetivo de desvendar a verdadeira intenção de Machado de Assis com seus romances e seus narradores. Entretanto, esse é um dos seus pontos de divergência com a crítica de John Gledson, o qual defende a possibilidade de se conhecerem as intenções do escritor, afirmada em *Impostura e realismo*: "continuo a ser um intencionalista confesso; isto é, julgo ser uma parte essencial do papel do crítico revelar os significados pretendidos pelo escritor".[39]

O intencionismo de John Gledson tem a ver com a formação do crítico, que estudou na Universidade de Princeton nos anos 1960 e 1970 e encontrou na teoria de E. D. Hirsch uma espécie de antídoto ao formalismo então dominante na academia norte-americana. No tão famoso quanto controverso *Validity in interpretation* (1967), Hirsch procurava estabelecer princípios de interpretação baseados nas intenções do autor, contrapondo-se ao New Criticism, ao desconstrutivismo de Jacques Derrida e ao pós-estruturalismo de Michel Foucault e Roland Barthes, que àquela altura dos anos 1960 proclamou a morte do autor, e também das intenções autorais, em ensaio que se tornaria famoso.

O que há de normativo e rígido na teoria de base formulada por Hirsch se torna mais maleável na crítica de John Gledson, também pelo embate com a obra de Machado, cuja complexidade talvez convide mais à formulação de novas teorias do que à aplicação das já existentes, como se nota na leitura que faz de *Dom Casmurro*.

O intencionismo de Gledson não supõe que Machado de Assis tivesse clareza sobre o que era a sociedade brasileira do século XIX e o processo histórico nos quais, de alguma maneira, estava imerso. Para Gledson, a intenção engloba também a sensibilidade e a intuição do escritor sobre o tempo e o lugar em que vivia, o que teria permitido trazer para o romance questões da formação social brasileira que nem haviam sido sistematizadas por estudos

---

39 Gledson, *Machado de Assis: impostura e realismo – uma reinterpretação de* Dom Casmurro, p.15.

de história e sociologia, que a rigor só apareceriam *a posteriori*, com as teorias explicativas do Brasil formuladas ao longo do século XX. Intencionismo também não implica a possibilidade de identificação de uma intenção unívoca, coerente do início ao fim, mas de um conjunto de intenções que podem ser reconstituídas a partir do conhecimento sobre como o escritor refrata, em diferentes personagens, visões sobre um mesmo fato histórico. Nesse sentido, é interessante a observação de Gledson sobre as várias representações do episódio histórico da maioridade de dom Pedro II na ficção de Machado:

> *Casa velha* a vê como uma reação à ameaça de desintegração nacional, "Conto de escola", como uma questão de lutas e traições partidárias intestinas, *Dom Casmurro*, como um mito útil: essas são as perspectivas de 1839, maio de 1840 e 1857, respectivamente (e do Coronel Raimundo, Policarpo e Capitu).[40]

Diante dessa multiplicidade de perspectivas sobre um mesmo episódio, cujo sentido explode por conta de tantos pontos de vista, como identificar a intenção do escritor Machado de Assis? Refratada pelas opiniões e visões de seus personagens e narradores, que muitas vezes até discordam entre si, como descobrir a posição do escritor em relação a esse ou qualquer outro episódio histórico? Numa escrita marcada por segundas, terceiras e talvez enésimas intenções, como saber se a verdadeira intenção não é mais um dos sentidos enganosos que o texto de Machado nos induz a encontrar em sua obra?

Em "*Dom Casmurro*: realismo e intencionismo revisitados", Gledson retoma essas questões. Ao tratar da relação entre o narrador Casmurro e o "autor" do romance,[41] defende ser possível

---

40 Ibid., p.96.

41 Os argumentos de Abel Barros Baptista rebatidos por Gledson estão no já mencionado O legado Caldwell, ou o paradigma do pé atrás, publicado em *Santa Barbara Portuguese Studies*, v.1, p.145-77, 1994.

identificar esse autor com Machado, o que Baptista recusa, por entender que o que está em jogo em *Dom Casmurro* é justamente a crise da noção de autoria, ou sua ruína, indiciadas desde o título, pela criação de um autor ficcional para o romance. A partir desse gesto, o autor já não pode mais ser pensado como lugar estável, garantidor do sentido último do texto, e, portanto, não faria mais sentido referir-se à sua intenção.

Gledson defende haver leituras mais ou menos corretas, posicionando-se contra o relativismo total, ou contra o que haveria de indecidível na leitura de um romance como *Dom Casmurro*. A correção poderia ser medida a partir da identificação das intenções programadas por Machado de Assis, que estariam mais próximas de uma leitura do romance que vê Bento Santigo como conjunção execrável de refinamento e barbárie. Ainda que Gledson reafirme a intenção de denúncia social, isso sai relativizado no percurso da discussão com Abel Barros Baptista.

Gledson passa a considerar que a denúncia talvez não seja o único propósito do romance. Nele haveria algo mais que o tipo da elite aprendido por Roberto Schwarz em "A poesia envenenada de *Dom Casmurro*", e não é "só por causa de um compromisso subconsciente com a elite brasileira" que os leitores se identificam com Bento Santiago.[42] O crítico cita a si mesmo como evidência, já que, apesar de ser inglês e ter origem na classe média inglesa, a certa altura se sentiu identificado com o narrador. Ou seja, o pacto do narrador Bento Santiago com o leitor não se esgotaria no componente brasileiro e de classe.

Embora concorde com Abel Barros Baptista que a ambiguidade radical do romance abre caminhos para as mais variadas interpretações – e que com isso Machado corria o risco de que "o conjunto das suas posições, das suas ideias, das suas intenções" ficasse coberto pelo manto dessa ambiguidade, como escreve Baptista no ensaio citado –, Gledson argumenta, finalmente, que

---

42 Gledson, *Por um novo Machado de Assis: ensaios*, p.293-4.

a configuração ambígua não significa que o escritor não tivesse intenções claras com sua obra.

Diante do equilíbrio perfeito, mas instável, que Machado construiu em *Dom Casmurro*, o que faz o pêndulo oscilar?

Gledson aponta uma diferença importante entre o narrador em primeira pessoa de *Brás Cubas* e o de *Dom Casmurro*, ao dizer que neste romance "o balanço possa ter se deslocado mais em direção à compreensão e ao perdão".[43] Compreensão, perdão, culpa, identificação, desprezo, tudo isso, e não só condenação, participa tanto da construção do narrador-personagem como da relação de Machado com Bento e também da relação que nós, leitores, estabelecemos com ele. Depois de considerar a tridimensionalidade do personagem-narrador Bento Santiago, com quem muitos leitores, em muitos níveis e em alguns momentos da leitura, se identificaram, Gledson propõe o seguinte: "Se forçarmos um pouco a barra: tal como Bento é um personagem e um autor tridimensionais, assim também é o leitor de Machado".[44]

Forçando ou não a nota, interessa observar que, quando se trata de *Dom Casmurro*, a entrada do leitor no circuito parece incontornável, já que, mesmo para o crítico intencionalista, as intenções do autor não estão explícitas, precisando ser atualizadas, em grande medida – ou quem sabe exclusivamente –, por conta e risco do leitor, cujas intenções, estas sim, parecem explicitar-se mediante qualquer gesto interpretativo, ou seja, mediante projeções dos seus valores e pressupostos sobre o texto, construído sobre lacunas, ambiguidades e equívocos. Num caso-limite como o de *Dom Casmurro*, a intenção atribuída ao autor parece indissociável da intenção do leitor.

O intencionismo de John Gledson chega aqui ao seu limite – não no sentido de se tornar ineficaz como instrumento crítico, mas no sentido de que o texto de Machado de Assis borra as fronteiras entre suas eventuais intenções e as intenções com as quais leitores

---

43 Cf. Ibid., p.293.
44 Cf. Ibid., p.294.

MACHADO DE ASSIS, O ESCRITOR QUE NOS LÊ   251

de diferentes tempos e lugares se aproximam dele. Supondo que o sentido da obra esteja dado pela intenção do autor, como compreender a história da recepção de *Dom Casmurro*? Ela estaria simplesmente marcada pelo engano e pelo erro? Uma vez reveladas as intenções do autor, o que restaria aos leitores e críticos do futuro?

Abel Barros Baptista defende que as possibilidades interpretativas apresentadas por Santiago, Schwarz e Gledson são por eles mesmos convertidas em únicas possibilidades interpretativas, ou como melhores possibilidades interpretativas, sempre a partir da evocação, mais ou menos explícita, de uma intenção autoral que permanece como "centro de gravidade da leitura crítica".[45] Ao fim, a interpretação, que é rigorosamente do crítico, e sempre é do crítico, procuraria lastrear-se na "verdadeira" intenção do "verdadeiro" Machado de Assis.

Dessa forma, a reabertura do caso, por Helen Caldwell, não teria levado, nem na sua obra nem na de seus legatários, a uma abertura efetiva dos sentidos do texto, pois ela novamente se fecha se o leitor toma a decisão "certa", que coincidiria com a do crítico, que assume uma postura judicativa. Abel Barros Baptista insiste nesse aspecto, tomando como referência a leitura de *Dom Casmurro* que, tanto para a sensibilidade média como para a crítica mais equipada, resultou em algum tipo de julgamento, seja das personagens, do narrador, da herança colonial ("Retórica da verossimilhança"), da formação social brasileira ("A poesia envenenada de *Dom Casmurro*"), ou do processo histórico brasileiro (*Impostura e realismo*).

Nesse artigo e em outros escritos sobre Machado, Barros Baptista tem combatido a ancoragem das intenções do escritor em algum tipo de interpretação do nacional, como veremos ao examinar outro momento dessa polêmica de alcance internacional, estabelecido a partir de uma resenha publicada pelo escritor e crítico Michael Wood.

---

45 Baptista, op. cit., p.162.

Realismo em movimento

A resenha de Michael Wood foi publicada na *New York Review of Books* em 2002 e impressiona, de imediato, pela desenvoltura com que se refere às questões principais associadas ao autor, identifica os termos principais do debate em torno da obra machadiana no Brasil e marca sua posição. O texto trata das novas traduções para o inglês de *Memórias póstumas de Brás Cubas*, *Quincas Borba*, *Dom Casmurro* e *Esaú e Jacó*, lançadas entre 1998 e 2000, e também de *A master on the periphery of capitalism*, de Roberto Schwarz, traduzido para o inglês por John Gledson, assim como do conjunto de ensaios reunidos por Richard Graham em *Machado de Assis: Reflections on a Brazilian master writer*.

Professor da Universidade de Princeton, autor de estudos sobre Vladimir Nabokov, Luis Buñuel, Franz Kafka e Gabriel García Márquez, entre outros, Michael Wood procurava dar conta de um novo momento da difusão internacional da obra machadiana, impulsionada pelas novas traduções de seus principais romances, empreendidas pela Oxford University Press para a coleção Library of Latin America, dirigida por Jean Franco, decana dos estudos latino-americanos nos Estados Unidos.

Apesar de tratar de tantos livros, a resenha, no seu conjunto, gravita principalmente em torno de *A master on the periphery of capitalism: Joaquim Maria Machado de Assis*, então o livro de edição mais recente (2002), e da leitura de Schwarz, que fornece os parâmetros para a reflexão apresentada ao longo do texto.

Michael Wood parte do princípio de que existem dois "mistérios" principais na recepção de Machado: um, que considera o mistério brasileiro, tem a ver com a tentativa de explicação das diferenças entre as obras das chamadas primeira e segunda fases; e outro, de escopo internacional, refere-se ao porquê da modesta recepção da obra de Machado fora do Brasil, apesar de muitos dos seus livros estarem disponíveis em traduções para o inglês, pelo menos desde a década de 1950.

Em relação ao primeiro, a interlocução é feita mais diretamente com Roberto Schwarz, que teria dado a explicação mais satisfatória para a transição da primeira para a segunda fase, ao concentrar-se nas propriedades formais dos romances mais tardios e perguntar-se não pelo porquê de a mudança ter ocorrido, mas pelo significado dela. Tomando, segundo Wood, o "modelo" de Lukács na *Teoria do romance*, em especial no que se refere à noção de forma literária, Schwarz entende a viravolta do escritor como um movimento tanto estético quanto político, ou ideológico. Essa viravolta estaria associada à construção deliberada, por parte de Machado, de um narrador em primeira pessoa, não confiável, que serviria para condenar não apenas Brás Cubas, mas toda uma classe e uma formação social. Assim, à maneira do Baudelaire descrito por Benjamin, Machado seria um agente infiltrado na *soi--disant* burguesia brasileira, e Brás Cubas, "sua fachada desavisada e complacente".[46]

Embora julgue convincente tudo o que Roberto Schwarz afirma sobre as *Memórias póstumas* em *Um mestre na periferia do capitalismo*, e elogie a amplitude de suas proposições, que dizem respeito não só ao texto machadiano, mas a "alguns dos textos mais assombrosos da modernidade, do *Dr. Fausto* de Thomas Mann, à *Lolita* de Nabokov", Michael Wood considera a tese de Schwarz "um tanto severa e inflexível", na medida em que acaba por colocar o leitor diante de um único dilema: ou ser cativado pela comédia ideológica brasileira e compreender a lição crítica do romance, ou ser cooptado pelos encantos do narrador, tornando--se cúmplice não só dele, mas de sua classe. No limite, o resenhista atribui a Roberto Schwarz uma visão dos romances de Machado

---

46 Wood, Um mestre entre ruínas, publicado originalmente no *The New York Review of Books*, 18 jul. 2002, com o título A master among ruins. Versão condensada foi reproduzida em *Folha de S.Paulo*, caderno *Mais!*, 21 jul. 2002. Versão completa do texto em português saiu em *Teresa: Revista de Literatura Brasileira*, n.6-7, USP/Editora 34, Imprensa Oficial do Estado de São Paulo, 2006, p.504-10, com tradução de Samuel Titan Jr.

como documentos históricos, na medida em que, por mais que sejam oblíquos e sofisticados, fariam, em última instância, referência a determinada condição histórica. Ou seja, a crítica de Schwarz afirmaria a possibilidade de determinação do sentido do texto machadiano pressupondo que, em última análise, ele remete a dado contexto histórico e proporia, portanto, uma explicação para o romance, o que equivaleria a um fechamento do seu sentido.

Em relação ao mistério internacional, Wood sugere que a dificuldade talvez esteja relacionada à própria constituição dos textos, cujos sentidos tendem à indeterminação, à relativização das verdades, ao questionamento de quão livres somos quando tomamos nossas decisões – questões pouco palatáveis para o público mais amplo e árduas até mesmo para leitores mais inteligentes, dificuldade apontada já na década de 1950 por William Grossman, o primeiro tradutor das *Memórias póstumas*, como já se viu. Outra dificuldade depreendida por Wood para a difusão internacional da obra de Machado estaria no afã explicativo exagerado nas então recém-lançadas traduções da Oxford University Press. Para Michael Wood, as edições traem certo nervosismo e desejo de controle sobre o sentido do texto, indiciados na apresentação do escritor ao público de língua inglesa. As traduções são acompanhadas de muitos comentários e cada volume traz uma introdução geral, uma introdução e um posfácio, deixando a sensação de que "há muitas portas para serem abertas antes de se chegar a cada romance", como comenta Wood ao apontar o empenho explicativo que parece motivar a inclusão de tantos peritextos num único volume.

Na sua resenha, Michael Wood sugere ainda que o sentido do texto machadiano é mais aberto e indeterminado do que a crítica e a edição da Oxford University Press fazem supor e chama a atenção para sua capacidade de comunicar diretamente com o leitor – abertura e capacidade que de alguma forma ficariam inibidas pela sobrecarga interpretativa de que o texto vem acompanhado, seja na forma dos aparatos que acompanham as edições em inglês, seja pela leitura de Roberto Schwarz. Esses aparatos

MACHADO DE ASSIS, O ESCRITOR QUE NOS LÊ

tendem a colocar o leitor imediatamente, antes mesmo de ele chegar ao texto de Machado de Assis, diante de parâmetros de leitura, ou mesmo de dilemas. No caso da crítica de Schwarz, o dilema se traduziria na identificação ou não identificação ideológica do leitor com o narrador. Para Wood, há muito mais do que isso em jogo no texto machadiano.

Em linhas gerais, Wood considera que as ambiguidades e dicotomias apontadas por Roberto Schwarz na obra machadiana, diante das quais o leitor seria convidado a se posicionar, não dão conta da complexidade do texto, nem mesmo do interesse que ele pode suscitar entre leitores que não se sintam exatamente identificados com o perfil de classe dos narradores.

Wood pergunta-se sobre a natureza da maestria e da modernidade de Machado e defende que seus romances vão além de documentos históricos. Na sua opinião, parte da resposta sobre a maestria do escritor está na hipótese formulada por João Adolfo Hansen no ensaio "Dom Casmurro: simulacrum and allegory",[47] segundo a qual Machado construiu seu estilo a partir das "ruínas de um tempo morto", dos "resquícios arruinados de um mundo pré-moderno". Ou seja, a sua prosa produz uma desconfiança fundamental em relação aos sentidos das palavras e à capacidade delas de fazerem sentido, ou pelo menos de produzirem sentidos estáveis, uma vez que o escritor reconhece e manipula o aspecto convencional e a dimensão histórica – e, portanto, relativa – não só dos conceitos como dos regimes de verossimilhança, que mudam ao longo do tempo.[48] Assim, a maestria do texto machadiano estaria no questionamento permanente das relações que as palavras estabelecem com as coisas, com os referentes externos,

---

47 Hansen, *Dom Casmurro*: Simulacrum and allegory. In: Graham, *Machado de Assis: Reflections on a Brazilian master writer*, p.23-50. O ensaio foi publicado no Brasil com o título *Dom Casmurro*: simulacro & alegoria. In: Guidin; Granja; Ricieri, *Machado de Assis: ensaios da crítica contemporânea*, p.143-77.

48 Para uma discussão sobre o questionamento dos diferentes regimes de verossimilhança convencionados ao longo da história, ver Hansen, "O imortal" e a verossimilhança. *Teresa: Revista de Literatura Brasileira*, n.6-7, op. cit., p.56-78.

o que o distanciaria das noções convencionais do realismo, que o associam diretamente à experiência histórica e social brasileira.

Com base na análise sucinta de *Dom Casmurro*, *Quincas Borba* e *Esaú e Jacó*, Michael Wood procura identificar questões que de certa maneira antecedem e ultrapassam as dicotomias: a indecidibilidade do sentido, ou a inutilidade de decidir entre culpa e inocência, uma vez que o desastre está feito (em *Dom Casmurro*), relembrando observação de Antonio Candido em "Esquema de Machado de Assis": "dentro do universo machadiano, não importa muito que a convicção de Bento seja falsa ou verdadeira, porque a consequência é exatamente a mesma nos dois casos: imaginária ou real, ela destrói a sua casa e a sua vida";[49] a reflexão sobre a *possibilidade* da escolha e as suas implicações, muito mais importante e radical do que a efetiva decisão entre as alternativas postas (em *Esaú e Jacó*); a crise do sentido da linguagem, tornada ruína, evidenciada pela profusão de provérbios que não servem mais de orientação segura para a ação no mundo (em *Quincas Borba*).

Ou seja, para Wood o texto não remeteria a uma realidade histórica ou a um processo social determinado, ou determinável. Ele nos surpreende no momento da escolha, da possibilidade da comparação, fazendo que examinemos as situações apresentadas e nos examinemos em um estado de suspensão e em movimento: "no ar, antes de mergulhar", para lembrar a letra de uma canção popular que explicita bem um instante de vertigem semelhante àquele ao qual Wood parece referir-se para caracterizar o efeito do texto de Machado de Assis. Este texto procuraria apreender, em movimento, o momento anterior à constituição de um sentido unívoco, ou da possibilidade de cristalização de qualquer alegoria. "O nada em cima do invisível é a mais sutil obra do mundo": esta seria, para Wood, a frase-síntese da obra de Machado de Assis e também da matéria diáfana diante da qual seu texto nos coloca.

---

49 Candido, Esquema de Machado de Assis. In: _____, *Vários escritos*, p.25.

MACHADO DE ASSIS, O ESCRITOR QUE NOS LÊ

Por fim, Michael Wood pergunta-se: por que ler Machado ainda faz sentido hoje e em outros lugares que não o Brasil? E arrisca uma resposta:

> Eu diria que Machado é nosso contemporâneo porque suas preocupações ressurgem em todo lugar, como formações de nuvens ou protestos políticos, e porque não temos certeza sobre quem ele é. Suas obras são como aqueles "livros omissos" que Bento Santiago nos recomenda. Os provérbios e ruínas que acabo de evocar – o jogo de aparência e desejo, o mundo de contingências difusas – têm domicílio no Brasil de Machado, mas também topamos com eles em outros lugares e provavelmente não vamos parar de reencontrá-los. Não que o mundo não tenha mudado ou que os países não sejam diferentes entre si. Mas a mudança e a diferença têm formas históricas precisas, e Machado soube agarrá-las em movimento.[50]

Como se nota, não se trata de refutar a ancoragem do texto de Machado no contexto brasileiro, mas de declarar a insuficiência disso para *explicar* o texto, de modo que essa relação é *uma* das suas possibilidades de sentido. O texto machadiano não remete apenas a uma realidade histórica ou social determinada ou fixa, nem pode ser reduzido a uma pessoa ou psicologia, mas capta movimentos e constrói-se sobre omissões que os leitores com frequência são instigados a completar.

Para Michael Wood, assim como para Abel Barros Baptista, Alfredo Bosi, João Adolfo Hansen, críticos que nos últimos anos também se contrapuseram implícita ou explicitamente à leitura de Roberto Schwarz, há mais do que dilema, ambivalência, dualidade ou mesmo ambiguidade no texto machadiano: existe nele algo que aponta para sentidos que não se deixam apreender inteiramente, para a relativização e também para a indeterminação de sentidos.

A resposta de Roberto Schwarz a Michael Wood está incluída no artigo "Leituras em competição", publicado em 2006, no qual

---

50 Wood, Um mestre entre ruínas. *Teresa: Revista de Literatura Brasileira*, n.6-7, op. cit., p.510.

faz um apanhado bastante denso e esclarecedor dos grandes movimentos da crítica machadiana no Brasil e no exterior ao longo do século XX, apresentando sua visão sobre o debate atual e posicionando-se diante dele.[51] Wood é o seu principal interlocutor, comparecendo como personagem-síntese do crítico internacional, corresponsável pelo renome que Machado de Assis começou a angariar principalmente a partir dos Estados Unidos e da segunda metade do século XX.

Esse renome e essa internacionalização, tornados possíveis, como vimos, com as traduções de boa parte da obra de Machado para o inglês, são associados por Schwarz ao crescente interesse das universidades norte-americanas por regiões tornadas estratégicas para a política externa dos Estados Unidos desde os anos da Guerra Fria. A internacionalização do escritor é vista, portanto, como parte de um processo geopolítico que tem a ver com a expansão do imperialismo norte-americano sobre a América Latina, do qual deriva também o imperialismo cultural, que permite aos intelectuais norte-americanos ou baseados nos grandes centros intelectuais dos Estados Unidos escolherem, nas imensas bibliotecas, as novidades que lhes interessam, às vezes para ilustrar teorias recentes, deixando em segundo plano ou mesmo descartando o contexto de produção das obras e sua historicidade.

Esse é um movimento notável na crítica de Helen Caldwell – que, como vimos, passa ao largo dos vínculos entre o autor e o contexto, enfatizando sua filiação a Shakespeare –, assim como nas considerações de Sontag e Rushdie sobre Machado, perfilado por ambos a autores de países variados e desvinculado do contexto brasileiro.

Fazendo referência direta a Wood e à sua resenha, Schwarz reconhece ali atenção à crítica brasileira, o que inclui a leitura do próprio Schwarz e também a de Hansen. Entretanto, ele enfatiza na resenha o que chama de "dissociação sutil", uma modalidade

---

51 Schwarz, Leituras em competição. *Novos Estudos Cebrap*, n.75, jul. 2006, p.61-79.

MACHADO DE ASSIS, O ESCRITOR QUE NOS LÊ   259

do descarte do contexto de produção e de desconsideração da historicidade do texto. Para Schwarz, embora Wood aceite as ligações entre literatura e matéria histórica, ele coloca a qualidade literária num plano à parte ao defender que a maestria e a modernidade de Machado não estão no fato de sua prosa mimetizar os processos históricos e as relações sociais no Brasil (ponto de partida da tese de Schwarz, que Wood qualifica como demasiado rígida), mas num outro plano, que até prescindiria do conhecimento da realidade brasileira. À parte o aspecto consagrador de um professor de Princeton, crítico de renome internacional que publica regularmente no *The New York Book Review* e na *London Review of Books*, se dedicar à obra de Machado e à sua crítica, Schwarz parece ouvir na resenha de Wood principalmente a queixa contra o excesso de investimento da crítica (e das edições das obras machadianas em inglês, também abordadas pela resenha) na particularidade histórica do escritor, o que seria visto por Wood, nos termos de Schwarz, como "um desserviço à universalidade do autor".[52]

É principalmente a esse ponto que Schwarz responde, asseverando as perdas críticas acarretadas pela promoção de Machado a clássico internacional, o que significaria desvinculá-lo do contexto histórico em que se deu sua produção literária, à maneira do que teria ocorrido com a consagração internacional de Jorge Luis Borges, desvinculado da Argentina e transformado em figura internacional. A queixa subjacente ao texto de Schwarz está relacionada ao fato de a celebração de Machado no exterior retirar o romancista não só do seu contexto histórico, mas também de um ambiente crítico construído por várias gerações de leitores dedicados a explicitar os nexos entre a sua obra e a realidade local.

A palavra é forte e evoca outras polêmicas, mas é como se Michael Wood e a crítica internacional *sequestrassem* Machado do Brasil, o que equivaleria a abandonar o país à própria sorte e irrelevância. Conforme as palavras de Schwarz: "O artista entra para o

---

52 Ibid., p.68.

cânon, mas não o seu país, que continua no limbo, e a insistência no país não contribui para alçar o artista ao cânon".[53]

Ao associar a consagração internacional de Machado ao sucesso do país, Schwarz explicita a forte conexão que a crítica produzida no Brasil historicamente tem estabelecido entre a reputação do escritor e a da própria nação, sugerindo que Machado de Assis e Brasil sejam elementos coextensivos. Essa figuração foi construída ao longo de todo o século XX tanto por forças conservadoras (lembre-se do que foi feito nesse sentido pelo Estado Novo e pela ditadura militar, que reforçaram a figura do mito nacional) como por forças progressistas, que identificaram na obra machadiana o depoimento mais crítico jamais feito por um escritor sobre a sociedade brasileira e seus modos de inserção nos domínios do capital.

No seu ensaio, e de maneira bastante drástica, Schwarz resume a situação atual do debate criando duas frentes opostas e em competição. De um lado, uma leitura nacional, que desde a década de 1960 tem procurado especificar as conexões entre o texto de Machado e a realidade brasileira. Essa crítica teria seus antecedentes em Mário de Andrade, Antonio Candido e Raymundo Faoro, e como efetivos realizadores: Silviano Santiago, o próprio Roberto Schwarz, Alfredo Bosi, John Gledson e José Miguel Wisnik. De outro lado, a leitura internacional (ou várias não nacionais), ou neouniversal, que tem seus principais redutos nas universidades norte-americanas, e da qual Michael Wood aparece no ensaio como principal representante e epítome. Essa crítica se caracterizaria pela desconsideração e pelo apagamento das conexões entre Machado e o contexto social e histórico brasileiro, ou seja, por um desinvestimento no seu realismo, recolocando-o no lugar de um escritor clássico, desenraizado da experiência nacional brasileira, lugar ao qual a crítica produzida no país, *grosso modo*, teria circunscrito o escritor até a década de 1960. O seu modo de operação é descrito da seguinte forma:

---

53 Ibid.

MACHADO DE ASSIS, O ESCRITOR QUE NOS LÊ   261

Na outra matriz, com sede nos países do centro, uma guarda avançada de leitores – os intermediários poliglotas e peritos a que se refere Casanova – empenha-se na identificação de obras-primas remotas e avulsas, em seguida incorporadas ao repertório dos clássicos internacionais.

A referência a Pascale Casanova indica pontos de contato entre a matéria do ensaio e as ideias presentes em *A república mundial das letras*.[54] Nesse livro, Casanova trata da produção literária em várias partes do mundo pela perspectiva das relações de poder existentes entre os centros e as periferias, ressaltando o aspecto competitivo da produção literária e crítica. Para Schwarz, assim como para Casanova, o que está em jogo é a disputa por espaço entre a crítica produzida no Brasil, ou segundo parâmetros predominantes na crítica brasileira, e aquela produzida fora do Brasil, em torno de Machado, "no sistema literário mundial":

> [...] se a cor do passaporte e o local de residência dos críticos não são determinantes, é certo que as matrizes de reflexão a que a divergência se prende têm realidade no mapa e dimensão política, além de competirem entre si, como partes do sistema literário mundial.[55]

Vale notar que Schwarz inclui a leitura de John Gledson, por exemplo, na crítica nacional, na medida em que seu projeto enfatiza justamente as conexões entre o projeto machadiano e uma interpretação do processo histórico brasileiro que o escritor teria cifrado no conjunto dos seus romances. Assim, o nacional tem menos a ver com a nacionalidade do crítico do que com o empenho na especificação das relações entre texto e vida social, o que certamente exclui um bom contingente de críticos brasileiros e que produzem no Brasil, mais identificados com as leituras não nacionais ou "neouniversais".

---

54 Casanova, *A república mundial das letras*.
55 Schwarz, op. cit., p.65.

A divisão radical proposta por Schwarz à primeira vista atribui uma unidade e uma homogeneidade à leitura nacional que seriam impensáveis e difíceis de sustentar num outro contexto que não o de um ensaio combativo como é "Leituras em competição". Assim, a discussão com Alfredo Bosi, que por mais de duas décadas mobilizou os estudos machadianos,[56] sai relativizada pela leitura desse ensaio, no qual fica sugerido que as diferenças recaem mais sobre a natureza das relações da obra com a vida brasileira – e também sobre as intenções de Machado com seu romance – do que na importância dos vínculos entre a obra e o contexto. A reação de Schwarz a Wood explicita o relativo consenso que, apesar de todas as divergências, se formou no Brasil em torno da figura de um Machado realista.[57]

Em todo o ensaio de Schwarz, e especialmente na caracterização das matrizes centrais, é notável o emprego do vocabulário bélico e comercial, que qualifica – e desqualifica – a competição das leituras estrangeiras: renome *em alta*, guarda avançada, campo oposto, apropriação, firmas, franquias, matriz, selo de qualidade, cesta de teorias literárias, mercado acadêmico. Com isso, o ensaio explicita, parece-me que com clareza inédita, as ansiedades que rondam o nome "Machado de Assis" há mais de século e têm a ver com a associação do escritor e da sua obra a inquietações sobre o destino histórico e a inserção do país nas novas ordens internacionais.

---

56 As divergências entre Bosi e Schwarz já se notam na mesa-redonda realizada em novembro de 1980, para integrar um volume sobre Machado de Assis publicado pela editora Ática. Naquele encontro, as diferenças de visão entre os dois críticos, que se aprofundariam futuramente, concentravam-se em torno do sentido do humor e do relativismo machadianos. Cf. Bosi et al., *Machado de Assis*, p.310-343.

57 No Brasil, a crítica mais direta e contundente ao realismo em Machado de Assis foi feita por Gustavo Bernardo em "Machado de la Mancha", no qual considera equívoca e mal-intencionada a classificação do escritor como realista. In: Bernardo, *O livro da metaficção*, p.119-74.

De fato, historicamente, têm sido projetadas sobre Machado de Assis questões como: Qual papel escritores e intelectuais podem desempenhar num ambiente em grande parte hostil à reflexão? Qual o lugar da literatura e da crítica literária no Brasil? O que a literatura e a crítica produzidas no Brasil têm a dizer para outros lugares do mundo? Qual o lugar e a importância do Brasil na ordem internacional?

O destino da obra e do escritor há muito confunde-se com o destino da crítica e do país, e Schwarz indica isso mesmo ao afirmar que "o reconhecimento internacional de um escritor muda a situação da crítica nacional, que nem sempre se dá conta do ocorrido".[58] A obra de Machado, vista como um *acontecimento*, improvável no ambiente intelectualmente acanhado em que surgiu, ao longo de todo o ensaio é pensada em relação com as potencialidades do próprio país, o que se explicita em trechos como este: "Trata-se de um *acontecimento* que sugere, por analogia, que a passagem da irrelevância à relevância, da sociedade anômala à sociedade conforme, da condição de periferia à condição de centro não só é possível, como por momentos de fato ocorre".[59]

O escritor comparece aí como o melhor sintoma e o melhor diagnóstico de um mal-estar brasileiro, caracterizado, entre outras coisas, pelo "complexo de inferioridade herdado da Colônia; o sentimento geral de irrelevância e de vida de segunda classe, além do ressentimento com a falta de repercussão de nossas coisas",[60] e também como prova da possibilidade de superação dessa condição, na medida em que a obra, se bem interpretada, é capaz de desmascarar todas as ideologias – tanto as do universalismo como as do localismo.

A figura machadiana aparece de novo, mas desta vez em chave problematizadora e não celebratória, completamente identificada ao país.

---

58 Ibid., p.68.
59 Ibid., p.65.
60 Ibid., p.76.

O ensaio de Roberto Schwarz explicita de maneira inédita e surpreendente – levando ao paroxismo e produzindo uma espécie de esgarçamento da oposição entre local e universal, nacional e internacional, que ganhou novas configurações ao longo do século – o acirramento da disputa e da competição existentes em torno da definição da figura e do sentido da obra de Machado de Assis, sugerindo que a competição anteceda e se sobreponha aos pressupostos críticos e metodológicos:

> A oposição [entre a leitura nacional e as várias não nacionais] assinala também o movimento do mundo contemporâneo, uma guerra por espaço, movida por processos rivais, que não se esgota em disputas de método.[61]

O que está em jogo, no limite, é menos a validade dos pressupostos e dos métodos interpretativos do que o caráter político e comercial da disputa em torno de Machado de Assis.

Embora o objetivo principal de Schwarz seja explicitar as limitações e, a seu ver, os riscos da visada internacionalista ou universalista, a leitura do ensaio faz pensar também sobre a possibilidade do bom rendimento de uma visada universalizante, despreocupada do contexto brasileiro, capaz de enxergar dimensões do texto que fiquem veladas para a crítica brasileira. Como vimos, a leitura a princípio "alienada" de Helen Caldwell sobre a obra machadiana teve rendimentos críticos extraordinários até mesmo, ou talvez principalmente, para as leituras mais explicitamente politizadas da obra.

A resposta de Michael Wood a Roberto Schwarz veio no artigo "Entre Paris e Itaguaí", publicado na revista *Novos Estudos* em março de 2009. Nele, tomando como referência as relações entre as palavras e seus referentes externos em "O alienista", Wood defende-se do lugar um pouco rígido, estático e incontornável em que Schwarz encerraria os leitores internacionais de Machado de

---

61 Ibid., p.67.

Assis – caso de Wood –, que não se ocupam em fazer uma leitura nacional, histórica, realista. Wood identifica na leitura de Schwarz certa animosidade, bem como um tom acusatório contra o que ele, Schwarz, define como crítica neouniversalizante, que teria "algo de predatório e explorador"[62] em relação à produção de autores periféricos, o que, em outras palavras, consistiria numa crítica imperialista, que vai anexando aos seus domínios mais e mais territórios literários. Reivindicando a legitimidade das leituras não nacionais da obra machadiana e afirmando que o exterior de Schwarz pode e deve ser visto também como o lar de outras pessoas, Wood propõe outro movimento de comparação:

> Minha sugestão é que o suposto leitor internacional, tendo se tornado um leitor tão nacional quanto lhe é possível, possa proveitosamente voltar para casa e comparar: comparar, não assimilar ou achatar, já que a comparação, quando é ativa, mesmo quando é comicamente ativa, como na ligação feita por Machado entre Paris e Itaguaí, mantém vivos todos os seus componentes e não subordina um ao outro. Um toque de comparação extranacional também não faria mal ao leitor nacional.[63]

O cerne do argumento está na afirmação de que as analogias construídas por Machado implicam várias possibilidades de leitura. Assim, tomando como exemplo um trecho de "O alienista", Wood argumenta que comparar Itaguaí a Paris, como faz o narrador do conto-novela, não reduz um termo ao outro, um lugar ao outro, mas abre um intervalo "entre" uma coisa e outra, um intervalo das interpretações possíveis sobre como os dois termos se relacionam, ou poderiam relacionar-se. O fato de alguma coisa ser comparada ou comparável a outra não as iguala, nem as reduz ou subordina uma à outra.

---

62 Wood, Entre Paris e Itaguaí. *Novos Estudos Cebrap*, n.83, p.188, mar. 2009.
63 Ibid., p.189.

Wood sugere que a crítica de Schwarz não contempla a comparação como possibilidade, mas pressupõe em algum nível uma perfeita correspondência entre os termos comparados. No caso, os termos são, de um lado, o texto, de outro, o processo social brasileiro e o modo de inscrição desse processo no mundo. Sugere também que o crítico, em vez de assumir que as comparações em Machado (entre a Grécia Antiga e Cachoeira, ressaltada por Schwarz em "Leituras em competição", e entre Paris e Itaguaí, indicada por Wood em "Entre Paris e Itaguaí") são uma possibilidade, toma-as como algo obrigatório, e observa que em Machado "a própria noção de comparação não está decidida",[64] uma vez que a frase exata em "O alienista" é: "os trezentos que caminhavam para a Casa Verde – dada a diferença de Paris a Itaguaí – podiam ser comparados aos que tomaram a Bastilha".

Estabelecer e tomar a comparação como referência fixa, seria, para Wood, encampar um ponto de vista semelhante ao do alienista, que acredita tanto na realidade da palavra que acaba confinado nela: "o confinamento final, quero sugerir, é dentro da própria linguagem, dentro de certa linguagem que não sabe quão limitada é, uma linguagem que se tranca, por assim dizer, em sua própria Bastilha".[65]

Wood leva adiante e aprofunda o comentário que fizera na resenha "Um mestre entre ruínas" a respeito de certa inflexibilidade e rigidez na leitura schwarziana. A discordância fundamental se dá com os termos da crítica, que valoriza o texto literário pela sua capacidade de objetivação dos processos sociais, de acolher a empiria. Aqui, essa inflexibilidade se traduz na ideia de uma crítica que busca uma explicação, e não um entendimento, para a obra, e Wood distingue esses dois modos de leitura:

> Uma explicação não é um entendimento. É o que usamos
> para substituir o entendimento, ou para encobrir nossa falta de

---

64 Ibid., p.186.
65 Ibid., p.189.

MACHADO DE ASSIS, O ESCRITOR QUE NOS LÊ

entendimento. E usar a noção de inexplicável naquele segundo sentido, como uma explicação em si mesma, é recusar a experiência e confiar nas palavras exatamente do modo como Machado nos ensina a não fazer.[66]

Ou seja, Michael Wood considera que Machado nos coloca sistematicamente diante do indeterminado e do indecidível, ou do que ainda está por se decidir. Ele chamaria nossa atenção para o caráter traiçoeiro e enganoso das palavras não porque em algum nível haja verdade, explicação e decisão, mas porque as palavras são enganosas e traiçoeiras, visto que atravessadas por emoções e memórias, preconceitos e interesses. Para Wood, a crítica que procura explicar ou determinar o sentido da obra de Machado contraria aquilo que o escritor nos ensinaria a fazer: encarar o indecidível e a possível falta de sentido das coisas, ou de correspondência entre as palavras e as coisas.

Respondendo à observação de Roberto Schwarz de que a falta de necessidade de ler a obra do escritor em relação com a vida brasileira tem "a realidade a seu favor, pois é fato que a reputação internacional de Machado se formou sem apoio na reflexão histórica", Michael Wood sugere que a reação de Schwarz esteja baseada num temor – a perda de controle da crítica brasileira sobre a obra machadiana –, que ignoraria a realidade para se insular numa lógica própria:

> Tomamos muitas vezes por realidade os medos, as palavras e as metáforas, especialmente se a realidade não faz nada para contradizê-los; e então nossa própria linguagem se torna uma forma de confinamento, e voltamos ao mundo de Simão Bacamarte, onde a simples palavra Bastilha é suficiente para abolir todas as diferenças entre Paris e Itaguaí.[67]

---

66 Ibid., p.195.
67 Ibid., p.196.

Está sugerido aí que a crítica de Roberto Schwarz acredita demasiadamente no seu poder argumentativo e explicativo, e também no poder da palavra como restauradora de uma realidade, reparadora de uma injustiça, o que Michael Wood acredita ser uma visão supersticiosa da linguagem, que atribui poder excessivo, poderes mágicos às palavras, a ponto de acreditar que elas se referem a coisas determinadas e fixas.

Michael Wood reconhece que a reivindicação principal de Schwarz é a necessidade de o crítico, não importa onde esteja, ter consciência de um "ambiente saturado de injustiças nacionais e de história". É nisso que, para Schwarz, residiria a força da crítica, ou que daria elementos para a execução daquilo que ele define como uma "crítica forte" – a crítica marxista, que tem como horizonte a intervenção na vida social, abrindo caminho para a reparação de injustiças e desigualdades. Para Wood, essa é uma possibilidade de leitura, não a única.

Embora Michael Wood apareça no ensaio de Roberto Schwarz como o grande representante da crítica neouniversalizante, é preciso dizer que, no panorama da crítica anglo-americana sobre Machado de Assis, Wood constitui exceção, na medida em que não faz a leitura avulsa de uma ou outra obra de Machado, nem ignora o que a crítica brasileira diz sobre ela. Como se viu no Capítulo 3, "O Shakespeare brasileiro", Machado vinha sendo recorrentemente citado pelos críticos estrangeiros em comparação com algum outro escritor (Shakespeare para Helen Caldwell), ou como parte de uma enumeração de escritores (os cem gênios do cânone ocidental, para Harold Bloom; Sterne, Soseki, Walser, Svevo, Beckett etc. para Susan Sontag), o que significava inserir e ao mesmo tempo submeter Machado de Assis a uma linhagem conhecida ou reconhecível do cânone internacional.[68] A mesma estratégia, registre-se, foi amplamente adotada por críticos no Brasil para explicar a grandeza de Machado, associando-o não aos seus predecessores nacionais, mas aos grandes da

---

68 Ibid., p.106.

MACHADO DE ASSIS, O ESCRITOR QUE NOS LÊ

literatura mundial (Dostoiévski, para Augusto Meyer; Dickens e Zola, para Eugênio Gomes; Luciano e Sterne, para José Guilherme Merquior, Enylton de Sá Rego e Sergio Paulo Rouanet).

O debate entre Schwarz e Wood explicita, com clareza e intensidade inéditas, como as tensões entre o local, o nacional, o internacional e o universal são estruturadoras das figuras de Machado de Assis construídas por seus leitores. Sugere também que essas tensões e essas figuras são efeitos produzidos pelo texto de Machado, que, ao sugerir comparações e deixá-las em aberto, alarga o espectro das possibilidades de interpretação, assim como dos equívocos.

Nacional, internacional, universal, cosmopolita

Em 2009, Abel Barros Baptista publicou "Ideia de literatura brasileira com propósito cosmopolita". O ensaio, que teve sua primeira publicação na revista da Abralic e posteriormente foi recolhido, com algumas modificações, no livro *De espécie complicada*, propõe uma leitura cosmopolita da obra de Machado de Assis, em particular, e da produção literária brasileira, em geral, a partir da noção de "hospitalidade incondicional", formulada por Jacques Derrida.[69] Para Derrida, a amizade e a hospitalidade incondicionais implicam a acolhida do outro em sua radical alteridade, ao contrário da ideia ocidental de que o estrangeiro, o estranho, deve submeter-se às leis da casa ou do país que visita. Com isso, ele aponta a necessidade da aceitação da diferença e da abertura para o aprendizado com o outro que vem de fora.

A partir dessas noções, Abel Barros Baptista intervém na discussão entre Roberto Schwarz e Michael Wood, identificando-se com a condição de estrangeiro de Michael Wood e acusando certa hostilidade, por parte de parcela da crítica brasileira, personificada

---

69 Apud Baptista, Ideia de literatura brasileira com propósito cosmopolita. In: *De espécie complicada – ensaios de crítica literária*, p.171-202.

em Roberto Schwarz, com as leituras de Machado de Assis feitas no exterior. O exterior também não é entendido por Baptista a partir do critério estrito da nacionalidade do crítico, ou "da cor do seu passaporte", mas como a adoção de parâmetros estranhos àqueles utilizados pela crítica nacional, ou por certa vertente da crítica nacional que Abel considera hegemônica no Brasil e que teria como representante Roberto Schwarz.

A leitura cosmopolita reivindicada pelo crítico contrapõe-se também à leitura internacional ou universalista de Machado, na medida em que, para Barros Baptista, tanto a leitura internacional como a universal – ou universalista – só existiriam em oposição e como justificativa de uma leitura local, ou nacional, que por princípio desqualificaria ou barraria qualquer leitura feita a partir do exterior. Essa hostilidade ao exterior seria marca da atitude crítica provinciana, que Baptista, concordando com Wood, descreve como aquela que só vê o exterior como exterior, e não como "o lar de outras pessoas",[70] ou seja, como o lugar de onde se olha e se lê determinado texto literário a partir de pontos de vista e experiências que são necessária e incontornavelmente outras, com seus próprios fundamentos, pressupostos e horizontes.

Embora não mencione o termo, Baptista sugere haver um componente xenófobo na ideia hegemônica de literatura brasileira, "particularmente sensível à presença do estrangeiro no seu interior", na medida em que se trata de uma literatura "que circunscreve o interior para que coincida com o nacional".[71] Assim, para que um escritor ou crítico pudesse integrar o cânone nacional, seria preciso que ele passasse por um processo de redução ao nacional, explicitamente tratando de matérias reconhecidamente associadas ao Brasil, ou abordando-as de maneira subliminar ou mesmo inconsciente. Para Baptista, é praticamente impossível ser um escritor brasileiro, ou reconhecido como tal pela

---

70 A expressão entre aspas é de Michael Wood em "Entre Paris e Itaguaí" e foi citada também por Abel Barros Baptista em seu ensaio.

71 Baptista, op. cit., p.176.

vertente crítica representada por Schwarz, sem tratar de matéria brasileira, explícita ou implicitamente.

A leitura cosmopolita proposta no ensaio a princípio não excluiria nenhuma outra, na medida em que se pauta pela ideia de hospitalidade incondicional, definida como "espaço que se abstém de limitar e impor condições à entrada e estada do estrangeiro",[72] o que implica o reconhecimento e a aceitação do outro como outro. Para Baptista, o propósito cosmopolita é ou deveria ser inerente à noção de literatura, um propósito constitutivo da literatura moderna, e que teria em Machado de Assis um dos seus primeiros praticantes no contexto brasileiro – de modo que a crítica machadiana, ou pelo menos uma vertente importante dela, estaria percorrendo a contramão do caminho que o próprio escritor sinalizou.[73]

Assim, o crítico em princípio não se coloca em oposição à leitura nacional: "O propósito cosmopolita leva em conta o desejo de criação de uma literatura a que os brasileiros possam chamar sua mas postula que tal desejo não se confunde com o que eles ou todos nós chamamos literatura brasileira – nem é o único guia, muito menos o melhor, para a conhecer"[74] – mas a combate no que ela pode ter de exclusivo ou excludente. Entende-a como uma das

---

72 Ibid., p.179.

73 Num dos seus primeiros textos críticos sobre Machado de Assis, Abel Barros Baptista propõe leitura semelhante do célebre ensaio "Instinto de nacionalidade", que ele entende como um distanciamento, por parte de Machado, da questão do nacional em literatura, na medida em que procurava romper a harmonia entre "o projeto de edificação de uma literatura e o processo de formação da nação brasileira", identificação que a crítica nacionalista sempre procurou e sobre a qual o escritor lançava a indeterminação. A leitura de Baptista segue na direção contrária à de boa parte da crítica brasileira, a qual defende que o ensaio de 1873 seria uma reafirmação, em outro nível e com maior complexidade, da problemática do nacional na literatura brasileira. Cf. Baptista, *A formação do nome – duas interrogações sobre Machado de Assis.*

74 Baptista, op. cit., p.176.

leituras possíveis, cabendo ao crítico explicitar seus pressupostos e os interesses que a movem.

O alvo principal, está claro, é a "leitura nacional", ou realista, cujos limites, para Abel Barros Baptista, teriam sido evidenciados no ensaio-resposta de Schwarz ("Leituras em competição") à resenha de Michael Wood ("Um mestre entre ruínas"). Para Baptista, Schwarz não responde e não pode responder à pergunta de Michael Wood sobre o porquê de um romance como *Memórias póstumas* ser ao mesmo tempo tão cômico e tão sombrio. Para Baptista, não há resposta, uma vez que a leitura de Schwarz decidiria desde o início pelo caráter predominantemente sombrio da obra, reconhecendo o riso para de imediato subordiná-lo ao propósito sério, porque fundamentalmente realista, do romance, que estaria empenhado em denunciar o funcionamento da sociedade brasileira e do sistema capitalista de maneira geral. Assim, em vez de reconhecer e acolher o acorde de galhofa e melancolia, a crítica de Schwarz privilegiaria o tom soturno, ao qual a galhofa, em última análise, se subordinaria. A comédia estaria subordinada à crítica ideológica, e este seria o resultado final pretendido por Machado, desvendado pela crítica de Schwarz.

A leitura de Abel Barros Baptista enfatiza, por sua vez, o caráter indeterminado e indecidível do texto de Machado, o seu propósito cosmopolita, que acolhe a galhofa e a melancolia, avesso que é a qualquer tipo de determinação e explicação cabal.

O que está em questão, mais uma vez, é a subordinação ou não da figura machadiana ao nacional, de longa história nas leituras de Machado de Assis e que são fundadoras da literatura brasileira. No seu texto, Baptista faz uma genealogia das posições cosmopolitas e nacionalistas, retomando as proposições de Ferdinand Denis para a literatura brasileira, publicadas em 1826, para contrapô-las às postulações de Gonçalves de Magalhães, considerado fundador do romantismo e um dos patronos da literatura brasileira:

> Ferdinand Denis no seu *Resumé* deve ter sido o primeiro a expor uma ideia de literatura brasileira do ponto de vista cosmopolita,

MACHADO DE ASSIS, O ESCRITOR QUE NOS LÊ

quer dizer, subordinada a uma ideia de literatura. Já a repetição de Denis pelo grupo da *Niterói* inaugurou a ideia de literatura brasileira do ponto de vista brasileiro, quer dizer, subordinada a uma ideia de Brasil. Gonçalves de Magalhães interiorizou Denis, não no sentido superficial de ter assimilado a lição do estrangeiro, mas no mais decisivo de ter tornado doméstico o que era cosmopolita, isto é, de ter tornado dependente de uma pátria o que em si mesmo não tinha pátria – uma ideia de literatura. E pôde fazê-lo precisamente porque essa ideia era cosmopolita e se oferecia com a generosidade de quem trabalha para o bem comum, para o ideal partilhável de uma literatura moderna formada pela livre agremiação das particularidades expressas em literaturas nacionais.[75]

A oposição entre Denis, cosmopolita, e Magalhães, um dos primeiros ideólogos do nacionalismo literário e criador do "dispositivo anticosmopolita de equívocos", sugere ser lida como antecedente da oposição que o texto estabelece entre Baptista e Schwarz. Para além da justeza ou não da comparação, a convocação de Denis e Magalhães para a argumentação e para a história das leituras de Machado de Assis indica a permanência, no século XXI, de uma questão que atravessa a história da literatura no Brasil: a da sua relação com o lugar, entendido de maneiras muito variadas ao longo do tempo, como natureza, paisagem, nação, ambiente, meio, sociedade, interesses políticos e de grupo etc. Questão sobre a qual Machado de Assis interveio explicitamente em seus textos críticos e assimilou à sua obra ficcional, construindo dispositivos textuais que continuam a alimentar os equívocos.

Ao indicar que Machado seria o ponto de crise "do paradigma hegemônico de autorrepresentação da literatura brasileira",[76] justamente por se projetar para um ponto indeterminado do espaço e do tempo, de modo que há em sua obra "sempre uma linha de fuga

---

75 Ibid., p.187.
76 Ibid., p.189.

através da qual Machado se torna escritor sem pátria",[77] fica em aberto se o caráter indeterminado do texto machadiano não faria dele *o ponto de crise para toda e qualquer leitura* – local, nacional, internacional, e mesmo a leitura cosmopolita.

Machado: ponto de crise.

---

77 Ibid., p.190.

CONSIDERAÇÕES FINAIS

Percorrido mais de um século de leituras, são várias as figuras de Machado de Assis, construídas em correspondência com o que expressam os mais diversos críticos, em momentos históricos igualmente diversos. Sob essa variedade subjaz a reiterada indagação sobre a pertença principal da obra – se primordialmente nacional, local, internacional ou universal. A questão, como vimos, apresenta-se já nas primeiras leituras, com a dificuldade em classificá-la dentro dos parâmetros do que então se entendia por "literatura nacional". Passado mais de um século, como vimos, esse tipo de polarização persiste, permeando o debate e produzindo até mesmo curiosas inversões de perspectiva, em que críticos estrangeiros, tais como Bastide, Caldwell, Massa e Gledson, abrem caminho para a percepção de questões locais que, por muito tempo, parecem ter ficado veladas para os críticos brasileiros, em parte empenhados em mostrar a envergadura internacional do escritor e a abrangência universal das questões suscitadas pela obra.

Os contemporâneos o criticavam pelas ausências, pela falta de elementos (paisagem, cor local, descrição, enredo movimentado etc.) que faziam parte da rotina literária, valorizando obras que satisfizessem mais ou melhor a essas exigências, com critérios em grande medida opostos aos das leituras atuais. Assim, se *Helena* foi percebido e valorizado no século XIX como um romance de padrão internacional – por não ostentar nem saguis nem papagaios e apresentar um enredo que não deixava nada a dever aos romances publicados nos rodapés de jornais –, à medida que avançou o século XX passou a ser visto como o oposto: um romance menor, em que o escritor faz demasiadas concessões a um tipo de narrativa romântico-sentimental, não condizente com aquela que distinguiria o autor de *Memórias póstumas de Brás Cubas*. Este livro, que causou estranheza entre seus primeiros leitores, seria ao longo do século XX alçado à condição de primeira obra-prima de Machado de Assis, marco de início do romance moderno no Brasil.

O caráter instável dos juízos críticos, que hoje parece mais ou menos óbvio, é postulação relativamente recente, defendida pelos teóricos da chamada estética da recepção na década de 1960, que afirmaram o papel fundamental do leitor no processo literário. Até então, o sentido de uma obra era determinado por um catedrático, uma autoridade, e esse sentido era aprendido, assimilado e repetido por seus discípulos. Muito embora as formulações teóricas em torno da recepção tenham se dado na segunda metade do século XX, o problema da instabilidade e da dificuldade de fixação dos sentidos – para o que os modos de recepção, considerados como práticas de leitura, são elemento fundamental – não só atravessa a obra machadiana, como a constitui.

Num universo ficcional marcado pela ironia e pelo paradoxo, pela postura reiterada e radicalmente duvidosa em relação à fixidez das coisas e dos homens, qual a posição estável que se coloca para o leitor? Onde instalar os instrumentos críticos para entender as posições relativas e distribuir os pesos e valores diante da multiplicidade de assuntos e questões mobilizadas por um universo ficcional complexo, marcado pela multiplicação de vozes, pela composição esgarçada em lacunas a serem preenchidas, jogos de afirmações e negações, negaceios, relativizações, silêncios, reticências, lapsos de memória, omissões?

Esse "onde parar", esse fixar a distância para a leitura do texto, constitui problema central para a interpretação da obra de Machado, na qual compareçam tantas imagens ópticas – quantos espelhos e referências a óculos e questões de visão poderíamos recensear na sua ficção? – que incluem "um par de lunetas para que o leitor do livro penetre o que for menos claro ou totalmente escuro", como escreve o narrador de *Esaú e Jacó*. Questão de ótica, visão de mundo, ponto de vista, em que se refratam as crenças, crendices e superstições do leitor. De modo que ler e interpretar Machado de Assis é de alguma maneira ser lido e interpretado por ele – ter nossas limitações e nossos pontos cegos "denunciados" por seu texto, capaz de acolher interpretações diversas, até mesmo contraditórias.

As leituras da obra de Machado de Assis, que já têm longa história, nos ensinam a reconhecer o considerável grau de precariedade de toda e qualquer interpretação. Não que todas as interpretações sejam igualmente convincentes ou que seja impossível definir qualquer sentido, ou extrair um sentido mais ou menos fixo a partir das posições defendidas pelos narradores e personagens criados por Machado de Assis. No entanto, isso será feito sempre sob conta e risco do intérprete, a quem o texto jamais entregará a chave. A interpretação e todas as suas precariedades e implicações – é diante disso que a obra de Machado de Assis parece nos colocar, entregando-nos uma batata quente que, devidamente esfriada, sobra como um troféu de vitória. Ao vencedor...

As leituras de Machado de Assis, como procurei mostrar, acompanham e sintetizam o problema recorrente da inserção do Brasil no globo ou, mais precisamente, na cultura e na política do Ocidente. A ansiedade em torno de seu nome e de sua obra tem muito a ver com o papel projetado para o país e a cultura brasileira no longo processo de globalização ainda em curso. Está, portanto, aquém e além do seu texto. Mas a problemática dessa inserção está colocada também, a meu ver, como questão aberta, no seu texto e pelo seu texto.

Desse modo, em vez de tentar definir quem detém a verdade sobre a obra (há ideia menos machadiana do que essa?), procurei pensar nas oposições, nas interpretações conflitantes, buscando inscrevê-las num quadro mais amplo, que também tem a ver com o lugar problemático que a literatura historicamente teve no Brasil e com a questão recorrente sobre a sua relevância e a do país no panorama internacional.

Talvez estejamos num momento em que seja possível ler Machado de Assis sem ter de decidir um pleito, sem aderir a um partido, sem posições radicalmente exclusivas, levando em conta a desconfiança que a sua obra nos ensina a ter diante de qualquer explicação cabal e definitiva para o que quer que seja. Um momento de encarar o caráter múltiplo e conflituoso *da* sua literatura, *na* sua literatura.

De certa maneira, nós, leitores de Machado de Assis, estamos sempre respondendo às provocações que ele inscreveu no seu texto, baseado em lacunas, sustentado em fraturas, repleto de efeitos equívocos.

Por meio de uma escrita cada vez mais fragmentária, caracterizada por unidades cada vez menores, e pela multiplicação de referências das mais variadas tradições, nacionalidades e tempos, constitui-se um texto "em báscula", ou prismático, como já o descreveu Augusto Meyer, ou em palimpsesto, conforme a imagem de Luiz Costa Lima[1] – ou seja, um texto formado por dispositivos móveis e deslizantes, cujos sentidos podem se modificar consideravelmente a partir do ângulo de visão (cultural, ideológico), e também pelo posicionamento espaciotemporal do intérprete. O efeito basculante se configura a partir das ambiguidades, da multiplicação das referências (literárias, filosóficas, religiosas, científicas etc.), da sugestão de comparações, do descompasso entre o que se diz e o que parece ser a intenção do que é dito, da proliferação dos filtros narrativos colocados entre o leitor e os fatos narrados, dentre outros procedimentos recorrentes na sua escrita. Tudo isso contribui para a construção de enormes intervalos de sentidos,

---

1 Lima, O palimpsesto de Itaguaí. In: *Pensando nos trópicos (Dispersa demanda II)*, p.253-265.

MACHADO DE ASSIS, O ESCRITOR QUE NOS LÊ

de modo que, a depender de onde o leitor se situa em relação ao texto, ou no que ele lê mais detida e atentamente, resulta uma ênfase específica e uma interpretação.

Do mesmo modo, a tensão permanente em torno da pertença principal da obra de Machado de Assis parece ser incitada pela própria obra, na qual a multiplicação dos paradigmas nacionais responde por uma das singularidades da sua escrita em relação à dos seus antecessores e contemporâneos, em geral muito mais fiéis a uma fonte principal, quando não única: a francesa. Pode-se dizer que a multiplicação das referências – e a consequente implosão de qualquer referência única e estável ao romance nacional, e mesmo ao sentido do nacional – é traço constitutivo e singularizador da obra machadiana, tanto na sua poesia como na sua prosa. Seus poemas formam um conjunto enciclopédico em que boa parte da tradição do Ocidente comparece em citações, alusões e epígrafes. Na prosa, o passo decisivo da sua autonomização em relação ao que então se praticava no Brasil ocorre com a evocação à forma livre de Sterne e a invocação dos modos de Xavier de Maistre, Chateaubriand, Shakespeare, Swift, Lamb, Fielding, Carlyle, Goethe, Heine, Garrett, Cervantes, Sá de Miranda, Dante, Leopardi.

Parte da desorientação que causou entre seus contemporâneos – e continua a causar até hoje – tem a ver com a incorporação a sua ficção dessa multiplicidade de autores e fontes estrangeiros.[2] Consequência disso foi a relativização de um dos postulados centrais para a criação de uma cultura brasileira autônoma, que "naturalmente" deveria inspirar-se na lição francesa, como defenderam os românticos, a partir das proposições de Ferdinand Denis, muitos pós-românticos e até mesmo alguns modernos e pós-modernos.

---

2 Alcides Villaça trata dos modos como Machado de Assis utiliza as referências literárias em sua ficção para relativizar tanto os padrões locais quanto os padrões universais de conduta. Cf. Villaça, Machado de Assis, tradutor de si mesmo. *Revista Novos Estudos Cebrap*, n. 51, p.3-14, 1998; e Janjão e Maquiavel: a Teoria do medalhão. In: Granja; Guidin; Ricieri, *Machado de Assis – ensaios da crítica contemporânea*.

No recurso à diversidade de referências e modelos, Machado desestabilizou os paradigmas fixos ou estáveis. Assim, o recurso à profusão de fontes – da antiguidade clássica, francesas, inglesas, alemãs, portuguesas, espanholas, italianas – faz parte dos efeitos diversionistas do texto.

Da mesma maneira, a possibilidade de interpretações variadas, divergentes, enfim, equívocas é assunto recorrente da própria escrita, na medida em que leituras ambíguas, distorcidas e contraditórias são assunto privilegiado e estruturador da ficção machadiana. Desde Félix até Bento Santiago, é notável como as personagens leem mal ou precariamente não só os livros, mas os seus próprios desejos, afetos, experiências. É possível traçar homologias entre as práticas de leitura da obra machadiana e os processos de leitura realizados pelas personagens dentro do ambiente ficcional, o que faz supor que o texto machadiano se estrutura de maneira a incitar o leitor a leituras variadas, divergentes e equívocas. Aspectos daquilo que Augusto Meyer definiu como "vaguidade sedutora que a todo momento solicita a colaboração do intérprete e parece coquetear com todos os leitores, para deixá-los, rendidos e logrados, do outro lado da porta".[3]

Num livro sobre Jorge Luis Borges, Beatriz Sarlo o descreve como produtor de "ficções em que as perguntas sobre a ordem do mundo não se estabilizam com a aplicação de uma resposta; ao contrário, são a arquitetura que organiza dilemas filosóficos e ideológicos".[4] Algo parecido se dá com Machado de Assis, que ao longo do tempo vem suscitando perguntas as mais variadas, às quais seu texto fornece respostas precisas e sempre provisórias.

Por fim, eis a pergunta que atravessou este livro e se projeta além dele: em mais de cem anos de leituras incessantes da obra e de construção de diversas figuras de Machado de Assis, não terá sido principalmente ele, o escritor, que nos lê?

---

3 Meyer, Os galos vão cantar. In: *Machado de Assis 1935-1938*, p.156.

4 Sarlo, *Jorge Luis Borges, um escritor na periferia*.

REFERÊNCIAS BIBLIOGRÁFICAS

Obras do autor

Algumas partes deste livro incluem trechos ou retomam argumentos desenvolvidos nos seguintes textos:

GUIMARÃES, H. de S. A emergência do paradigma inglês no romance e na crítica de Machado de Assis. In: GRANJA, L.; RICIERI, F.; GUIDIN, M. L. (Orgs.). *Machados de Assis*: ensaios da crítica contemporânea. 1.ed. São Paulo: Editora Unesp, 2008. p.95-108.

_____. Drummond se rende a Machado. *Valor Econômico*, São Paulo, p.34-5, 14 set. 2012.

_____. Julgamentos de *Dom Casmurro*. *Valor Econômico*, São Paulo, p.34-5, 3 ago. 2012.

_____. O escritor que nos lê. *Cadernos de Literatura Brasileira*, v.23-24, p.273-92, São Paulo: Instituto Moreira Salles, 2008.

_____. O impacto da obra de Machado de Assis sobre as concepções de romance. *Machado de Assis em Linha*, v.1, p.29-39, 2008. Publicado como: L'impact de l'oeuvre de Machado de Assis sur les conceptions du roman. *Cahiers du Brésil Contemporain*, v.69-70, p.201-14, 2008.

282   HÉLIO DE SEIXAS GUIMARÃES

_____. O Machado terra-a-terra de John Gledson. *Novos Estudos Cebrap*, v.76, p.261-71, 2007.

_____. Romero, Araripe, Veríssimo e a recepção crítica do romance machadiano. *Estudos Avançados*, São Paulo, v.51, p.269-98, 2004.

_____. "Um apólogo – Machado de Assis" – do escritor singular ao brasileiro exemplar. *Machado de Assis em Linha*, v.4, p.90-101, 2011.

_____. Uma vocação em busca de línguas: notas sobre as (não) traduções de Machado de Assis. *Luso-Brazilian Review*, v.46, p.36-44, 2009.

Obras de Joaquim Maria Machado de Assis

A chapter of hats – Selected stories. Translated from the Portuguese and with an introduction by John Gledson. London, New York and Berlin: Bloomsbury, 2008.

Carta a José Carlos Rodrigues. Rio de Janeiro, 25 de janeiro de 1873. In: *Obra completa*. Rio de Janeiro: Nova Aguilar, 1997. v.3, p.1032.

Counselor Ayres' Memorial [*Memorial de Aires*]. Translated, with an introduction, by Helen Caldwell. Berkeley: University of California Press, 1972.

Dom Casmurro. Translated by Helen Caldwell, with an introduction by Waldo Frank. New York: The Noonday Press, 1953.

Esau and Jacob. Translated by Helen Caldwell. London: Peter Owen, 1966; Tradução de Elizabeth Lowe. Oxford: Oxford University Press, 2000.

Helena: a novel. Translated by Helen Caldwell. Berkeley: University of California Press, 1984.

Midnight Mass [*Missa do galo*, tradução de William Grossman]. In: HEMLEY, C.; WEBB, D. W. *Noonday 2*. New York: The Noonday Press, 1959.

Notícia da atual literatura brasileira – Instinto de nacionalidade. *O Novo Mundo*, 14 mar. 1873, p.107-8. In: *Obra completa*. Rio de Janeiro: Nova Aguilar, 1997. v.3, p.801-9.

Obra completa. Rio de Janeiro: Nova Aguilar, 1997. 3v.

Quincas Borba. Introdução de John Gledson. Notas de Maria Cristina Carletti. São Paulo: Penguin Classics Companhia das Letras, 2012.

The posthumous memoirs of Braz Cubas. Tr. from the Portuguese by W. L. Grossman. São Paulo: São Paulo Editora, 1951; *Epitaph of a Small Winner*. Trad. de William Grossman. Nova York: Farrar, Strauss and Giroux, 1990.

The psychiatrist and other stories. Trad. de William L. Grossman e Helen Caldwell. Londres: Peter Owen, 1963.

What went on the baroness [Contos]. Tradução de Helen Caldwell. California: The Magpie Press, 1963.

Machado de Assis & Joaquim Nabuco: correspondência. Organização, introdução e notas de Graça Aranha. Prefácio de José Murilo de Carvalho. 3.ed. Rio de Janeiro: Topbooks, 2003.

Obras gerais

ABDIEL [pseudônimo de Artur Barreiros]. [Sobre *Memorias posthumas de Braz Cubas*], *Pena & Lápis*, Rio de Janeiro, 10 jun. 1880; *A Estação*, Rio de Janeiro, 30 jun. 1880; 28 fev. 1881, p.40.

ABREU, C. de. *Gazeta de Notícias*, Rio de Janeiro, 30 jan. 1881.

ABREU, M. de. *Biógrafos e críticos de Machado de Assis*. Rio de Janeiro: Academia Carioca de Letras, 1939.

AINDA Machado de Assis. *Diário*, Belo Horizonte, 7 fev. 1939.

ALVES, I. *Visões de espelhos – O percurso da crítica de Eugênio Gomes*. Salvador: Academia de Letras da Bahia/ Assembleia Legislativa do Estado da Bahia, 2007.

ANASTÁCIO, J. [provável pseudônimo de Teófilo Guimarães]. Quincas Borba. *O Tempo*, Rio de Janeiro, 25 jan. 1892, p.1.

ANDRADE, C. D. de. [ass. Carlos Drummond]. Sobre a tradição em literatura. *A Revista*, Belo Horizonte, ano I, n.1, p.32-3, jul. 1925.

ANDRADE, M. de. Anteprojeto de Criação do Serviço do Patrimônio Artístico Nacional [24 mar. 1936]. In: *Mário de Andrade*: cartas de trabalho: correspondência com Rodrigo Mello Franco de Andrade, 1936-1945. Brasília: Secretaria do Patrimônio Histórico e Artístico

Nacional: Fundação Pró-Memória, 1981, p.39-54; *Revista do Iphan*, n.30, 2002.

ANDRADE, M. de. Machado de Assis (1939). In: *Aspectos da literatura brasileira*. 6.ed. Belo Horizonte: Itatiaia, 2002.

_____. Relatório ao Sphan, 15 out. 1937 [Rio de Janeiro, Arquivo Noronha Santos].

ANDRADE, O. de. Banho de sol – os tempos e os costumes. *Meio dia*, Rio de Janeiro, 1º jun. 1939.

_____. De literatura – Para comemorar Machado de Assis. *Meio dia*, Rio de Janeiro, 10 maio 1939.

_____. O esforço intelectual do Brasil contemporâneo. In: *Estética e política*. Pesquisa, organização, introdução, notas e estabelecimento de texto de Maria Eugenia Boaventura. São Paulo: Globo, 1992, p.29-38.

ANDRADE, R. M. F. de. *Rodrigo e o Sphan:* coletânea de textos sobre o patrimônio cultural. Rio de Janeiro: Ministério da Cultura/ Fundação Nacional Pró-Memória, 1987.

_____. O patrimônio histórico e artístico nacional. Aula proferida no Instituto Guarujá-Bertioga em 29 nov. 1961. *Revista do Rotary Club do Rio de Janeiro*, 17 jan. 1964, p.222-3.

ANTUNES, B.; MOTA, S. V. (Orgs.). *Machado de Assis e a crítica internacional*. São Paulo: Editora Unesp, 2009.

ANÚNCIO de *The Brazilian Othello of Machado de Assis. The American Journal of Philology*, v.81, n.1, jan. 1960.

ARANHA, Graça (Org.). *Correspondência de Machado de Assis e Joaquim Nabuco*. Prefácio à 3. ed. de José Murilo de Carvalho. Rio de Janeiro: Academia Brasileira de Letras/ Topbooks, 2003.

ARARIPE JÚNIOR. Brás Cubas. *Lucros e Perdas*. Rio de Janeiro, 1885.

_____. [sob o pseudônimo de Oscar Jagoanharo]. *Dezesseis de Julho*, Rio de Janeiro, 6 fev. 1870.

_____. Quincas Borba I. *Gazeta de Notícias*, Rio de Janeiro, 12 jan. 1892, p.1.

_____. Quincas Borba II. *Gazeta de Notícias*, Rio de Janeiro, 16 jan. 1892, p.1.

_____. Ideias e sandices do ignaro Rubião. *Gazeta de Notícias*, Rio de Janeiro, 5 fev. 1893, p.1.

MACHADO DE ASSIS, O ESCRITOR QUE NOS LÊ

————. Machado de Assis. *Revista Brasileira*, Rio de Janeiro, jan.-mar. 1895, p.22-8. Reproduzido em: *Obra crítica de Araripe Júnior*. Rio de Janeiro: Ministério da Educação e Cultura/ Casa de Rui Barbosa, 1963, v.III, p.5-9.

ARARIPE JÚNIOR. Sílvio Romero polemista. *Revista Brasileira*, Rio de Janeiro, 1 ago. 1898.

ATA da Sessão da ABL em 17 de junho de 1937. *Revista da Academia Brasileira de Letras*, Rio de Janeiro, v.LIII, jan.-jun., p.330.

ATAÍDE, A. de. Machado de Assis, homem representativo. *Diário da Noite*, Rio de Janeiro, 15 jun. 1939.

————. O trabalho de Machado de Assis. *Diário da Noite*, Rio de Janeiro, 16 jun. 1939.

————. A glória de Machado de Assis. *Diário da Noite*, Rio de Janeiro, 17 jun. 1939, p.1-2.

————. Machado de Assis, nacionalista. *Diário da Noite*, Rio de Janeiro, 19 jun. 1939.

————. O patriotismo de Machado de Assis. *Diário da Noite*, Rio de Janeiro, 20 jun. 1939.

————. Machado de Assis, homem de ação. *Diário da Noite*, Rio de Janeiro, 21 jun. 1939.

ATKINSON, W. C. The Brazilian Othello of Machado de Assis: a study of *Dom Casmurro*. *Bulletin of Hispanic Studies*, 39:3, jul. 1962, p.193.

AZEVEDO, A. Palestra. *O Paiz*, Rio de Janeiro, 18 mar. 1900, p.1.

AZZI, F. de P. Capitu, o enigma de *Dom Casmurro*. *Correio da Manhã*, Rio de Janeiro, 30 jul. 1939.

————. O eterno enigma de Capitu. *Mensagem*, Belo Horizonte, 15 dez. 1939.

BAPTISTA, A. B. *A formação do nome – Duas interrogações sobre Machado de Assis*. Campinas: Editora da Unicamp, 2003.

————. Ideia de literatura brasileira com propósito cosmopolita. In: *De espécie complicada – Ensaios de crítica literária*. Coimbra: Angelus Novus, 2010, p.171-202.

————. O legado Caldwell, ou o paradigma do pé atrás. *Santa Barbara Portuguese Studies*, v.1, p.145-77, 1994.

BARREIROS, A. *Pena & Lápis*, Rio de Janeiro, 10 jun. 1880. *A Estação*, Rio de Janeiro, 30 jun. 1880; 28 fev. 1881.

BARRETO, L. Carta a Austregésilo de Ataíde. Rio de Janeiro, 19 de janeiro de 1921. In: *Um longo sonho do futuro*: diários, cartas, entrevistas e confissões dispersas. Rio de Janeiro: Graphia, 1998, p.284-285. Disponível em: <http://www.correioims.com.br/carta/secura-de-alma/>. Acesso em: 5 fev. 2016.

BERNARDO, G. *O livro da metaficção*. Rio de Janeiro: Tinta Negra Bazar Editorial, 2010, p.119-174.

BERTOLETTI, E. N. M. *Lourenço Filho e a alfabetização*: um estudo da *Cartilha do Povo* e da cartilha *Upa, Cavalinho!* São Paulo: Editora Unesp, 2006. Disponível em: <http://books.google.com/books?id=-7Lbov2LTDkC&printsec=frontcover&dq=cartilha+do+povo+louren%C3%A7o+filho&source=bl&ots=0MRaLX1UTS&sig=WByFUUKG-tl_vEkyxC-e-iiISZU&hl=pt-BR&ei=J8h2S-PzG8WzuAfEo5m8CQ&sa=X&oi=book_result&ct=result&resnum=4&ved=0CBMQ6AEwAwv=onepage&q=machado%20de%20assis&f=false>. Acesso em: 12 fev. 2010.

BOSI, A. *Brás Cubas em três versões*. São Paulo: Companhia das Letras, 2006.

_____. O enigma do olhar. In: *Machado de Assis – O enigma do olhar*. 1.ed., 2. reimp. São Paulo: Ática, 2000.

_____. Raymundo Faoro leitor de Machado de Assis. *Estudos Avançados*, v.18, n. 51, p.355-76, 2004.

_____. Um nó ideológico – sobre o enlace de perspectivas em Machado de Assis. In: *Ideologia e contraideologia*: temas e variações. São Paulo: Companhia das Letras, 2010, p.398-421.

BOSI, A. et al. *Machado de Assis*. São Paulo: Ática, 1982.

BROCA, B. *Machado de Assis e a política*: mais outros estudos. Prefácio de Silviano Santiago. São Paulo: Polis; Brasília: INL, 1983.

CALDWELL, H. Cartas a Américo Jacobina Lacombe. Califórnia, 6 de julho de 1960; Califórnia, 24 de julho de 1961. Arquivo Museu de Literatura Brasileira da Fundação Casa de Rui Barbosa, Rio de Janeiro.

_____. Carta à Academia Brasileira de Letras. Califórnia, 8 de outubro de 1963. Arquivo Museu de Literatura Brasileira da Fundação Casa de Rui Barbosa, Rio de Janeiro.

_____. *O Otelo brasileiro de Machado de Assis*: um estudo de *Dom Casmurro*. Cotia: Ateliê Editorial, 2002.

MACHADO DE ASSIS, O ESCRITOR QUE NOS LÊ   287

_____. Our American Cousin, Machado de Assis. *The Modern Language Forum*, v.XXXVII, n.3-4, p.121-2, Sep.-Dec. 1952. (Nosso primo americano, Machado de Assis. In: *Machado de Assis em Linha*, Rio de Janeiro, v.6, n.11, p.1-13, jun. 2013. Disponível em: <http://www.scielo.br/scielo.php?script=sci_arttext&pid=S1983-68212013000100002&lng=en&nrm=iso>. <http://dx.doi.org/10.1590/S1983-68212013000100002>. Acesso em: 15 jan. 2014).

_____. Plea for Tools of Scholarship for Machado de Assis. *Proceedings of the INTERNATIONAL COLLOQUIUM ON LUSO-BRAZILIAN STUDIES* (Washington, D.C., 15-20 Oct. 1950), 1953.

_____. Translator's Introduction to *Dom Casmurro*. In: ASSIS, M. de. *Dom Casmurro*. Berkeley and Los Angeles: University of California Press, 1966.

_____. *The Brazilian Othello of Machado de Assis*. Berkeley and Los Angeles: University of California Press, 1960.

CANDIDO, A. Esquema de Machado de Assis. In: *Vários escritos*. São Paulo: Duas Cidades, 1977, p.13-32.

_____. *Formação da literatura brasileira*: momentos decisivos 1750-1880. 12.ed. Rio de Janeiro: Ouro sobre Azul; São Paulo: Fapesp, 2009.

_____. Introdução. In: CANDIDO, A. (Org.). *Sílvio Romero – Teoria, crítica e história literária*. Rio de Janeiro: Livros Técnicos e Científicos; São Paulo: Ed. da Universidade de São Paulo, 1978.

_____. *O método crítico de Sílvio Romero*. 4.ed. revista pelo autor. Rio de Janeiro: Ouro sobre Azul, 2006.

CAPANEMA, G. Discurso do Ministro da Educação e Saúde Gustavo Capanema proferido em 21 de junho de 1939, na Academia Brasileira de Letras, por ocasião das homenagens ao primeiro centenário de nascimento de Machado de Assis. Apud *O Globo*, Rio de Janeiro, 22 jun. 1939.

CARPEAUX, O. M. *Pequena bibliografia crítica da literatura brasileira*. Rio de Janeiro: Edições de Ouro, 1968.

_____. A fortuna de Machado. *O Jornal*, Rio de Janeiro, 31 out. 1954.

CARRAZZONI, A. *Getúlio Vargas*. Rio de Janeiro: José Olympio, 1939.

CARVALHAL, T. F. *O crítico à sombra da estante*: levantamento e análise da obra de Augusto Meyer. Apresentação de Moysés Vellinho. Porto

Alegre: Globo/ Instituto Estadual do Livro/ Secretaria de Educação e Cultura do Rio Grande do Sul, 1976.

CARVALHO, R. de. *Pequena história da literatura brasileira*. Rio de Janeiro: F. Briguiet & C., 1919; 13.ed. Belo Horizonte: Itatiaia, 1984.

CARVALHO FILHO, A. de. O processo penal de Capitu. In: PEREGRINO JÚNIOR, J. et al. *Machado de Assis na palavra de Peregrino Júnior, Candido Mota Filho, Eugenio Gomes, Aloysio de Carvalho Filho*. Salvador: Livraria Progresso Editora, 1959, p.89-121.

CASANOVA, P. *A república mundial das letras*. Tradução de Marina Appenzeller. São Paulo: Estação Liberdade, 2002.

CÉSAR, A. C. *Literatura não é documento*. Rio de Janeiro: Funarte, 1980.

CHAGAS, W. *A fortuna crítica de Machado de Assis*. Porto Alegre: Movimento, 1994.

CHAKRABARTY, D. *Provincializing Europe – Postcolonial thought and historical difference*. Princeton: Princeton University Press, 2008.

CHALHOUB, S. A crônica machadiana: problemas de interpretação, temas de pesquisa. *Remate de Males*, 29(2), p.231-46, jul.-dez. 2009.

CHARTIER, R. Trabajar con Foucault. Esbozo de una genealogía de la "función-autor". *Versión*, Universidad Autónoma Metropolitana, México, n.11, p.115-34, 2001.

COELHO, M. Confluências. *Cadernos de Literatura Brasileira*, n.23-24. São Paulo: Instituto Moreira Salles, 2008, p.51.

CORRESPONDÊNCIA de Machado de Assis. t.III, 1890-1900. Coordenação e orientação Sergio Paulo Rouanet; reunida, organizada e comentada por Irene Moutinho e Sílvia Eleutério. Rio de Janeiro: ABL, 2011.

COSTALLAT, B. A NOTA – O milagre de Machado de Assis. *Jornal do Brasil*, Rio de Janeiro, 1º jun. 1939.

DAHER, A. *A oralidade perdida – Ensaios de história das práticas letradas*. Rio de Janeiro: Civilização Brasileira, 2012.

DANTAS JR., J. R. Bibliographia. *Revista Ilustrada*, Rio de Janeiro, 15 jan. 1881, p.6.

DECRETO-LEI n. 1.360-A, de 20 de junho de 1939.

DEL PICCHIA, M. *Jornal da Manhã*, São Paulo, 6 abr. 1939.

DESPACHO do Sr. Coelho de Souza, secretário da Educação de Porto Alegre. *O Jornal*, Rio de Janeiro, 12 jan. 1939; *A Tarde*, Manaus, 19 fev. 1939.

DISCURSO do presidente da União dos Trabalhadores do Livro e do Jornal, Arduino Burlini, proferido em janeiro de 1940 a propósito do lançamento da *Cartilha do Povo*. "Homenagem da UTLJ a Machado de Assis". *Gazeta de Notícias*, Rio de Janeiro, 11 jan. 1940.

DUARTE, U. Bibliographia – Memórias posthumas de Braz Cubas. *Gazetinha*, Rio de Janeiro, 2 fev. 1881.

ELLIS, K. Technique and ambiguity in *Dom Casmurro*. *Hispania*, v.45, n.3, p.436-40, set. 1962.

ELLISON, F. P. The Brazilian Othello of Machado de Assis: A study of *Dom Casmurro*. *Hispanic Review*, 29, 1961, p.84.

EXPOSIÇÃO Machado de Assis – Centenário do nascimento de Machado de Assis 1839-1939. Rio de Janeiro: Ministério da Educação e Saúde, 1939.

FABIO. Machado de Assis e o povo brasileiro. *A Gazeta*, São Paulo, 14 mar. 1939.

FACIOLI, V. *Um defunto estrambótico – Análise e interpretação das* Memórias póstumas de Brás Cubas. São Paulo: Nankin, 2002.

FAORO, R. *Machado de Assis:* a pirâmide e o trapézio. 3.ed. Rio de Janeiro: Globo, 1988.

FARIA, J. R. (Org.). *Machado de Assis:* do teatro. Textos críticos e escritos diversos. São Paulo: Perspectiva, 2008.

FEIN, J. M. *The Brazilian Othello of Machado de Assis*: A study of *Dom Casmurro*. *Modern Philology*, v.60, n.2, p.154-5, nov. 1962.

FERREIRA, G. M. *A crítica machadiana durante o Estado Novo*. São Paulo, 2011. Dissertação (Mestrado em literatura brasileira) – FFLCH, USP.

_____. "Questão de meio e de tempo": a dialética na crítica machadiana de Astrojildo Pereira. *Machado de Assis em Linha*, ano 2, n.3, jun. 2009, p.101-13. Disponível em: <http://machadodeassis.net/revista/numero03/rev_num03_artigo09.asp>. Acesso em: 13 mar. 2012.

FRANCHETTI, P. No banco dos réus. Notas sobre a fortuna crítica recente de *Dom Casmurro*. *Estudos Avançados*, v.23, n.65, p.289-98, 2009.

FREITAS, L. de. Memorial de Ayres. *Diário Popular*, 29 set. 1908, p.1.

FREUD, S. *O mal-estar na civilização*. Tradução de Paulo César Souza. São Paulo: Companhia das Letras, 2011.

FREYRE, G. *Casa-grande & senzala – Formação patriarcal da família brasileira sob o regime da economia patriarcal*. 51.ed. rev. São Paulo: Graal, 2006.

FRUGÉ, A. *A skeptic among scholars*: August Frugé on University Publishing. Berkeley: University of California Press, 1993. Disponível em: <http://ark.cdlib.org/ark:/13030/ft2c6004mb/>. Acesso em: 6 fev. 2016.

GLEDSON, J. *Machado de Assis: impostura e realismo* – uma reinterpretação de *Dom Casmurro*. São Paulo: Companhia das Letras, 1991. [*The deceptive realism of Machado de Assis – a dissenting interpretation of* Dom Casmurro. Liverpool: Francis Cairns, 1984.]

_____. *Machado de Assis*: ficção e história. São Paulo: Paz e Terra, 1986.

_____. *Por um novo Machado de Assis*: ensaios. São Paulo: Companhia das Letras, 2006.

GOLDBERG, I. *Brazilian tales* [Machado de Assis; Medeiros e Albuquerque; Coelho Netto; Carmen Dolores]. Four Seas, 1922; General Books, 2010.

GOMES, E. A simbologia de *Dom Casmurro*. *Correio da Manhã*, Rio de Janeiro, 25 jun. 1960.

_____. Absolvição de Capitu. *Correio da Manhã*, Rio de Janeiro, 23 jul. 1960.

_____. *Influências inglesas em Machado de Assis*. Bahia: Imp. Regina, 1939.

_____. *Machado de Assis:* influências inglesas. Rio de Janeiro: Pallas, 1976.

_____. *O enigma de Capitu – Ensaio de interpretação*. Rio de Janeiro: José Olympio, 1967.

_____. Que há num nome? *Correio da Manhã*, Rio de Janeiro, 9 jul. 1960.

GRANJA, L. Antes do livro, o jornal: "Conto alexandrino". *Luso-Brazilian Review*, v.46, p.106-14, 2009.

GRANJA, L.; GUIDIN, M. L.; RICIERI, F. W. (Orgs.). *Machado de Assis*: ensaios da crítica contemporânea. São Paulo: Editora Unesp, 2008.

_____. Ratos, pássaros ou morcegos? Machado de Assis, Théophile Gautier e um repertório de citações. In: SENNA, M. de; GUIMARÃES,

H. de S. (Orgs.). *Machado de Assis e o outro*: diálogos possíveis. Rio de Janeiro: Móbile Editorial, 2012, p.93-108.

GRIECO, A. Machado de Assis. 2.ed. rev. Rio de Janeiro: Conquista, 1960.

GUIMARÃES, H. de S. *Literatura em televisão – Uma história das adaptações de textos literários para programas de TV*. Campinas, 1995. Dissertação (Mestrado) – Unicamp. Disponível em: <http://www.bibliotecadigital.unicamp.br/document/?code=vtls000089913>. Acesso em: 19 jan. 2012.

GUIMARÃES, H. de S. *Os leitores de Machado de Assis*: o romance machadiano e o público de literatura no século 19. São Paulo: Nankin/Edusp, 2004 (2.ed., 2012).

_____. Um leitor de Machado de Assis. In: X Congresso da Associação Internacional de Lusitanistas, 2012, Faro. *Avanços em literatura e cultura brasileiras – Séculos XV a XIX*. Santiago de Compostela: Através Editora, 2011, p.77-100.

H. W. [iniciais]. Machado, o desconhecido. *Meio Dia*, Rio de Janeiro, 3 abr. 1939.

HANSEN, J. A. *Dom Casmurro*: Simulacrum and allegory. In: GRAHAM, R. (Ed.). *Machado de Assis*: Reflections on a Brazilian Master Writer. Austin: University of Texas Press, 1999, p.23-50; *Dom Casmurro*: simulacro & alegoria. In: GUIDIN, M. L.; GRANJA, L.; RICIERI, F. W. (Orgs.). *Machado de Assis*: ensaios da crítica contemporânea. São Paulo: Editora Unesp, 2008, p.143-77.

_____. "O imortal" e a verossimilhança. *Teresa – Revista de Literatura Brasileira*, n.6-7, São Paulo: USP/Editora 34/Imprensa Oficial, p.56-78, 2006.

_____. Machado de Assis. In: ZSCHIRNT, C. *Livros*: tudo o que você não pode deixar de ler. São Paulo: Globo, 2006, p.344-376.

HOLANDA, S. B. de. Em torno de Lima Barreto. *Diário de Notícias*, Rio de Janeiro, 23 jan. 1949.

_____. *Raízes do Brasil*. 26.ed. São Paulo: Companhia das Letras, 1995.

ISER, W. *O ato da leitura*. Tradução de Johannes Kretschmer. v.1 e 2. São Paulo: Editora 34, 1996-1999.

JACQUES, A. *Machado de Assis – Equívocos da crítica*. Porto Alegre: Movimento, 1974.

JAUSS, H. R. *Rezeption, Rezeptionsästhetik*. In: *Historisches Wörterbuch der Philosophie 8*, rsg. von Joachim Ritter. Darmstadt: Wissenschaftliche Buchgesellschaft, 1992. p.996-1004. Tradução de Ricardo Ferreira Henrique. (Mimeo.).

_____ et al. *A literatura e o leitor*: textos de estética da recepção. Seleção, coordenação e tradução de Luiz Costa Lima. Rio de Janeiro: Paz e Terra, 1979.

LAJOLO, M. *Do mundo da leitura para a leitura do mundo*. São Paulo: Ática, 1994.

_____; ZILBERMAN, R. *A formação da leitura no Brasil*. São Paulo: Ática, 1996.

_____; ZILBERMAN, R. *A leitura rarefeita – Livro e literatura no Brasil*. São Paulo: Brasiliense, 1991.

LEVINE, R. M. *Pai dos pobres? O Brasil e a Era Vargas*. São Paulo: Companhia das Letras, 2001.

LEVITT, M. C. *Russian Literary Politics and the Pushkin Celebration of 1880*. Ithaca: Cornell University Press, 1989. Disponível parcialmente em: <http://books.google.com.br/books?id=26_9ZgAEBYcC&printsec =frontcover&dq=russian+literary+politics&source=bl&ots=Q A4tLgfzLY&sig=Pd-hNRQAmMJ4KQ1_V2ZSBstWqQE&hl=pt- -BR&ei=wbCbTOjNJYK78gbH7PTxBg&sa=X&oi=book_result &ct=result&resnum=2&ved=0CB4Q6AEwAQv=onepage&q&f =false>. Acesso em: 18 jan. 2013.

LIMA, L. C. A crítica literária na cultura brasileira do século XIX. In: *Dispersa demanda (Ensaios sobre literatura e teoria)*. Rio de Janeiro: Francisco Alves, 1981, p.30-56.

_____. O palimpsesto de Itaguaí. In: *Pensando nos trópicos (Dispersa demanda II)*. Rio de Janeiro: Rocco, 1991, p.253-265.

_____. Sob a face de um bruxo. In: *Dispersa demanda*: ensaios sobre literatura e teoria. Rio de Janeiro: Francisco Alves, 1981 (2.ed. rev. e ampl., 2002).

LOBATO, M. Machado de Assis. *Jornal do Commercio*, Pernambuco, 21 jun. 1939.

LYRA, R. Depoimento ao *Correio da Noite*. Rio de Janeiro, 6 jul. 1939.

MACHADO, A. Machado de Assis. *Diário de Notícias*, Rio de Janeiro, 25 jun. 1939.

MACHADO, U. *Bibliografia machadiana 1959-2003*. São Paulo: Edusp, 2005.

_____. *Dicionário de Machado de Assis*. Rio de Janeiro: Academia Brasileira de Letras, 2008.

_____. (Org.). *Machado de Assis*: roteiro da consagração. Rio de Janeiro: EdUERJ, 2003.

MACHADO de Assis: primeiro centenário 1839-1939. s.l.p.: scp, [1939]. 3v. (37,3 x 26,5 cm. Nota local: Encad. meio couro marrom com tacelos verde e vinho). Exemplar pertencente à Biblioteca Guita e José Mindlin, São Paulo, BBM–USP.

MACHADO de Assis em polonês. *Novos Rumos*, Rio de Janeiro, 16 abr. 1959.

MACHADO de Assis na URSS. *Novos Rumos*, Rio de Janeiro, 17 abr. 1959.

MACHADO de Assis – A homenagem do Centro Carioca diante da estátua do imortal romancista. *A Noite*, Rio de Janeiro, s/d.

MACNICOLL, M. G. *The Brazilian critics of Machado de Assis: 1857-1970*. Madison, 1977. Tese (Doutorado) – University of Wisconsin-Madison.

MAGALHÃES DE AZEREDO, C. Quincas Borba. *O Estado de S. Paulo*, São Paulo, 27 abr. 1892, p.1.

_____. Machado de Assis. In: RIBEIRO, J.; ALENCAR, M. de (Orgs.). *Páginas escolhidas*. Rio de Janeiro: Livraria Garnier, s/d. t.II.

MAGALHÃES JÚNIOR, R. Uma nova visão de *D. Casmurro*. *Jornal do Brasil*, Suplemento do Livro, Rio de Janeiro, 20 jan. 1968, p.4.

_____. The Brazilian Othello of Machado de Assis. *Correio da Manhã*, Rio de Janeiro, 24 nov. 1962.

MARTINS, W. Desleituras. *O Estado de S. Paulo*, São Paulo, 21 nov. 1970, Suplemento Literário.

_____. O Otelo brasileiro. *O Estado de S. Paulo*, São Paulo, 15 set. 1962, Suplemento Literário.

MASSA, J.-M. *Bibliographie descriptive, analytique et critique de Machado de Assis IV: 1957-1958*. Rio de Janeiro: São José, 1965.

MASSON, D. *English novelists and their styles*. Boston: Gould and Lincoln, 1859.

MATOS, L. O Centenário de Machado de Assis. *Dom Casmurro*, Rio de Janeiro, 20 maio 1939, p.16.

MAUL, C. A transfiguração de um apólogo. *Correio da Manhã*, Rio de Janeiro, 13 jul. 1939.

_____. O advogado do diabo que faltava a uma canonização. *O Dia*, Rio de Janeiro, 10 maio 1959.

MAYA, A. *Machado de Assis – algumas notas sobre o* humour. Rio de Janeiro: Livraria Editora Jacintho Silva, 1912; Porto Alegre: Movimento, 2007.

MERQUIOR, J. G.; MACHADO DE ASSIS, Joaquim Maria. In: *The makers of nineteenth century culture 1800-1914 – a biographical dictionary*. London: Routledge, 1982, p.383-4.

MEYER, A. De Machadinho a Brás Cubas. *Revista do Livro*, n.11, ano III, Rio de Janeiro, set. 1958, p.9-18; *Teresa – Revista de Literatura Brasileira*, n.6-7, São Paulo: USP/Editora 34/Imprensa Oficial, 2006, p.409-17.

_____. Esforço beneditino. *Tribuna da Imprensa*, Rio de Janeiro, 15 out. 1955.

_____. *Machado de Assis 1935-1958*. Rio de Janeiro: São José, 1958.

MONTAIGNE. *Essais*, Livre I, Chapitre XXIII. Disponível em: <http://www.bribes.org/trismegiste/montable.htm>. Acesso em: 28 fev. 2013.

MOREIRA, P. O lugar de Machado de Assis na república mundial das letras. *Machado de Assis em Linha*, ano 2, n.4, p.104-5, dez. 2009. Disponível em: <http://machadodeassis.net/revista/numero04/rev_num04_artigo05.asp>. Acesso em: 30 jan. 2012.

MOSER, G. M. Helen Caldwell. The Brazilian Othello of Machado de Assis: A study of *Dom Casmurro*. *Revista Iberoamericana*, México, v.26, n.51, p.199-201, jan.-jun. 1961.

NABUCO, J. Carta a Graça Aranha. Londres, 12 de abril de 1905. In: ARANHA, G. (Org.). *Correspondência de Machado de Assis e Joaquim Nabuco*. Prefácio à 3.ed. de José Murilo de Carvalho. Rio de Janeiro: Academia Brasileira de Letras/ Topbooks, 2003, p.173.

NAPOLITANO, M. *A síncope das ideias – A questão da tradição na música popular brasileira*. São Paulo: Editora da Fundação Perseu Abramo, 2007.

NETO, C. Monumento a Machado de Assis. Apelo à nação [Rio de Janeiro, 4 mar. 1926]; *Dom Casmurro*, Rio de Janeiro, 20 maio 1939, p.6.

OBITUARY Notes – Cecil Hemley. *Publisher's Weekly*, v.189, 21 mar. 1966, Noonday Press. In: KURIAN, G. T. *The directory of American book publishing – from Founding Fathers to Today's Conglomerates*. New York: Simon and Schuster, 1975.

OLINTO, A. Machado de Assis conquista os Estados Unidos. *O Globo*, Rio de Janeiro, 9 dez. 1952, p.1-2.

O MÊS de Machado de Assis – Comemorações organizadas pela Cruzeiro do Sul. *A Batalha*, Rio de Janeiro, 28 maio 1939.

OS "IMORTAIS" opinam sobre o despacho do Sr. Coelho de Souza, secretário da Educação. *Diário de Notícias*, Porto Alegre, 13 jan. 1939.

PÁ de cal. *Correio Paulistano*, São Paulo, 8 fev. 1939.

PASSOS, G. P. *As sugestões do conselheiro – A França em Machado de Assis: Esaú e Jacó e Memorial de Aires*. São Paulo: Ática, 1996.

_____. *Capitu e a mulher fatal* – Análise da presença francesa em Machado de Assis. São Paulo: Nankin, 2003.

_____. *O Napoleão de Botafogo:* presença francesa em *Quincas Borba*, de Machado de Assis. São Paulo: Annablume, 2000.

PASSOS, J. L. *Machado de Assis:* o romance com pessoas. São Paulo: Edusp/Nankin Editorial, 2007.

PAULSON, R. *England:* the Mixing of Conventions. In: *Satire and the novel in the eighteenth-century England*. New Haven, London: Yale University Press, 1967, p.41-51.

PENTEADO MARTHA, A. A. *E o boêmio, quem diria, acabou na academia* (Lima Barreto: inventário crítico). Assis, 1995. Tese (Doutorado em Literatura de Língua Portuguesa) – Faculdade de Ciências e Letras, Universidade Estadual Paulista.

PEREGRINO JÚNIOR, J. *Doença e constituição de Machado de Assis.* Rio de Janeiro: José Olympio, 1938; Rio de Janeiro/Brasília: José Olympio/INL, 1976.

PEREIRA, A. Romancista do Segundo Reinado. In: *Machado de Assis:* ensaios e apontamentos avulsos. Rio de Janeiro: São José, 1959; 2.ed. Belo Horizonte: Oficina de Livros, 1991; 3.ed. Brasília: Fundação Astrojildo Pereira, 2008.

_____. Crítica política e social. In: *Machado de Assis*: ensaios e apontamentos avulsos. 2.ed. Belo Horizonte: Oficina de Livros, 1991; 3.ed. Brasília: Fundação Astrojildo Pereira, 2008.

PEREIRA, L. M. *Machado de Assis (Estudo crítico e biográfico)*. 4.ed. São Paulo: Gráfica Editora Brasileira Ltda., 1949.

_____. *Prosa de ficção (de 1870 a 1920)*. 2.ed. rev. Rio de Janeiro: José Olympio, 1957.

_____. *Escritos da maturidade*: seleta de textos publicados em periódicos (1944-1959). Pesquisa bibliográfica, seleção e notas Luciana Viégas. 2.ed. Rio de Janeiro: Graphia, 2005.

PÓLVORA, H. A reabilitação de Capitu. *Jornal do Brasil*, Rio de Janeiro, 28 out. 1970, Caderno B, p.2.

POMPEIA, R. Livro da porta. *Revista Illustrada*, Rio de Janeiro, 3 abr. 1880, p.2.

PONTES, E. Cartas do Rio – O centenário de Machado de Assis. *A Tarde*, Bahia, 7 fev. 1939.

PRITCHETT, V. S. "Machado de Assis". *New Statesman*, v.25, p.261-2, fev. 1966.

PROGRAMA: Centenário de Machado de Assis. *A Nota*, Rio de Janeiro, 13 abr. 1939.

PUJOL, A. *Conferências*. São Paulo: Tipografia Levy, 1917.

_____. *Machado de Assis*: curso literário em sete conferências na Sociedade de Cultura Artística de São Paulo. 2.ed. Rio de Janeiro: Academia Brasileira de Letras; São Paulo: Imprensa Oficial do Estado de São Paulo, 2007.

RAMOS, G. Machado de Assis. In: *Linhas tortas*. Rio de Janeiro: Record, 2005, p.152-4.

_____. Os amigos de Machado de Assis. In: *Linhas tortas*. Rio de Janeiro: Record, 2005, p.147-51.

REBELO, M. Depoimento. *Dom Casmurro*, Rio de Janeiro, 20 maio 1939.

REGO, E. de S. *O calundu e a panaceia*: Machado de Assis, a sátira menipeia e a tradição luciânica. Rio de Janeiro: Forense Universitária, 1989.

REGO, J. L. do. A "Revista do Brasil" e Machado de Assis. *O Jornal*, Rio de Janeiro, 18 jun. 1939.

MACHADO DE ASSIS, O ESCRITOR QUE NOS LÊ   297

_____. Machado de Assis, glória nacional. *O Jornal*, Rio de Janeiro, 2 abr. 1939; *Folha do Norte*, Belém, 3 abr. 1939; *Diário de Pernambuco*, Recife, 4 abr. 1939; e *Correio do Ceará*, Fortaleza, 18 abr. 1939.

ROGERS, P. *The Augustan Vision*. London: Methuen, 1978.

ROMERO, S. *Machado de Assis – Estudo comparativo de literatura brasileira*. Rio de Janeiro: Laemmert & C., 1897.

_____. O naturalismo em literatura. In: BARRETO, L. A. (Org.). *Literatura, história e crítica*. Rio de Janeiro: Imago; Aracaju: Universidade Federal de Sergipe, 2002.

ROQUETTE-PINTO, E. Depoimento ao *Correio da Noite*. Rio de Janeiro, 6 jul. 1939.

ROUANET, S. P. *Riso e melancolia*. São Paulo: Companhia das Letras, 2007.

RUSHDIE, S. *Imaginary homelands: Essays and criticism 1981-1991*. New York: Penguin, 1992.

SANT'ANNA, A. R. de. Esaú e Jacó. In: *Análise estrutural de romances brasileiros*. Petrópolis: Vozes, 1973.

SANTIAGO, S. Jano, janeiro. *Teresa – Revista de Literatura Brasileira*. São Paulo: USP/Editora 34/Imprensa Oficial do Estado de São Paulo, 2006, p.429-52.

_____. Retórica da verossimilhança. In: *Uma literatura nos trópicos: ensaios sobre dependência cultural*. 2.ed. Rio de Janeiro: Rocco, 2000.

SARAIVA, J. A. (Org.). *Nos labirintos de* Dom Casmurro: ensaios críticos. Porto Alegre: EdiPUC-RS, 2005.

SARLO, B. *Jorge Luis Borges, um escritor na periferia*. São Paulo: Iluminuras, 2008.

SAYERS, R. Helen Caldwell, The Brazilian Othello of Machado de Assis: a study of *Dom Casmurro*. *Romanic Review*, 54:1, fev. 1963, p.73.

SCHNEIDER, O. Machado de Assis em inglês. *A Manhã*, suplemento Letras e Artes, Rio de Janeiro, 11 maio 1952, p.4.

SCHVARZMAN, S. *Humberto Mauro e as imagens do Brasil*. São Paulo: Editora Unesp, 2004.

SCHWARCZ, L. M. Lima Barreto leitor de Machado de Assis: leitor de si próprio. *Machado de Assis em linha*, Rio de Janeiro, v.7, n.14, p.22-60, dez. 2014. Disponível em: <http://www.scielo.br/scielo. php?script=sci_arttext&pid=S1983-68212014000200004&lng=pt &nrm=iso>. Acesso em: 18 jan. 2016.

SCHWARZ, R. A poesia envenenada de *Dom Casmurro*. In: *Duas meninas*. São Paulo: Companhia das Letras, 1997.

_____. *Ao vencedor as batatas*: forma literária e processo social nos inícios do romance brasileiro. 4.ed. São Paulo: Livraria Duas Cidades, 1977.

_____. Duas notas sobre Machado de Assis. In: *Que horas são? – Ensaios*. São Paulo: Companhia das Letras, 1987.

_____. Entrevista a José Miguel Wisnik. TV-PUC São Paulo, 2002.

_____. Leituras em competição. *Novos Estudos Cebrap*, n.75, jul. 2006, p.61-79.

_____. *Um mestre na periferia do capitalismo*: Machado de Assis. São Paulo: Duas Cidades, 1990, p.162-3.

SENNA, M. de. *O olhar oblíquo do bruxo – Ensaios em torno de Machado de Assis*. Rio de Janeiro: Nova Fronteira, 1998; *O olhar oblíquo do bruxo*: ensaios machadianos. 2.ed. rev. e mod. Rio de Janeiro: Língua Geral, 2008.

SILVA, A. C. S. da. *Machado de Assis's Philosopher or Dog? – from Serial to Book Form*. London: Legenda, 2000.

SONTAG, S. Vidas póstumas: o caso de Machado de Assis. In: *Questão de ênfase*. São Paulo: Companhia das Letras, 2005; *The New Yorker*, 7 maio 1990; Prefácio de *Epitaph of a Small Winner*. Tradução de William Grossman. Nova York: Farrar, Strauss and Giroux, 1990.

SOUSA, J. G. de. *Fontes para o estudo de Machado de Assis*. Rio de Janeiro: Instituto Nacional do Livro, 1958.

SOUZA, R. A. de. *O império da eloquência*: retórica e poética no Brasil oitocentista. Rio de Janeiro: EdUERJ/ EdUFF, 1999.

TANNER, T. Machado de Assis. *The London Magazine*, Londres, v.6, n.1, p.41-2, abr. 1966.

TAUNAY, A. de E. História de um filme. *Revista da Academia Brasileira de Letras*, Rio de Janeiro, v.LXI, p.296-307, jan.-jun. 1941.

TODAS as classes vão aderir às homenagens a Machado de Assis – Portas embandeiradas e vitrines com o retrato do imortal escritor do

Brasil – As maiores festividades já prestadas a qualquer intelectual em nosso país. *Diário da Noite*, s/d.

VAL, W. R. do. Monumento a Machado. *Revista da Semana*, Rio de Janeiro, p.34-35, 3 dez. 1955.

VENTURA, R. *Estilo tropical:* história cultural e polêmicas literárias no Brasil, 1870-1914. São Paulo: Companhia das Letras, 1991.

VERÍSSIMO, J. Carta a Alfredo Pujol, Rio de Janeiro, 4 de dezembro de 1915. In: PUJOL, A. *Machado de Assis:* curso literário em sete conferências na Sociedade de Cultura Artística de São Paulo. 2.ed. Rio de Janeiro: Academia Brasileira de Letras; São Paulo: Imprensa Oficial do Estado de São Paulo, 2007.

_____. "Esaú e Jacó", o último livro do Sr. Machado de Assis. *Kosmos*, Rio de Janeiro, p.28-9, dez. 1904.

_____. *História da literatura brasileira:* de Bento Teixeira (1601) a Machado de Assis (1908). Rio de Janeiro: Francisco Alves, 1916; 5.ed. Rio de Janeiro: José Olympio, 1969.

_____. Novo livro do Sr. Machado de Assis. *Jornal do Commercio*, Rio de Janeiro, 19 mar. 1900, p.1.

_____. Um irmão de Brás Cubas. In: *Estudos de literatura brasileira, 3ª série*. Belo Horizonte/São Paulo: Itatiaia/Edusp, 1977.

_____. Um novo livro do Sr. Machado de Assis. *Jornal do Brasil*, Rio de Janeiro, 11 jan. 1892, p.1-2.

VIANNA, G. Revendo a biblioteca de Machado de Assis. In: JOBIM, J. L. (Org.). *A biblioteca de Machado de Assis*. Rio de Janeiro: Academia Brasileira de Letras/ Topbooks, 2001, p.99-274.

VIANNA, H. *O mistério do samba*. Rio de Janeiro: Jorge Zahar/Editora UFRJ, 1995.

VILLAÇA, A. Machado de Assis, tradutor de si mesmo. *Novos Estudos Cebrap*, São Paulo, n.51, p.3-14, 1998.

_____. Janjão e Maquiavel: a teoria do medalhão. In: GRANJA, L.; GUIDIN, M. L.; RICIERI, F. W. (Orgs.). *Machado de Assis:* ensaios da crítica contemporânea. São Paulo: Editora Unesp, 2008.

WAIZBORT, L. *A passagem do três ao um:* crítica literária, sociologia, filologia. São Paulo: Cosac Naify, 2007.

WERNECK, M. H. *O homem encadernado – Machado de Assis na escrita das biografias*. Rio de Janeiro: EdUERJ, 1996 (3. ed. 2008).

WILSON, C. The Brazilian Othello of Machado de Assis: a study of *Dom Casmurro*. *Modern Language Quarterly*, v.22, n. 1, p.100-1, mar. 1961.

WISNIK, J. M. *Machado maxixe:* o caso Pestana. São Paulo: Publifolha, 2008.

WOODY Allen's top five books. *The Guardian*, Londres, 6 maio 2011.

WOOD, M. A Master among Ruins. *The New York Review of Books*, 18 jul. 2002; Um mestre entre ruínas. *Teresa – Revista de Literatura Brasileira*, n.6-7, São Paulo: USP/Editora 34/Imprensa Oficial do Estado de São Paulo, 2006, p.504-10. Tradução de Samuel Titan Jr.

_____. Entre Paris e Itaguaí. *Novos Estudos Cebrap*, São Paulo, n.83, mar. 2009.

ZILBERMAN, R. *Brás Cubas autor, Machado de Assis leitor*. Ponta Grossa: Editora UEPG, 2012.

Arquivos e *sites* consultados

Acervo digital de *O Estado de S. Paulo*: <http://acervo.estadao.com.br>.

Arquivo Museu de Literatura Brasileira. Fundação Casa de Rui Barbosa, Rio de Janeiro.

Arquivo Noronha Santos, Rio de Janeiro.

Biblioteca Brasiliana Guita e José Mindlin, São Paulo.

Biblioteca da Universidade da Califórnia, em Los Angeles.

Biblioteca Florestan Fernandes, da Universidade de São Paulo, São Paulo.

Biblioteca Nacional de Portugal, Lisboa.

Biblioteca Nacional, Rio de Janeiro.

Biblioteca Pública de Nova York, Nova York.

Caminhos Cruzados: Machado de Assis pela crítica mundial. Simpósio realizado pela Universidade Estadual Paulista (Unesp) no Masp, São Paulo, em agosto de 2008. <http://www.tbr.com.br/webtv/cedoc/machado_de_assis/>. Acesso em: 29 abr. 2012.

Machado de Assis em linha: <http://machadodeassis.fflch.usp.br>.

Machado de Assis.NET: <http://machadodeassis.net/>.

ÍNDICE ONOMÁSTICO

A

Abdiel [vide Barreiros, Artur]

Abreu, Casimiro José Marques de, 122-3

Abreu, Modesto de, 12

Adler, Alfred, 99, 102

Adorno, Theodor W., 215n.3, 223

Alencar, José de, 11, 27, 39, 86, 138, 140, 222

Alencar, Mário de, 51, 78, 83, 97, 108

Alighieri, Dante, 91, 279

Allen, Woody, 199, 205-6n.72

Almeida, Manuel Antônio de, 27

Almeida, Miguel Osório de, 122

Amado, Jorge, 89, 196-7n.59

Anastácio, José, 24, 29

Andrade, Carlos Drummond de, 86-7, 89n.24, 93, 115, 132

Andrade, Mário de, 60, 86, 89-93, 115-6, 122, 132, 141, 260

Andrade, Oswald de, 87-8, 156

Andrade, Rodrigo Melo Franco de, 110, 115-7

Aranha, José Pereira da Graça, 30, 83-4, 108

Araripe Júnior, Tristão de Alencar, 19, 28-31, 33, 36, 38-44, 49-52, 54, 105, 108, 131, 173

Araucarius [pseudônimo de Joaquim Caetano Fernandes Pinheiro], 24

Ataíde, Austregésilo de, 85, 131, 132-3, 154

Ataíde, Tristão de [vide Lima, Alceu Amoroso]

Atkinson, William, 169

Auerbach, Erich, 215n.3

Aulete, Francisco Júlio de Caldas, 190

Austregésilo, Antônio, 120

Azeredo, Carlos Magalhães de, 24, 29, 51, 78

Azevedo, Aluísio, 107, 214

Azevedo, Artur, 26, 29

Azzi, Francisco, 175-6, 178-9

B

Balzac, Honoré de, 85, 136n.89

Bandeira, Manuel, 89-90, 111, 115, 124n.80, 196-7n.59

Baptista, Abel Barros, 20, 200-1n.65, 211, 244-9, 251, 257, 269-73

Barão do Rio Branco [José Maria da Silva Paranhos Júnior], 140

Barbosa, Rui, 33, 141

Barreiros, Artur, 21, 22n.3, 24, 45, 52, 58

Barreto Filho, José, 111

Barreto, Afonso Henriques de Lima, 85-6n.20, 94

Barreto, Tobias, 33, 35, 73, 122

Barthes, Roland, 247

Bastide, Roger, 62n.49, 275

Bastos, Aureliano Tavares, 122

Beckett, Samuel, 204, 268

Benda, Julien, 119

Bernardo, Gustavo, 262n.57

Bertoletti, Estela Natalina Mantovani, 151n.103

Bilac, Olavo, 24, 90

Bloom, Harold, 268

Boileau, Nicolas, 40

Böll, Heinrich, 207

Booth, Wayne, 162

Borges, Jorge Luis, 207, 259, 280

Bosi, Alfredo, 20, 107-8, 215, 217, 228-32, 239-43, 257, 260, 262

Braga, Ney, 138

Brecht, Bertold [brechtiano], 227

Broca, José Brito, 83n.15

Buckle, Henry Thomas, 61n.46

Buñuel, Luis, 252

Burlini, Arduino, 148

C

Caldwell, Helen, 20, 63, 158, 160-6, 169-92, 194-6, 199-202, 206n.73, 211, 213, 242, 244-5, 251, 258, 264, 268, 275

Callado, Antonio, 196-7n.59

Camões, Luís Vaz de, 122n.76

Campos, Francisco, 134

Candido, Antonio, 13, 31, 35, 62n.49, 107, 202, 223, 256, 260

Capanema, Gustavo, 121, 123, 132, 134, 136-7, 139

Capistrano de Abreu [João Capistrano Honório de Abreu], 21, 24, 52

Cardoso, Wilton, 213

Carlyle, Thomas, 61n.46, 279

Carolina [Carolina Augusta Machado de Assis], 41, 99, 101, 124n.81

Carpeaux, Otto Maria, 13, 84n.17, 97n.37

Carvalhal, Tânia Franco, 107n.58

MACHADO DE ASSIS, O ESCRITOR QUE NOS LÊ

Carvalho Filho, Aloysio de, 178-9

Carvalho, Ronald de, 214n.2

Casanova, Pascale, 261

Castelo Branco, Camilo, 33

Castro Alves, Antônio Frederico de, 11, 141

Cervantes, Miguel de, 74, 207, 209, 279

César, Ana Cristina, 112n.64, 114, 148n.101

Chagas, Wilson, 13

Chakrabarty, Dipesh, 208n.77

Chalhoub, Sidney, 236n.26

Chartier, Roger, 15, 156

Chateaubriand, François-René de, 27, 40, 279

Cocteau, Jean, 87

Coelho de Souza, José Conceição Pereira, 118-20

Coelho Neto, Henrique Maximiano, 79, 81-2, 206n.73

Coelho, Marcelo, 93n.32

Cohen, Arthur, 197n.60

Comte, Auguste, 27, 43-4

Condé, José, 93n.33

Correia, Raimundo, 90

Costa Senna, 133n.88, 154

Costallat, Benjamim Delgado de Carvalho, 155

Croce, Benedetto, 241

Cunha, Euclides da, 140

D

D. Junio [vide Dantas Júnior, José Ribeiro]

Daher, Andrea, 9

Dantas Júnior, José Ribeiro, 46

Darwin, Charles, 27, 43-4, 61n.46

Daudet, Alphonse, 85

David, Larry, 205-6n.72

Delfino, Luís, 90

Denis, Ferdinand, 39, 272-3, 279

Derrida, Jacques, 247, 269

Dickens, Charles [dickensiana], 61n.46, 85, 174, 187, 269

Dolores, Carmen [pseudônimo de Emília Bandeira de Melo], 206n.73

Dória, Franklin, 101n.42

Dostoiévski, Fiódor Mikháilovitch, 108-9, 128, 269

Doyle, Plínio, 14, 133n.86, 175n.25, 176n.26, 183

Duarte, Urbano, 21-4, 46

E

Eliot, T. S., 163

Ellis, Keith, 170

Ellison, Fred, 169

Engels, Friedrich, 220

F

Faoro, Raymundo, 62n.49, 98, 214-5, 217, 220-1, 260

Faria, João Roberto, 9

Fein, John M., 170

Ferreira, Gabriela Manduca, 98n.40, 139n.92, 220n.8

Fielding, Henry, 58, 61n.46, 174, 279

Flaubert, Gustave, 55, 225
Foucault, Michel, 247
France, Anatole [Anatolio, anatoliano], 87, 96
Franchetti, Paulo, 196n.58
Frank, Waldo, 165, 176-9, 206
Freyre, Gilberto, 102-4, 130
Frugé, August, 183-4

G
Garcia, Rodolpho, 122
Garrett, Almeida, 53, 279
Garrick, David, 122n.76
Gledson, John, 9, 20, 62n.49, 98, 195, 200-1n.65, 211, 215, 217-8, 225-6, 228, 230-7, 239, 241-3, 245, 247-52, 260-1, 275
Goethe, Johann Wolfgang von, 128-9, 279
Gógol, Nikolai, 207-9
Goldberg, Isaac, 206
Gomes, Antônio Carlos, 140
Gomes, Eugênio, 20, 60-1n.46, 84n.17, 158, 171-4, 179-81, 184-9, 191-2, 211, 213, 269
Gomes, Paulo Emílio Salles, 140
Gonçalves de Magalhães, Domingos José, 272-3
Gonçalves Dias, Antônio, 140
Granja, Lúcia, 9, 46-7n.33
Grass, Günther, 208n.77
Grieco, Agripino, 157
Grossman, William, 176, 183, 196-201, 203, 254
Guanabara, Alcindo, 51

Guimarães, Bernardo, 27, 138
Guimarães, Luís, 90
Guimarães, Teófilo, 29

H
Hansen, João Adolfo, 255, 257-8
Heine, Heinrich, 279
Hemley, Cecil, 176, 178, 197, 200
Hesse, Herman, 197n.60
Hirsch, Eric Donald, 247
Holanda, Sérgio Buarque de, 85, 104-5, 116
Hugo, Victor, 136n.89

I
Iser, Wolfgang, 17-8
Ito, Michio, 200

J
Jacques, Alfredo, 187, 188n.46
Jagoanharo, Oscar [vide Araripe Júnior, Tristão de Alencar]
Jauss, Hans Robert, 17
Jobim, José Luís, 59n.44
Johnson, Samuel, 58
José Anastácio [pseudônimo], 24, 29

K
Kafka, Franz, 209, 252
Kennedy, John Fitzgerald, 196-7n.59
Kracauer, Siegfried, 197n.60

L
La Bruyère, Jean de, 229

La Rochefoucauld, François de, 229

Labieno [pseudônimo de Lafayette Rodrigues Pereira], 219

Lacombe, Américo Jacobina, 180-4

Lajolo, Marisa, 9

Lamb, Charles, 42, 46, 54, 58-9, 61n.46, 279

Latino Coelho, José Maria, 33

Lebensztayn, Ieda, 9

Leopardi, Giacomo, 279

Lessa, Orígenes, 138

Levine, Robert M., 139n.93

Levitt, Marcus C., 122n.76

Lima, Alceu Amoroso, 85, 111, 122

Lima, Luiz Costa, 9, 50n.37, 278

Lobato, Monteiro, 153-4

Longfellow, Henry Wadsworth, 57

Lourenço Filho, Manoel Bergström, 151

Luciano [Luciano de Samósata], 269

Lukács, Georg, 215n.3, 223, 253

Lyra, Roberto, 155n.110

M

Macedo Soares, Antônio Joaquim de, 52

Macedo, Joaquim Manuel de, 27, 138

Machado, Aníbal, 93

Machado, Ubiratan, 12, 176n.26

MacNicoll, Murray Graeme, 12

Magalhães Júnior, Raimundo, 22n.3, 181-2, 185

Maistre, Xavier de, 46, 53, 279

Maria Inês [madrasta de Machado de Assis], 153

Marmontel, Jean-François, 40

Marques Rebelo [pseudônimo de Edi Dias da Cruz], 89, 93-4, 138

Márquez, Gabriel García, 199, 208n.77, 252

Martí, José, 197n.60

Martins, Hélcio, 213

Martins, Wilson, 188-91, 211

Martins Pena, Luís Carlos, 138

Massa, Jean-Michel, 12, 66, 183, 199-200, 275

Masson, David, 57-58

Matos, Lobivar, 124n.80, 136n.89

Maul, Carlos, 140n.95, 143n.99, 144, 157

Maupassant, Guy de, 85

Mauro, Humberto, 139, 141-2, 148n.101, 154

Maya, Alcides, 51, 61n.46, 73-9, 109, 217

Medeiros e Albuquerque, José Joaquim de Campos da Costa, 24, 206n.73

Melo Franco, Afonso Arinos de, 116

Melville, Herman, 207, 209

Menezes, Emílio de, 90

Merquior, José Guilherme, 55, 158, 269

Meyer, Augusto, 19, 62, 78, 84n.17, 96, 107-11, 115, 120, 131,

136n.89, 141, 158, 188, 217, 242, 269, 278, 280
Minkowska, Françoise, 99, 102-3
Money, John, 163
Monte Carmelo, Jesuíno do, 116
Moser, Gerald M., 169
Musil, Robert, 197n.60

N
Nabokov, Vladimir, 252-3
Nabuco, Joaquim, 30, 78, 83, 84n.16, 148
Napolitano, Marcos, 152-3n.105
Nepomuceno, Alberto, 141
Nery, Fernando, 122
Niemeyer, Oscar, 110-1, 136n.89
Nietzsche, Friedrich, 108

O
Octaviano, J., 141
Oiticica, José, 85
Oliveira Lima, Manuel de, 51
Ortega y Gasset, José, 188

P
Pascal, Blaise, 193, 229
Passos, Gilberto Pinheiro, 158
Patrocínio, José do, 33
Paulson, Ronald, 63n.50
Pavese, Cesare, 197n.60
Pedro II, 234, 248
Peixoto, Floriano, 122, 235
Peregrino Júnior [João Peregrino da Rocha Fagundes Júnior], 77n.7, 122

Pereira, Astrojildo, 20, 62n.49, 84n.17, 96-8, 107-8, 111, 131, 157, 213, 215, 218-21
Pereira, Lúcia Miguel, 20, 51, 62n.49, 77n.7, 84, 92, 96, 98-9, 101-8, 111, 120, 131, 141-2, 152-3, 155, 157, 177-8, 188, 213, 216, 218, 224
Pinto, Francisco José, 134
Pirandello, Luigi, 108
Platão, 193
Pólvora, Hélio, 191
Pompeia, Raul, 24
Pontes, Elói, 123n.78
Prévost, Antoine François, 62, 159
Pritchett, Victor Sawdon, 206
Prudente de Moraes, neto, 116
Pujol, Alfredo, 19, 77-9, 83-4n.17, 92, 96, 108-9, 130, 153

Q
Queirós, Eça de, 94, 107, 197n.60

R
Rabassa, Gregory, 199
Rabelais, François [rabelaisiana], 74, 116
Ramos, Graciliano, 89, 94, 96, 111, 156
Rego, Enylton de Sá, 158, 269
Rego, José Lins do, 127, 129n.83, 130, 154
Renault, Abgar, 122
Ribeiro, João, 32, 78n.9, 85
Ribeiro, Walfrido, 51

MACHADO DE ASSIS, O ESCRITOR QUE NOS LÊ

Ricardo, Cassiano, 89

Riedel, Dirce Côrtes, 213

Rodrigues, José Carlos, 24, 56, 58

Romero, Nelson, 33n.15

Romero, Sílvio, 15, 19, 28-39, 43-5, 49, 50n.37, 54, 60, 61n.46, 73-6, 92, 102, 105, 108, 131, 155

Roquette-Pinto, Edgard, 124, 139, 141, 147, 154

Rouanet, Sergio Paulo, 61n.46, 158, 269

Rousseau, Jean-Jacques, 156

Rushdie, Salman, 206-10, 258

S

Sá de Miranda, Francisco de, 279

Sanctis, Francesco Saverio de, 241

Sant'Anna, Affonso Romano de, 214n.1

Santa Rosa, Tomás, 141

Santiago, Silviano, 192-5, 211, 245-6, 251, 260

Sarlo, Beatriz, 280

Sartre, Jean-Paul, 197n.60

Sayers, Raymond, 171

Schopenhauer, Arthur, 158

Schvarzman, Sheila, 140n.95, 142

Schwarcz, Lilia Moritz, 85-6n.20

Schwarz, Roberto, 13, 20, 43n.27, 62n.49, 98, 107-8, 195, 200-1n.65, 206, 209-11, 215-8, 221-8, 230-2, 237-42, 245-6, 249, 251-5, 257-73

Scott, Walter [scotticism], 57

Senna, Marta de, 9, 61n.46, 158

Shakespeare, William [shakespeariano], 56-7, 61n.46, 63, 122n.76, 129, 156, 159-61, 163-6, 174, 185, 187, 258, 268, 279

Silva, Ana Cláudia Suriani, 46-7n.33

Singer, Isaac Bashevis, 197n.60

Sontag, Susan, 199, 203, 203-6, 209-10, 258, 268

Soseki, Natsume, 204-5, 268

Sousa, Augusto Fausto de, 24, 26, 155

Sousa, José Galante de, 11n.1, 12, 82, 111n.62, 133n.86, 183, 199

Sousa, Octavio Tarquínio de, 111

Souza, Roberto Acízelo Quelha de, 90n.26

Spencer, Herbert, 36, 61n.46

Sterne, Laurence, 42, 46, 52-5, 58-61n.46, 99, 174, 204-5, 208n.77, 268-9, 279

Svevo, Italo, 204-5, 268

Swift, Jonathan, 42, 52, 54, 61n.46, 85, 279

T

Taine, Hyppolite, 23, 27, 61n.46, 74

Tanner, Tony, 206

Tchékhov, Anton Pávlovitch, 197n.60

Thackeray, William Makepeace, 42, 52, 61n.46, 99

Titan Jr., Samuel, 253n.46
Tolstói, Lev, 85
Tomlins, Jack, 183
Torres-Homem, Francisco de Sales, 33
Trotsky, Leon, 215n.3, 224
Turguêniev, Ivan, 85

V

Val, Waldir Ribeiro do, 111n.62
Vargas, Getúlio, 121-3, 127-8, 134, 137
Vasconcelos, José Rufino Rodrigues, 11
Vaz, Léo, 94
Ventura, Roberto, 50n.37
Verissimo, Erico, 89
Veríssimo, José, 19, 28-31, 36, 43-5, 47-54, 74, 78-9, 83, 108, 132, 159, 171, 214n.2

Vianna, Glória, 59n.44
Vianna, Hermano, 152-3n.105
Villaça, Alcides, 279n.2

W

Waizbort, Leopoldo, 215n.3
Waldman, Berta, 9
Walser, Robert, 204, 268
Werneck, Maria Helena, 101n.43
Wilson, Clotilde, 169
Wisnik, José Miguel, 9, 228n.21, 260
Wood, Michael, 20, 211, 251-60, 262, 264-70, 272
Woodbrige Jr., Benjamin, 187

Z

Zola, Émile, 27, 41, 107, 187, 225, 269

SOBRE O LIVRO

Formato: 14 x 21 cm
Mancha: 23,7 x 40,5 paicas
Tipologia: Goldy OlSt BT 11/13
Papel: Off-white 80 g/m^2 (miolo)
Cartão Supremo 250 g/m^2 (capa)
1ª edição Editora Unesp: 2017
1ª reimpressão: 2022

EQUIPE DE REALIZAÇÃO

Capa
Megaarte Design

Imagem de capa
Coleção Manoel Portinari Leão, reprodução de Vicente de Mello

Edição de textos
Maria Lúcia Favret (Preparação de original)
Nair Hitomi Kayo (Revisão)

Editoração Eletrônica
Sergio Gzeschnik (Diagramação)

Assistência Editorial
Alberto Bononi
Jennifer Rangel de França

Rua Xavier Curado, 388 • Ipiranga - SP • 04210 100
Tel.: (11) 2063 7000 • Fax: (11) 2061 8709
rettec@rettec.com.br • www.rettec.com.br